D1146078

Reuzentonijn

LUX ET LIBERTAS

PROMETHEUS

Steven Adolf

Reuzentonijn

Opkomst en ondergang van een wereldvis

2009
Prometheus / NRC Handelsblad
Amsterdam / Rotterdam

De uitgever heeft getracht alle rechthebbenden te achterhalen. Aan hen die desondanks menen aanspraak te kunnen maken op enig recht, wordt verzocht contact op te nemen met Uitgeverij Prometheus, Postbus 1662, 1000 BR Amsterdam.

© 2009 Steven Adolf
© Kaarten en grafiek Studio NRC Handelsblad, Roos Liefting, Ruiter Janssen
Omslagontwerp Erik Prinsen
Foto auteur Bob Bronshoff
www.uitgeverijprometheus.nl
www.nrc.nl
ISBN 978 90 446 1367 4

Voor mijn moeder, die zelden tonijn eet

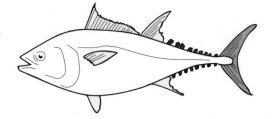

Inhoud

Broodje dodo

It's because we all came from the sea. All of us have in our veins the exact same percentage of salt in our blood that exists in the ocean and, therefore, we have salt in our blood, in our sweat, in our tears. We are tied to the ocean. And when we go back to the sea (...) we are going back from whence we came.

JOHN F. KENNEDY, 1962

Tonijn zat vroeger in blik. Wist ik veel. Je trok zo'n blikje open, je wipte er met een vork een zachtroze, ovale moot uit en prakte die fijn met mayonaise, een beetje azijn en kappertjes. Wat verse peper, blaadje peterselie of koriander en klaar is Kees. Tonijnsalade. Lekker op een toastje.

Nadere kennismaking kwam op een Spaanse markt in de jaren tachtig. Spaanse markten zijn leuk, zeker voor wie van vis houdt. Helemaal boven op de uitstalplank met geschaafd ijs lag een buitensporig grote zwarte romp, die nauwelijks met twee armen te omvatten leek. De visboer was juist bezig met een geweldig mes een staartvin af te snijden die misschien wel een meter in spanwijdte bedroeg. Het vlees was van het diepe rood van een paardenbiefstuk. Dit was de grootste vis die ik ooit gezien had op een markt. '*Atún rojo*,' verklaarde de visboer. Blauwvintonijn uit het zuiden, Straat van Gibraltar. Ik was verbaasd: hadden we nog zulke grote vissen in Europa? Het vlees bleek een ontdekking: als een sappige biefstuk, maar dan met een fijnere smaak. Met bliktonijn had het niets te maken. Dat was tegenwoordig vrijwel altijd een andere tonijn, leerde ik al snel. En gekookt bovendien. *Albacore*, *bonito del norte*, witte tonijn. Er bleken meer tonijnen in de zee te zwemmen.

Tien jaar later kreeg de reuzentonijn, *Thunnus Thynnus* ofwel blauwvintonijn me pas goed in zijn greep. Het was bij het Zuid-Spaanse stadje Zahara de los Atunes waar ik toekeek hoe kapitein Ramon Flores zijn ploeg van vijftig vissers dirigeerde in de *almadraba*, zoals de traditionele vismethode wordt genoemd. Een honderden meters lange muur van verticale vaste netten leidde de vis in een aantal afgesloten kamers.

Alles aan de almadraba was gargantuesk. De vierhonderd ankers van een halve ton zwaar, de vijfduizend drijvers, twaalfhonderd rollen netkabel en 150 ton grondkabel die de netten op hun plaats hielden. De traditie die al duizenden jaren bestond. En dat alles rond de blauwvintonijn, de reus van de tonijnen.

De vangst van deze gigant, die in uitzonderlijke gevallen meer dan vier meter lang kan worden en bijna een ton kan wegen, was meer dan een beetje vissen. Het brullende tumult waarmee de netten opgetrokken werden, de tientallen reuzenvissen die aan de oppervlakte verschenen, de mannen die zich met hun pikhaken op hun prooi stortten, te midden van metershoge fonteinen schuim, die langzaam rood kleurden. Dit was een jagersritueel op zee, een tijdsprong naar een primitief en aards verleden, groots en meeslepend, van het soort dat niemand die het meemaakt onberoerd laat.

De blauwvintonijn bleek een mysterie. Het vangen van de vis was al zo oud als de wereld, vertelden de vissers op de boot. Dat ik dat niet wist. De tonijn was snel en razend sterk, trok duizenden kilometers door de oceanen en kwam altijd weer terug hier in de Middellandse Zee. De kust hier en aan de overkant in Marokko lag bezaaid met resten van oude fabrieken die door de Feniciërs en Romeinen waren neergezet om de tonijn in te zouten. Er waren oorlogen gevoerd rond tonijn. Later had de rijkdom van tonijn een eeuwenlange dynastie van machtige hertogen opgeleverd. Ze hadden de Armada geleid om de Hollanders en Engelsen te straffen en hadden zelfs een eigen koninkrijk in het zuiden van Spanje willen stichten.

De vis ging sinds kort naar Tokio, zo vertelden de vissers, want die Japanners stopten hem in hun sushi.

Niet lang daarna kwamen de eerste berichten dat de blauwvintonijn dreigde te verdwijnen.

Dit boek is de zoektocht naar de blauwvintonijn. Die strekt verder dan ik me ooit had kunnen bedenken bij het opentrekken van een blikje tonijn. De geschiedenis van deze vis bleek de geschiedenis van Europa, van onszelf, en uiteindelijk van de grenzeloze wereld waar we in zijn komen te leven. Zelf een zwervende roofvis bij uitstek, is de blauwvintonijn die wordt gevist in de Middellandse Zee uitgegroeid tot de pijler van een miljoenenindustrie in de Japanse sushimarkt. De vis is daarmee ook een icoon van hoe de globalisering in zeer korte tijd onze verhouding met de zee heeft veranderd en op ongeëvenaarde manier zal veranderen. Het uitsterven van diersoorten is niet nieuw, maar het tempo en de omvang van de veranderingen in de laatste, voor het grootste deel onontdekte wildernis op aarde is dat wel.

Ik behoor tot de eerste televisiegeneratie die in de jaren zestig en zeventig van de vorige eeuw opgroeide met de Franse zeeonderzoeker en documentairemaker Jacques Cousteau (1910-1997). Cousteau hield ons aan de buis gekluisterd. Hij is een van de laatste ontdekkingsreizigers van de twintigste eeuw, die in praktijk bracht wat zijn landgenoot Jules Verne een eeuw eerder had beschreven. Cousteau maakte handig gebruik van de nieuwe media. Hij besefte als geen ander dat het beeld in combinatie met zijn persoonlijke show essentieel was als de succesvolle verpakking van een boodschap. Ik was een dankbaar slachtoffer.

Hoewel Cousteau al direct na de Tweede Wereldoorlog experimenteerde met nieuwe duikapparatuur – de moderne scuba-uitrusting werd door hem ontwikkeld – kwam zijn grote doorbraak met de documentaire *Le Monde du Silence* die op het filmfestival van Cannes in 1956 werd gepresenteerd. De film over de onderwaterwereld veroorzaakte een enthousiasme dat nu moeilijk meer voor te stellen valt. Voor de eerste keer maakte een groot publiek kennis met een flora en fauna van de zeeën en oceanen die tot dan toe altijd onzichtbaar was geweest. Cousteau nam de film op gedurende een jarenlange rondreis op de Middellandse Zee, de Perzische Golf, de Rode Zee en de Indische Oceaan. Duikend vanaf zijn omgebouwde mijnenveger Calypso toonde hij haaien en walvissen, koraalriffen met hun veelkleurige rijkdom, sponsenvissers in Griekenland, zeeschildpadden en koffervissen. Nog nooit was de onderwaterwereld bijna tastbaar in beeld gebracht.

De televisieseries van Cousteau volgden het beproefde recept: ze waren spannend en exotisch. Terwijl de duikers beurtelings werden bedreigd door haaien, giftige vissen en de gruwelijke duikersziekte, waakte Cousteau als een tanige Poseidon met een wollen vissersmutsje op en een pijp in de mond over de goede afloop. En aan het eind van zo'n avontuur was er altijd nog de kombuis van de Calypso waar de bemanning zich te goed deed aan fruits de mer en alles wat ze verder tijdens hun duikpartijen in het water waren tegengekomen.

De zee leek een speeltuin waar Cousteau ongehinderd zijn gang kon gaan. We zien in *Le Monde de Silence* hoe de kapitein in het kader van een 'wetenschappelijk experiment' (om de vissen te tellen), met dynamiet een stuk tropisch koraalrif opblaast. Na de ontploffing wordt een koffervis van afmetingen die je tegenwoordig niet snel meer zult tegenkomen op het strand getrokken om daar, leeglopend als een lekke band en happend naar adem langzaam een verstikkingsdood te sterven. Leeglopende koffervissen waren nog leuk in de jaren vijftig.

Zo gaat het nog een tijdje door. Er wordt wat gesold met de grote wrakbaars 'Jojo', maar het beest verdwijnt tenminste niet in de bouillabaisse van de kombuis van de Calypso. Een babypotvis heeft minder geluk. Na per ongeluk te zijn geramd door de boot, wordt het beest door de stug Gauloise rokende bemanning geharpoeneerd. Het karkas dient als voedsel voor een school uitgehongerde haaien. En die worden vervolgens stuk voor stuk met pikhaken aan boord gesleurd en met bijlen doodgeslagen. Dit keer niet voor wetenschappelijk onderzoek. 'Alle zeemannen ter wereld haten haaien,' aldus het verklarend commentaar.

Jacques Cousteau wist wat zijn publiek wilde zien. De zee dat was gevaar, bloed en avontuur. Het verkocht en het onderhoud van de Calypso moest ergens van betaald worden. Toch zou het juist Cousteau zijn die zich al vroeg actief inspande voor het behoud van het zeemilieu. Hij protesteerde al in 1960 met succes tegen de voorgenomen Franse dumping van radioactief afval voor de kust van Nice.

Net als Peter Benchley, die als auteur van het haaiengriezelepos *Jaws* ook wat goed te maken had, werd Cousteau steeds uitgesprokener als verdediger van de zee. Hoewel hij zich er altijd voor hoedde om in het kamp van de actievoerders te worden ingedeeld, stelde hij zich tot doel om met zijn populaire documentaires het publiek liefde en respect voor het zeemilieu bij te brengen. 'Je beschermt waarvan je houdt,' aldus Cousteau.

Het liep helaas wat anders. Tegen het einde van zijn leven toonde de Franse oceanograaf, na meer dan vijftig jaar aan onderzoek en zeedocumentaires, zich steeds pessimistischer over de overlevingskansen van de natuur die hij zijn leven lang in beeld had gebracht. Misschien was het beter als in plaats van de vissen, de mensheid grotendeels verdween, zo luidde de bittere conclusie van de zeeontdekker. Dynamiet onder een koraalrif, een geharpoeneerde babywalvis en zelfs het doodknuppelen van haaien werd weliswaar al lang niet meer door het publiek geaccepteerd. Maar het respect voor de zee bleef beperkt tot een vertoon van goed gedrag, dat op geen enkele manier de steeds sneller voortrazende vernietiging van het zeemilieu verhinderde.

Het is niet altijd makkelijk. Neem de almadraba die al drie millennia lang aan de kusten van Zuid-Spanje, Sicilië en Noord-Afrika plaatsvindt. Het is een slachtpartij die op het eerste gezicht weinig te maken heeft met respect, maar uiteindelijk wel een duurzame en ecologisch verantwoorde methode is om tonijn te vangen. Het bloederige spektakel met een spectaculaire vis zou in de jaren vijftig een kolfje naar de hand van Cousteau geweest zijn. Opmerkelijk genoeg haalde de tonijn het niet in de uiteindelijke versie van zijn documentairefilm. Wel beschrijft Cousteau in zijn gelijknamige boek uit 1953 over de omzwervingen van de Calypso hoe hij in Tunesië de klassieke almadrabatonijnvangst bezoekt bij Sidi Daoud, een tonijnhaven niet ver van het vroegere Carthago. Het is een van de 'meest fantastische en verschrikkelijke' spektakels die er op zee te zien zijn, zo schrijft de kapitein van de Calypso met gevoel voor drama. Na met honderden Tunesische vissers te zijn uitgevaren op hun grote platte boten, geeft de *raïs*, de kapitein, het sein dat de *matanza*, de jacht op de tonijn kan beginnen. 'De vissers laten een barbaars gebrul horen, gevolgd door een oud Siciliaans gezang dat bij dit heidense ritueel hoort.

Teken voor Cousteau om met zijn camera de 'dodenkamer' of de *corpo* in te duiken. Het is het binnenste net van drie kamers waar de blauwvintonijn in wordt gedreven voor hij door de vissers naar boven wordt gehaald. Cousteau is omringd door een zestigtal blauwvintonijnen en honderden kleinere bonito's.

De grote tonijn is nog rustig en in een gesloten formatie zwemt de vis vlak langs ons heen zonder veel aandacht aan ons te schenken, en verdwijnt tegen de klok in zwemmend om de rondte van de gevangenis te verkennen. Ze verschijnen weer, openen en sluiten hun kleine bek om het water langs hun kieuwen te laten stromen, zonder het net uit het oog te verliezen. Hun metalige lichamen zijn als perfecte raketten, hooguit een beetje stijf bewegend. De grootste hebben een gewicht van bijna tweehonderd kilo. Vergeleken bij zo veel ingehouden kracht leek het vissersnet op een spinnenweb dat moeiteloos aan stukken gezwommen kon worden, maar de tonijnen proberen niet eens uit te breken. We zwemmen nu midden in de school, ons onbewust verplaatsend in de rol van de ter dood veroordeelden, die we tot een opstand zouden willen aanzetten en ze willen tonen hoe ze uit hun val kunnen komen. Boven aan de oppervlakte trekken de Tunesiërs de muren van de corpo langzaam dicht, we zien de stijgende bodem van het net met een verdwaalde grote rog en een haai die zich heeft vastgezwommen in de mazen. Wat als wij, die ons in dezelfde val bevinden, hun lot zouden moeten delen?

Terwijl het net steeds kleiner wordt krijgt Cousteau de aanvechting om zijn duikersmes te trekken en het net van boven naar beneden open te snijden. In plaats daarvan filmt hij door.

De dodenkamer is nu tot een derde van zijn oorspronkelijke omvang teruggebracht. De stemming raakt gespannen en nerveus. De school zwemt steeds sneller, maar nog steeds in het gelid. In hun ogen valt een bijna menselijke angst te lezen. Onze laatste duik doen we vlak voordat de vissers de corpo gereedmaken om de slachting te beginnen. Nog nooit zag ik zo'n adembenemend schouwspel als van deze veroordeelde massa vlak voor hun executie. In een ruimte vergelijkbaar met een flinke woonkamer schieten de tonijn en bonito als gekken door elkaar heen. De huwelijksreis is over. De razende vissen hebben alle controle verloren. Ze razen als een voortsuizende trein recht op de camera af.

Verlamd van angst en zonder tijdsbesef hoort Cousteau de filmrol in zijn camera aflopen. Als hij tussen de samengeperste vissenlichamen aan de oppervlakte komt, is er geen schrammetje op zijn lichaam te ontdekken. Zelfs in hun doodsnood waren de enorme tonijnen erin geslaagd om hem op een paar centimeter na te ontwijken, zijn lichaam masserend met de waterstroom in hun kielzog.

Boven neemt de raïs zijn pet af als eerbetoon voor hen die gaan sterven. Het is het teken dat de slachting kan beginnen. Met hun lange pikhaken trekken de vissers de enorme tonijnen de boot op, er zijn vijf tot zes man nodig om de vis aan boord te krijgen. De blauwvintonijn ligt nu trillend 'als een enorm stuk mechanisch speelgoed' op het dek. De vissers spoelen het bloed van zich af, de strijd is gestreden.

Wie ooit de blauwvintonijn in actie heeft gezien, begrijpt de fascinatie van Cousteau. Met de omvang en het gewicht van een kleine personenauto behoort de tonijn tot de grootste en snelste roofvissen die rondzwemmen in de oceanen, een indrukwekkende zwemmachine die schijnbaar moeiteloos duizenden kilometers aflegt op zijn permanente trektochten. Een vis die het voorkomen en de snelheid van een torpedo combineert met het uithoudingsvermogen van een dieselmotor en de elegantie van een raspaard.

Anders dan de haai, dolfijn of de zeehond, wordt de blauwvintonijn zelden aangetroffen in zeeaquaria. Dat heeft zijn bekendheid bij het publiek nooit groot gemaakt. Toch zijn weinig vissen wereldwijd van zo'n belang geweest als *Thunnus Thynnus*. Met een beetje goede wil zou je kunnen zeggen dat de blauwvintonijn al geglobaliseerd was, ver voordat het woord überhaupt was uitgevonden. Al duizenden jaren lang eten we de blauwvintonijn, rauw, later ingezouten, weer later in glas of blik, en nu opnieuw rauw. De vissaus getrokken van tonijn behoorde tot de duurste culinaire uitspattingen die de oude beschavingen rond de Middellandse Zee zich konden permitteren. De Romeinse soldaten trokken met een stuk gezouten blauwvintonijn en een flesje tonijnsaus in hun knapzak ten strijde van de sombere wouden in Germania tot de woestijnen van Syrië en Perzië. De gefermenteerde blauwvintonijn reisde mee op de Spaanse vloot naar de nieuwe wereld. Later, toen de blauwvintonijn nog niet te duur was om in te blikken, veroverde de vis fijngeprakt op pizza's of met mayonaise als tonijnsalade de twintigste-eeuwse massa-eetcultuur.

Maar de werkelijke hausse in de jacht op de blauwvintonijn kwam vanaf de jaren zeventig van de vorige eeuw. Tonijn werd als onmisbaar ingrediënt van de sashimi, de rauwe vis in de sushi, Japans bijdrage aan de geglobaliseerde keuken. En de reus onder de tonijnen groeide uit tot de grote favoriet in de sashimi- en sushicultuur. Rauw in fijne mootjes, dan wel opgediend op een stukje rijst, werd de blauwvintonijn tot in de verste uithoeken op aarde gegeten. De vis werd het middelpunt van een miljoenenindustrie, compleet met tonijnoorlogen, zwendel en piraterij, tonijnspionage en tonijnpolitie.

Hoewel de omvang van de huidige vangst en handel ongekend is, is de maatschappelijke en politieke verstrengeling met de blauwvintonijn altijd al een gegeven geweest in onze beschaving. Sinds de Feniciërs in het eerste millennium voor onze jaartelling de grootschalige vangst van de blauwvintonijn toepasten, zorgde de vis voor een industriële bedrijfstak waar machthebbers hun geld en prestige aan ontleenden. De traditionele vangst van de blauwvintonijn is daarmee de oudste vorm van visserij die nog wordt toegepast en kan worden gerekend tot ons mondiale culturele erfgoed.

Niemand kan de grootschalige veranderingen en de overbevissing van de zeeën en oceanen werkelijk overzien, laat staan dat we de gevolgen ervan kunnen bevatten. Misschien is het daarom dat de kwestie nauwelijks de aandacht krijgt die ze verdient. Cousteaus definitie van *Le Monde de Silence* krijgt zo onbedoeld een nieuwe, minder poëtische betekenis als het de oceanen betreft. De beeldcultuur die door Cousteau werd benut om de rijkdom van de oceanen te tonen, heeft er inmiddels voor gezorgd dat ingewikkelder problemen die niet zijn terug te brengen tot een audiovisueel clipformaat, de slag om de aandacht dreigen te verliezen. Dat het zich onder water voltrekt, in een gebied waarvan we nauwelijks iets weten, maakt de zaken er niet eenvoudiger op.

Door dit alles ziet het er niet rooskleurig uit voor onze reuzentonijn. De grootste resterende voorraad van deze vis wordt na millennia nog steeds gevangen in de Middellandse Zee. Daar paart hij en wordt hij geboren, in de zee van onze beschaving. En daar dreigt hij nu definitief zijn einde te vinden in de sushi-industrie. Eenmaal uitgestorven wacht hem vermoedelijk een weinig benijdenswaardig lot. De dodo, misschien wel het bekendste voorbeeld van een soort waarmee de mensenhand korte metten maakte, wordt nu vooral herinnerd als een spreekwoordelijk dom dikkerdje. Weinigen weten meer hoe deze loopvogel eruitzag. Niemand die zijn broodje dodo mist.

Dit boek is een kleine bijdrage om de blauwvintonijn niet te laten eindigen als de dodo. Het is een zoektocht en een biografie van deze vis en zijn vissers, die aan de voet van onze beschaving hebben gestaan. Een eerbetoon aan een levend monument en een vissersritueel.

Ik dank het Fonds Bijzondere Journalistieke Projecten voor het verlenen van de steun waarmee dit boek mogelijk werd gemaakt. Ook mijn collega's van NRC *Handelsblad* ben ik veel verschuldigd voor de ondersteuning bij dit boek. Voorts dank ik alle personen op de verschillende continenten die me hebben bijgestaan om de blauwvintonijn op zijn lange reis te volgen. De inwoners en almadrabavissers van Barbate en Conil voor hun gastvrijheid en kennis van de tonijnvisserij. De medewerkers van Greenpeace en het WWF, in het bijzonder dr. Sergi Tudela en Raul García voor hun behulpzaamheid bij het vergaren van veel tonijndata. Jacinta Hin en Yutaka Yano dank ik voor hun hulp bij mijn bezoek aan Tokio en Misaki. Dr. Miyake voor zijn grote kennis van de tonijn. Takeshi Noguchi voor zijn verhalen van de tonijnhandel. Roberto Mielgo voor zijn achtergrondinformatie over de duistere kanten van de tonijnindustrie. Journalist Raphael Vassallo van *Malta Today* voor de inlichtingen over de tonijnboerderijen in Malta. Het Spaanse Oceanografisch Instituut, in het bijzonder José Luis Cort en Enrique Rodríguez-Marín en Fernando de la Gándara dank ik voor hun hulp met hun uitgebreide biologische kennis van zaken, evenals P.W. Goedhart voor het controleren van de biologische details in dit boek. 'Sushiprofessor' Ted Bestor voor zijn medewerking bij het vinden van mijn weg op de Tsukiji-markt. De medewerkers onder leiding van directeur Harry Koster van het Europese Visserij Controle Agentschap voor hun toelichtingen. Dr. Jean-Marc Fromentin voor de uitleg van zijn onderzoeken. Haringvisser Floor Kuyt voor zijn kennis en ervaring op de Noordzee. En voorts alle biologen, historici, archeologen, vishandelaren, viscontroleurs, vissers, restauranthouders, koks en visliefhebbers die me hebben laten delen in hun kennis van tonijn.

Steven Adolf, Cádiz, 2009

Fig. 1795. — Dronte.

Tonijn eten

Een conclusie die uit dit boek over de reuzentonijn getrokken kan worden is dat de tonijnboerderijen in de Middellandse Zee er de oorzaak van zijn dat de voorraad van deze vis op instorten staat. Vis eten wordt steeds meer een bewuste keuze, de consument is uiteindelijk de belangrijkste schakel waar de vismarkt om draait. Zeker als het tonijn betreft. In dit boek staan een aantal, grotendeels klassieke recepten voor tonijn. Hoewel verreweg het grootste deel van de boerderijtonijn zijn weg vindt naar de Japanse markt, zal het duidelijk zijn dat de blauwvintonijn niet onder de ingrediënten valt die hiervoor gebruikt kunnen worden. Wie verantwoord tonijn en andere vis wil eten kan terecht bij de Viswijzer samengesteld door de Stichting De Noordzee en het Wereld Natuur Fonds (WNF), en op de website www.goedevis.nl. Het vislabel van de Marine Stewardship Council (MSC, www.msc.org) geldt daarbij als betrouwbaar certificaat voor duurzame visserij. Wat betreft tonijn is de witte of langvintonijn, *Thunnus Alalunga* (ook wel bonito del norte, albacore) uit de Stille Oceaan zonder problemen te gebruiken. Op de markt is hij makkelijk te herkennen aan de uitzonderlijk lange zijvinnen. Let op het MSC-keurmerk. Is er geen verantwoorde tonijn beschikbaar, dan moeten de recepten in dit boek worden beschouwd als historische voetnoot. In de hoop dat blauwvintonijn niet definitief wordt bijgeschreven als een relict in de kookgeschiedenis.

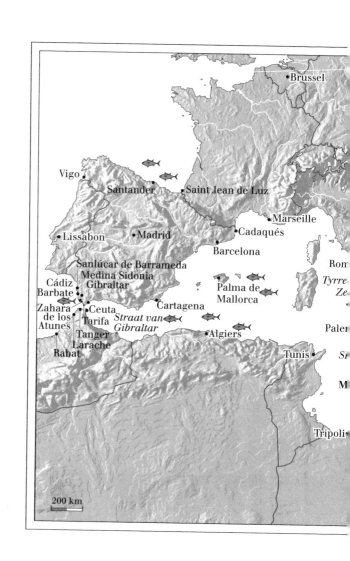

Zwarte Zee

Dubrovnik

Bosporus

Istanbul
Zee van
Marmara

Hellespont

Athene

KRETA

CYPRUS

Beiroet
Sidon
Tyrus

Jeruzalem

Alexandrië
Port Said

Caïro

Vissers, de markt en tonijneters

Gibraltar en de Baai van Algeciras

Straat van Gibraltar

De grot

Overvloedig en verwonderlijk is de buit van de vissers als het leger van tonijn zich in de lente in beweging zet.

OPPIANUS, *HALIEUTICA*, TWEEDE EEUW

De reuzenvis kwam altijd terug. Het moet ze van jongs van af aan geleerd zijn. Net als ze geleerd werd hoe je vuur moest maken en een handbijl en hoe je het best op everzwijn kon jagen of een jonge monniksrob kon villen. Als de dagen warmer werden, dan werd het tijd om de grotten te verlaten en af te dalen naar de stranden aan het water op zoek naar de grote vis. Het waren dezelfde stranden waar schelpen werden gevonden en jonge monniksrobben. Een eind lopen met de grote berg in de rug richting die andere grote berg aan de overkant van het water.

Ze wisten wanneer de grote vissen kwamen als de grote zwarte zeebeesten – die met de bek van witte tanden en de opstaande zwarte rugvin – in het water lagen te wachten. Het waren monsters. Ze sprongen soms uit het water en lieten zich dan met een plof terugvallen. Ze wisten dan: daar in de buurt moesten ze zijn. Die monsters jaagden ook op de grote vis. Als ze hier verzamelden, wisten ze dat het niet lang meer kon duren.

Als de reuzenvissen dan uiteindelijk kwamen, zette alles zich in beweging. Het was alsof er een harde wind over de zee begon te waaien,

27

terwijl er geen zuchtje wind hoefde te staan. Het water begon te kolken, ze zagen vinnen aan de oppervlakte verschijnen. Er waren dolfijnen die uit het water buitelden, af en toe verscheen ook de zwarte vin van het zeemonster boven water en trok een spoor.

Het moet ze geleerd zijn: het was een kwestie van kijken en wachten terwijl het hele circus voorbij kwam trekken. Vaak, niet altijd, was er een reuzenvis die plotseling uit de branding schoot, als een speer het strand op, en daar trillend in het zand tot stilstand kwam. Dat was het moment om toe te schieten en het beest verder het strand op te zeulen. Dat moest snel gebeuren, want soms schoot het grote zeemonster ook met een golf het strand op en trok zijn prooi met de terugrollende branding weer het water in. En ze wisten: die bek met grote witte tanden kon je maar beter zien te mijden.

Eenmaal op het strand was de reuzenvis een makkelijke prooi. Niet zoals het edelhert of de beer, en al helemaal niet zoals de neushoorn. Daarbij moesten ze op hun hoede zijn, op het juiste moment toeslaan en vaak even snel weer wegwezen om niet zelf nagejaagd te worden. De reuzenvis beet niet, viel niet aan en ging praktisch dood op het moment dat hij uit het water was. Hooguit gaven ze hem nog met hun bijl een klap op zijn kop en het karwei was geklaard.

De reuzenvis werd dan in stukken gesneden en terug naar de grotten gesleept. Daar bij het vuur werd het vlees in kleinere stukken gehakt en verdeeld. De vetste stukken van de buik moesten het eerst op. De rest kon ook niet te lang wachten. Want dat was het nadeel van deze makkelijke buit: hij bedierf snel. Maar het rode vlees was smakelijk en leek meer op dat van landdieren dan op dat van andere vissen. Het was een goed begin van de warmere dagen. Ze zouden hier nooit weggaan. Het leven rond de grote rots was zo slecht nog niet.

Clive Finlayson weet er alles van. De directeur van het Gibraltar Museum is vandaag bijzonder in zijn nopjes. Net is officieel bekendgemaakt dat zijn onderzoeksteam in zijn twee grotten materiaal heeft ontdekt dat een nieuw licht werpt op de prehistorie, niet alleen van Gibraltar, maar van heel Europa en de rest van de wereld. 'We hebben het over twee diepe zeegrotten,' vertelt Finlayson, 'Gorham's Cave en Vanguard Cave. En de vondsten betreffen niet de mens, maar zijn neef, de neanderthaler.'

Samen met dertigduizend Gibraltarezen leeft Finlayson op de 'The Rock'. De Rots: dat klinkt hard en massief. En voor wie aan komt rijden over de bergpas bij Tarifa of de kust vanaf Malaga volgt, lijkt dat ook zo. Stijl steekt de kalkstenen rots van Gibraltar 423 meter de lucht in, als een ondoordringbare vestingmuur.

Maar op Gibraltar is alles anders. De Spaanse sfeer verdampt aan de grens, waar bobby's patrouilleren en nadrukkelijk de vette lucht van bacon en eieren valt waar te nemen. Brighton, maar dan mediterraan. Wie de kabelbaan naar boven neemt heeft een weids uitzicht op de Straat van Gibraltar en de golf van Algeciras. Hier is de enige plek in Europa waar apen voorkomen. De wilde Berber-makaak is uitgegroeid tot een ware plaag. De apen plunderen de vuilnisbelten en zakken af en toe af naar de stad om de bevolking te terroriseren. Maar apen afschieten is niet populair, Gibraltarezen houden van hun mede-rotsbewoners. Apen trekken toeristen. En bovendien wil de mythe dat de rots weer in Spaanse handen komt als de laatste aap is verdwenen.

The Rock is een gatenkaas. Deze 'zuil van Hercules', die de toegangspoort van de Middellandse Zee vormt, is doorboord met grotten en gangen. Dat is vooral te danken aan de Britten, die samen met de Hollanders Cádiz plunderden en in brand staken en, enthousiast over dit succes, in 1704 Gibraltar veroverden op de Spanjaarden. Bij het verdrag van Utrecht van 1713, dat een einde maakte aan de Spaanse Successieoorlog, raakte Spanje zijn rots kwijt. Gibraltar werd een Britse kroonkolonie.

Spanje deed van meet af aan alles om het schiereiland terug te krijgen. De Britten op hun beurt groeven zich verder in. Eind achttiende eeuw bikten ze de 'Upper Galeries' uit de rotsen, een tunnelstelsel om er hun kanonnen in te zetten tijdens het Grote Beleg van Gibraltar door Spanje. Met succes: de Spanjaarden kregen hun rots niet terug.

Dankzij zijn gangen en grotten is 'The Rock' tot op de dag van vandaag nog steeds een steen des aanstoots voor de Spanjaarden. Gibraltar moet terug, vindt iedere Spanjaard, gatenkaas of niet.

In het stadje aan de westkant van de rots, in het oude centrum, is het Gibraltar Museum gevestigd. Een oud gebouw, met in de kelder een badhuis uit de tijd dat de moslims hier heer en meester waren. Het museum vertelt een geschiedenis vol van bezettingen, oorlogen en wisselende heersers die hun sporen hebben achtergelaten. De huidige bewoners zijn een mengelmoes van Spanjaarden en Berbers, Sefardische joden, Britten en hindoes. Net als veel andere Gibraltarezen spreekt Finlayson het gecultiveerde Engels van iemand die in Engeland de universiteit heeft bezocht. Maar begin in het Spaans en de meeste Gibraltarezen antwoorden in het zware, soms onverstaanbare accent van de provincie Cádiz.

De vondst is belangrijk voor de neanderthalers, vertelt Finlayson in het Engels. Al in 1848 was op Gibraltar de schedel gevonden van een prehistorische mensachtige. Hij werd *Homo Calpicus* gedoopt, naar Calpe, de naam die de Feniciërs aan Gibraltar hadden gegeven. *Calpe* of *kalph* betekent uitholling of grot in het Fenicisch: de berg met de grotten.

Gibraltar was een van de laatste plekken in Europa waar de neanderthaler overleefde, tot hij 30.000 jaar geleden definitief uitstierf. En de eerste plek waar de resten werden opgegraven. *Homo Calpicus*, de holenmens, was een toepasselijker benaming geweest voor deze prehistorische mensachtige. Maar het mocht niet zo zijn. Gibraltar was weliswaar de eerste vindplaats, maar de vondst in deze vergeethoek van Europa ontsnapte aan de internationale aandacht. Acht jaar later zou de ontdekking van resten van hetzelfde type in het Duitse Neanderthal aanzienlijk meer de aandacht trekken. En zo kwam het dat de prehistorische soort voortaan als neanderthaler bekend zou staan.

Finlayson ontdekte in de grotten van Gibraltar waar de neanderthalers leefden een groot aantal dierlijke resten. De opgraving is gedaan in dezelfde tijdlaag van de holbewoners en bovendien waren er duidelijk markeringen van de scherpe stenen messen en bijlen waarmee het vlees van de botten was geschraapt. Het waren de resten van prehistorische maaltijden. Op de menukaart van de neanderthaler stonden herten, een neushoorn, beren, maar ook jonge monniksrobben, dolfijnen, vis. En blauwvintonijn.

Voor Finlayson, pleitbezorger van de neanderthaler, is de vondst bijna een persoonlijke triomf. De toepassing van gevarieerde jacht en visserij, het vuur en de gebruikte wapens en messen: alles wijst erop dat de neanderthaler in zijn levenswijze nauwelijks te onderscheiden was van de prehistorische mens. 'Ik ben er vast van overtuigd dat de neanderthaler lang niet zo dom was als altijd werd aangenomen,' zegt de museumdirecteur. 'Zijn eetpatroon was vergelijkbaar met dat van de homo sapiens die hier vijfduizend jaar later de kusten kwam bewonen.' De neanderthaler jaagde, wist zijn voedsel uit de zee te halen. Eigenlijk was er nauwelijks iets wat de mens en zijn neef de holbewoner van elkaar onderscheidde. En er kon nog een aantal andere conclusies worden getrokken: de neanderthalers aten hier goed. Het rijke dieet was er wellicht de oorzaak van dat de soort het zo lang had uitgehouden op Gibraltar.

Een hert kan je met een speer te lijf, beren gooi je dood met stenen, een neushoorn kan je in een kuil laten donderen. Maar hoe kwam de neanderthaler aan zijn blauwvintonijn? Hoe had deze oermens een van de grootste en snelste vissen uit de oceaan weten te halen en naar zijn grot gesleept? Om deze vis te vangen heb je netten nodig, harpoenen en misschien boten. Of ging het om exemplaren die, achternagejaagd door de orka's, in paniek het strand waren op geschoten en daar waren ontdekt? 'We weten het niet,' zegt Clive Finlayson in zijn museum in het oude centrum van Gibraltar. Maar iedereen hier aan de kust kent de verhalen van hoe tonijn het strand op schiet om te ontkomen aan zijn grootste vijand.

Wat Finlayson betreft kan deze oermens natuurlijk niet intelligent genoeg zijn. Aangetroffen netten en boten zou in dit opzicht natuurlijk te mooi voor woorden zijn, lacht de onderzoeker. Jammer dat hout en vezels al lang en breed vergaan zouden zijn als de neanderthaler er gebruik van had gemaakt.

Gibraltar is de plek waar twee continenten nauw met elkaar verbonden waren. Hier begon een enorm meer dat 55 miljoen jaar geleden langzaam opdroogde. Vijf miljoen jaar geleden brak de Atlantische Oceaan hier binnen en vormde de Middellandse Zee. De zeestraat die aldus ontstond was in de ijstijd smaller dan nu, maar is altijd een van de rijkste gebieden van onderwaterleven geweest. Tot in de jaren twintig van de vorige eeuw werd hier in de baai nog op walvissen gejaagd. Als de gouverneur van de Britse kroonkolonie Smith-Dorrien (1858-1930) zich verveelde – en als goed Brits gouverneur was dat regelmatig het geval – verliet hij zijn gouverneurspaleisje op de rots en ging in de baai op walvisjacht. Drie vangsten op een dag waren niet uitzonderlijk, zo meldt hij in zijn biografie. Aan de overkant van de baai van Algeciras, in het dorpje Getares, zijn nog de vervallen resten terug te vinden van het walvisstation met het schuine plat waar de beesten aan wal werden getrokken. Getares komt van de *Caetaria*, zoals de Romeinen de plek hadden gedoopt. Ceuta, de Spaanse enclave die we vanaf hier met helder weer aan de overkant zien liggen, heeft dezelfde oorsprong. De namen verwijzen naar het Griekse *kethos*, wat zeemonsters betekent. De walvissen en blauwvintonijn die hier massaal passeerden lieten zo hun sporen achter.

Voor Finlayson lijdt het geen twijfel: de enorme scholen tonijn moeten in de tijden van de neanderthalers langs Gibraltar zijn getrokken. 'In de periodes dat ze hier leefden wisselde het klimaat nogal. Soms kwamen er zelfs ijsbergen deze kant op drijven. Dat mengsel van koud en warm water zorgde voor een enorme explosie van plankton. De overvloed aan leven en voedsel hier in de zee moet spectaculair geweest zijn.'

En zo moeten de neanderthalers ieder voorjaar de 'reuzenvis' hebben zien langszwemmen. Ze trokken naar het strand en wachtten af. Bij het vuur, in hun grotten van Gibraltar eindigde de vis als tonijnmoot. Een gezond dieet. Zelfs wie op uitsterven stond, hield het er nog lange tijd op vol.

Uitzicht vanuit de grot van Atlanterra

Er zijn hier meer grotten die iets met tonijn te maken hebben. Als we terugrijden over de weg naar Cádiz passeren we de Sierra de la Plata, het Zilvergebergte. Het is een bescheiden bergrug die aan het einde van het strand van Zahara de los Atunes omhoogrijst. Hemelsbreed is het ongeveer veertig kilometer ten westen van Gibraltar. Ook hier zijn de rotsen gatenkazen.

Als ik meer wilde weten over geschiedenis van de blauwvintonijn moest ik hier een grot bezoeken, zo was me toevertrouwd door Luisa Isabel Álvarez de Toledo, de 21ste hertogin van Medina Sidonia. Enkele maanden voor haar dood in 2008 had de hertogin me uitgelegd waar ik deze grot van de tonijn kon vinden: aan de oostelijke kant van een kilometers lang strand dat loopt van Barbate tot aan Zahara de los Atunes.

Het stuk strand waar de tonijngrot op uitkeek heet Playa de los Alemanes, het strand van de Duitsers. Na afloop van de Tweede Wereldoorlog zocht een flink aantal nazi's een goed heenkomen hier aan dit vergeten en moeilijk bereikbare randje van Europa. Ze bouwden boven het fraaie uitzicht over de zeestraat hun riante villa's met rode bougainville en gaven ze namen als 'Mi último refugio', mijn laatste schuilplek. De nederzetting werd Atlanterra gedoopt, naar het mythische Atlantis dat hier volgens Plato ergens op de zeebodem moet rusten. Vanaf de jaren zeventig ontdekten ook toeristen de vluchtplek met het uitzicht op Afrika. De laatste stukjes tegen de berg worden nu door projectontwikkelaars verkocht aan nieuwe eigenaars. Ze bouwen er hun designvilla's tussen de grotten en boven op resten van bouwsels uit de Oudheid.

Onze grot is niet meer dan een bescheiden hol in de rotswand van een paar meter doorsnee, uitgeslepen door de geduldige werking van millennia van harde wind en regen. Door de ruime opening heb je een uitzicht over tientallen kilometers van de kust en de zee. Officieel is de grot naamloos. Door de lokale onderzoekers wordt hij kortweg aangeduid als 'de grot van Atlanterra'. Hier in de omgeving van de Sierra de Plata hebben amateurarcheologen een paar honderd van dit soort grotten in kaart gebracht, compleet met prehistorische resten.

De Sierra de Plata moet een rijk gebied zijn geweest. Er waren weiden voor het vee, de zee was vol met vis. De archeologische resten liggen hier voor het oprapen. Schatgraven met metaaldetectors en het plunderen van oude begraafplaatsen is hier een populair tijdverdrijf. Sportduikers wisselen sterke verhalen uit van tempelresten voor de kust.

Beneden in de grotten bij het strand hebben de oerbewoners van de Sierra de Plata hun tekeningen achtergelaten. Wilde beesten, mensfiguurtjes en abstracte tekens. Stille getuigen van rituelen en onbekende goden. De grot van Atlanterra moet een heilige, ceremoniële plek zijn geweest waar offers werden gebracht en de goden aangesproken.

De sleutel van de grot bleek zoek. Maandenlange telefoontjes naar de betrokken diensten van de Andalusische regioregering bleven vruchteloos. De ene dienst verwees door naar de andere. De ambtenaar van wie iedereen uiteindelijk zeker wist dat hij de sleutel moest hebben, bleek ernstig ziek en met verlof waar misschien wel nooit een einde aan zou komen. Uiteindelijk bleek het hangslot sowieso vastgeroest en bleek gelukkig ook dat je vrij simpel over het hekwerk kon klimmen. Ik was niet de enige die dat had ontdekt. Op de achterwand van de grot hadden Dany, Pablo en Miki met hun aanstekers de wanden beroet met hun namen. Daaronder waren duidelijk de sporen herkenbaar van de oorspronkelijke holbewoners. Schetsen en tekens, neergepenseeld in een warme terracottakleur die ontstaat als je minerale ijzerresten fijnmaalt en met varkensvet aanlengt tot een rode pasta. Na duizenden jaren was de verf niet meer te verwijderen en een onuitwisbaar deel gaan uitmaken van het gesteente.

Artistiek gezien zijn de rotstekeningen van Atlanterra niet erg indrukwekkend. Geen kolossaal wild dat je aanstaart zoals in de grotten van Altamira in het noorden van Spanje. Eerder bescheiden pogingen om iets tot uitdrukking te brengen dat kennelijk groter was dan het leven van alledag en waarvan de makers vonden dat het vereeuwigd moest worden. Er is een dierfiguur dat lijkt op een hert. Er zijn abstracte tekens, een kruis, een pijl.

En dan zijn er nog reeksen van stippen op de rotswand aangebracht. Keurig gerangschikt in een rechthoek, zoals de ligstoelen die we hier vanaf ons adelaarsnest beneden op het strand in het gelid zien staan. In sommige tekeningen worden de stippen begrensd door rechte lijnen. Werd hier een soort kalender bijgehouden door bij iedere volle maan een stip toe te voegen? Betrof het een telling van de omliggende stammen?

De hertogin van Medina Sidonia hield het op de reuzentonijn. Hier in de grot was een soort boekhouding van de tonijnvangst bijgehouden, vertelde ze me in haar familiepaleis in het Zuid-Spaanse Sanlúcar de Barrameda. Iedere stip was een blauwvintonijn. De strepen waren netten. 'Deze oorspronkelijke kustbewoners hebben hun vangstmethode voor de tonijn in de grotten achtergelaten,' verklaarde de hertogin vastberaden. Zoals gebruikelijk duldde haar toon twijfel noch tegenspraak. De hertogin kreeg niet graag ongelijk. En zeker niet als het ging om tonijn, de vis die haar voorvaderen faam en rijkdom had gebracht die reikte tot ver over de grenzen van Andalusië.

Niet iedereen neemt de tonijntheorie van een excentrieke hertogin serieus. Als selfmade historica zwaaide ze de scepter over het grootste particuliere historische archief van Spanje. Eeuwen van geschiedenis van de blauwvintonijn liggen hier opgetekend in oude familiemanuscripten. Veel van haar theorieën, geschreven in in eigen beheer uitgegeven boekjes, werden beleefd genegeerd. Toch dwong de hertogin respect af met haar volhardende inspanningen om haar belangrijke archief van de ondergang te redden. En niemand had zin in ruzie met de eigenzinnige bewoonster van het hertogelijk paleis in Sanlúcar.

Maar de hertogin staat niet alleen met het idee dat wat hier in de rotsen staat gegraveerd iets van doen moet hebben met de reuzentonijn. 'Deze grot is gewijd aan de orka's,' zegt dierenarts Mario Morcillo. 'En als de orka's verschijnen is dat het teken dat de tonijn in de buurt is.' Als directeur van de 'Wildlife and Oceanic Company' bouwde Morcillo een reputatie op als specialist op het gebied van de orka's van de Straat van Gibraltar. Hij organiseerde regelmatig excursies naar het strand en op zee. Morcillo kent de 32 orka's die hier voor de kust hun jachtgebied hebben, min of meer bij naam aan de hand van hun rugvin die boven water uitsteekt. De kleur, de vorm, opvallende littekens: de rugvin is de vingerafdruk van de orka.

De orka's wachten in groepen tot de blauwvintonijn in het voorjaar in grote scholen de Middellandse Zee binnen trekt en zetten dan de aanval in. Morcillo: 'Lange tijd is gedacht dat de orka's hier rondzwemmen vanwege de tonijnvisserij die hier al duizenden jaren plaatsvindt. Vandaar dat ze bij de vissers een slechte naam hadden. Maar het is andersom: aan de orka's kan je zien waar en wanneer de tonijn in het water zit. Orka's zie je makkelijk van een afstand, tonijn minder.'

De orka is de tonijn altijd een stap voor: hij kent het zwemgedrag van de vis als die de Middellandse Zee binnen trekt. In het ingewikkelde patroon van in- en uitgaande stromingen tussen de Atlantische Oceaan en de Middellandse Zee, die verschillen per dieptelaag en in de breedte van de zeestraat, laat de tonijn zich met de stroom mee naar binnen voeren. Bij voorkeur met hoog water, zodat hij bij nood de diepte in kan duiken. 'Je moet een oceanograaf zijn om tonijn te begrijpen,' zegt Morcillo, 'of een orka.'

Pal onder de grot bevindt zich een verzamelplaats waar de orka's de tonijn opwachten. 'In het voorjaar, bij zonsondergang, vormen de schaduwen op de rotswand samen met de inscripties het teken dat de orka's komen,' aldus Morcillo. 'En dus is dan ook hun onafscheidelijke reisgenoot de tonijn in de buurt.' Vanaf deze natuurlijke wachttoren hadden de kustbewoners een uitstekend uitzicht op de rugvinnen van orka's in afwachting van hun feestmaal. Ieder voorjaar weer werd hetzelfde ritueel herhaald. Het was een kwestie van wachten tot de tonijn in paniek het strand op schoot.

Voor het begin van de sage van de blauwvintonijn is de plek in ieder geval goed gekozen. Bij helder weer, als de westenwind met koude lucht van de Oceaan de zeestraat schoonveegt, kijken we uit op wat lange tijd zowel het begin als het einde van de wereld was. Over de volle horizon ligt uitgestrekt de staalblauwe Oceaan. *Non Plus Ultra*: voorbij de twee zuilen van Hercules is niets meer, zeiden de Romeinen. Hier begon en eindigde de beschaving.

De tonijn zwom aan in het gebied van de oudste verhalen van West-Europa. Odysseus zwierf langs deze kusten na de val van Troje. Voorbij het land van de Lotuseters en na de ontmoeting met de cycloop was hij aan de rand van de wereld gekomen met de oneindige watermassa waar Poseidon heerste. Hier werd Atlantis verzwolgen door de golven toen Hercules de rotsen die de twee continenten verbonden met zijn oerkracht deed kantelen. Zo kon de watermassa vanuit de Oceaan via de Straat van Gibraltar de Middellandse Zee binnen stromen. De zoon van Zeus overnachtte na zijn gedane arbeid in de grotten aan de overkant bij Kaap Spartel. De zuilen die hij had opgeworpen zouden voortaan als stenen wachters de ingang van de zee markeren die een bakermat van beschavingen zou worden.

Tartessos of Tartessus heet het rijk dat hier in het eerste millennium voor onze jaartelling een begin maakte met de grootschalige jacht op de tonijn. Spaanse onderzoekers proberen aan de hand van satellietfoto's de contouren van de hoofdstad van deze beschaving terug te vinden.

De tonijngrotten op Gibraltar zijn ouder: vijftigduizend jaar. Het hert hier in de grot van Atlanterra is 20.000 jaar geleden getekend. De meer abstracte symbolen zoals de pijlen, lijnen en stippen, dateren van vijf tot zesduizend jaar geleden. Maar na al die tijd bepaalt de tonijn nog altijd het uitzicht. Beneden in het water voor de kust drijven de boeien waarmee de netten van de traditionele almadraba van Zahara de los Atunes drijvend worden gehouden. De jacht op de blauwvintonijn vindt nog steeds plaats op de plek waar ze ooit werd begonnen.

De vangst

You did not kill the fish only to keep alive and to sell for food, he thought. You killed him for pride and because you are a fisherman. You loved him when he was alive and you loved him after. If you love him, it is not a sin to kill him. Or is it more?

ERNEST HEMINGWAY, *THE OLD MAN AND THE SEA*, 1952

Jullie huis-tuin-en-keukenoplichters – vieze, vette en slimme – armzalige veinzers, onechte kreupelen, zakkenrollers van de Zocodover in Toledo en de Plaza Mayor in Madrid, zogenaamde blinden, praatjesmakers, mandenvlechters van Sevilla, lafaards van de boevenbendes, die hele eindeloze horde die onder de noemer van het bedriegersgilde valt! Denk maar niet dat je wat bent, zing een toontje lager, jullie verdienen de naam van oplichter niet als je niet ten minste twee cursussen hebt gevolgd aan de Academie van de Tonijnvisserij.

Miguel de Cervantes hoefde je niets uit te leggen over de visserij op de reuzentonijn aan het strand van Zahara de los Atunes. Echte oplichters haalden hier hun diploma. We schrijven eind zestiende, begin zeventiende eeuw. Op de stranden van Zahara de los Atunes kampeerden de klaplopers en avonturiers uit Andalusië en de rest van Spanje.

Ze werkten in de almadraba en vingen blauwvintonijn. Tussen het vissen door leerden ze elkaar het vak van de bedriegerij.

> Daar, daar is het werkterrein naast de nietsnutterij! Daar is de schone smerigheid, de mollige vettigheid, plotselinge honger, de obscene rijkdom, de ongemaskerde zonde, altijd gokspel, af en toe een vechtpartij, doden voor een dobbelsteen, altijd een steek onder water, dansen alsof er getrouwd wordt, rijmpjes alsof het gedrukt staat, het liedje van een liefdesavontuur, doelloze poëzie. Hier zingen ze, daar wordt gevloekt, even verderop gevochten, hier gegokt en boven alles is men op de vlucht. Daar kampeert de vrijheid en begint het werk; daar vinden veel ouders hun zonen terug en het kost hun de grootste moeite om ze uit dit leventje los te rukken, alsof ze naar het schavot gesleept moeten worden.

De almadraba doe je met een leger. Er waren nettenboeters en roeiers, uitkijkposten, nettentrekkers, paardenmenners, fileerders en sjouwers nodig. De reserves van slaven, vaak gevangen Moren, werden aangevuld door tuig en nietsnutten, die 's morgens hard moesten werken om de rest van de tijd op het strand te hangen. Wie op de vlucht was voor justitie kon hier prima terecht: moeilijke vragen werden niet gesteld, en de namen die werden opgegeven in de contracten waren doorgaans verzonnen. Je werd er gegarandeerd met rust gelaten hier aan de rand van het schiereiland, want de soldaten van de koningen van Castilië hadden aan de stranden van de hertog van Medina Sidonia weinig te vertellen. Goedkope arbeid was hier belangrijker dan een strafblad. De tonijn dat was geld, veel geld, en de vis wachtte niet om binnengehaald te worden. Officieel waren gokspel en prostitutie verboden, maar de kapitein van de almadraba kneep een oogje dicht. Hij kon wel aan de gang blijven. Zolang het niet aankwam op het stelen van tonijn of het wegsnijden van vangst uit de netten zou het hem een zorg zijn.

Cervantes had wel wat ervaring wat betreft avonturiers en oplichters. Het legertje tuig dat werd ingehuurd voor de almadraba beschrijft hij in 'De beroemde dienstmeid', een verhaal dat deel uitmaakt van twaalf korte novellen die hij in 1613 publiceerde. *Don Quichot* was toen al een groot succes, het publiek wilde meer en Cervantes had nog wat verhalen op de plank liggen.

De schrijver kende het zuiden goed. In 1587, bij gebrek aan succes met zijn toneelstukken, was hij in Sevilla ingehuurd om voedingsmiddelen te vorderen voor de Armada, de onoverwinnelijke vloot waarmee Filips II Engeland en de Lage Landen een lesje wilde leren. Ingezouten en gefermenteerde tonijn behoorde tot de levensmiddelen waarmee de tienduizenden manschappen van deze vloot de strijd in werden gestuurd.

Cervantes had zelf toen al redelijk zijn bekomst gehad van de Spaanse marine-expedities. In 1571 was hij als 24-jarige aan boord gestapt van een oorlogsbodem van de Spaanse vloot die zou optrekken tegen de Turkse sultan. Met de zeeslag in de Golf van Lepanto voor de Griekse kust behaalden de Spanjaarden onder leiding van Don Juan van Oostenrijk een klinkende overwinning. Cervantes raakte gewond maar werd persoonlijk door de Spaanse vlootvoogd beloond voor zijn getoonde moed. In 1573 maakte hij deel uit van de troepen die Tunez innamen. Maar in 1575 liep het mis. Op de terugweg, ergens tussen Italië en Spanje, werd zijn boot gekaapt door Moorse zeerovers. De aanbevelingsbrief van Don Juan die hij bij zich droeg, en waarmee hij had gehoopt op een mooi baantje onder Filips II, bracht hem nu lelijk in de problemen. Wie aanbevolen werd door de held van Lepanto moest immers wel een belangrijk man zijn, zo redeneerden zijn Moorse kapers niet zonder logica. Cervantes steeg onmiddellijk in marktwaarde in de vorm van losgeld. Vijf jaar lang zat de ongelukkige schrijver zijn tijd te verdoen tussen zo'n 25.000 christenslaven die in Algiers werden vastgehouden. Een gelukkig toeval – losgeld bedoeld voor een Spaans edelman bleek onvoldoende, maar net genoeg voor Cervantes – behoedde hem van een roemloos einde als galeislaaf van de Dey.

Dankzij Cervantes' gevangenschap in Algiers, maar ook doordat hij wegens schulden geregeld in de kerkers van Sevilla of Cuidad Real zou vertoeven, kende Cervantes de nietsnutten en oplichters van de tonijnvisserij aan de stranden van Andalusië maar al te goed. De kust-wachters die 's nachts op de uitkijk stonden in de torens die Filips II had laten bouwen konden niet voorkomen dat de Moorse zeerovers geregeld de vissers op blauwvintonijn aanvielen, zo lezen we in 'De beroemde dienstmeid'. 'Soms kwam het voor dat de wachters en de soldaten, de oplichters, de ploegbazen, boten, netten en de hele bliksemse boel die er wat toe deed, de nacht waren ingegaan in Zahara maar zich bij het ochtendgloren in Tetuán bevonden.' Tetuán ligt aan de overkant en kende een levendige markt van christenslaven als tussenstop richting Algiers. Cervantes kreeg daar uit de eerste hand de verhalen van de dagloners die massaal naar de kust waren getrokken om te vissen op tonijn, maar uiteindelijk als slaaf in Algiers belandden.

Vierhonderd jaar later. Het fluitje van kapitein Joaquin Pacheco klinkt hoog en schril over de kalme ochtendzee. De almadraba kan beginnen.

De eerste warme zonnestralen hebben het groenglooiende kustlandschap van Zahara de los Atunes in een scherp en helder licht gezet, het belooft een mooie meidag te worden. Op anderhalve zeemijl afstand ligt het Zuid-Spaanse stranddorp er nog verlaten bij. Zahara de los Atunes, de Sahara van de tonijn. Lange stranden van fijn geel zand, waar de vissers eeuwen terug hun enorme netten met tonijn binnentrokken. De vervallen muren van het vispaleis van de hertogen van Medina Sidonia steken scherp af tegen de nieuwe hotels en appartementen die de afgelopen jaren als paddenstoelen zijn opgeschoten aan de rand van het lange strand. Tien jaar lang bouwde Spanje zijn kusten vol, ook hier, al is de schade in deze uithoek van het land nog beperkt gebleven. In het dal op de achtergrond malen tientallen windmolens elektriciteit bij elkaar op de milde ochtendbries. Nieuwe witte reuzen in het land van *Don Quichot*.

De kust hier heeft een oud verbond met de blauwvintonijn of *atún rojo*, de rode tonijn, zoals hij hier wordt genoemd. De vissers zijn opgegroeid met verhalen over de Grieken en Feniciërs, de Romeinen en de hertogen van de vis. Je kunt hier geen steen omkeren of je vindt wel een spoor van tonijn. Om de hoek, onzichtbaar achter de bergrug, liggen de ruïnes van de oude Romeinse tonijnstad Baelo Claudia. Van hieruit werd de vis geëxporteerd over de hele Middellandse Zee en tot in de uithoeken van het imperium. Achter ons, nu nog aan het oog onttrokken door de dichte ochtendnevel in de zeestraat, ligt Tanger. Tingis voor de Romeinen, later vertrekpunt van de Moorse veroveraars onder leiding van de Berbergouverneur Tariq ibn-Ziyad. In april 711 kwam Tariq met zijn invasiemacht overvaren. Het is mogelijk dat hij de eerste scholen met binnentrekkende tonijn van dat seizoen heeft gepasseerd. Almadraba zelf is een woord ontleend aan het Arabisch, het betekent zoiets als de 'plaats waar de klappen vallen'. De *mojama*, gefermenteerde tonijn, is een ander Arabisme dat met Tariq kwam overwaaien.

Aan de buitenpier van de haven van Barbate ligt nu de nieuwe invasiemacht op onze terugkomst te wachten: het vriesschip Suruga van de Japanse Mitsubishi Corporation. Straks zal de buit van onze schepen verdwijnen in het ruim van de Suruga. Onthoofd, ontdaan van ingewanden, gevierendeeld, zal de vis snel tot temperaturen van minder dan zestig graden onder nul veranderen in steenharde moten die zullen worden aangeboden op de *Tsukiji*-vismarkt van Tokio.

De almadraba, de oudste nog levende vistraditie van onze beschaving: je moet er wat voor over hebben. Bij vertrek leek het nog nergens op, daar was iedereen het wel over eens. Stipt om zes uur in de ochtend onder een halve maan werd verzameld op de kade van Barbate. Het is nog kil zo in de vroege ochtend. Koffie, of iets wat voor koffie doorging, werd opgediend in een container die als café diende. De stemming was pessimistisch. De reden was een lauwwarme, aflandige noordenwind. Die zorgt voor het loswoelen van de zandbodem en maakt het water drabbig, dat weet iedereen die op de almadraba vist.

'De tonijn wil graag zien waar hij zwemt. Geen vis voor troebel water,' legt Rafael Marquéz Guzmán me bij de koffie uit. Vandaag heeft hij zijn werk als plaatwerker in zijn garage in Barbate omgeruild om mee te helpen met de vangst. Guzmán is geen voltijdvisser meer. Maar zijn vader, grootvader en overgrootvader verdienden wel hun geld op de almadraba. Zoals de meesten van de circa honderd man die zijn verdeeld over onze kleine vloot van motorboten, platte schuiten en sloepen die zijn uitgevaren, strekt hun kennis van en ervaring met tonijn generaties terug. De almadraba is iets wat in je bloed zit, zegt Guzmán. Bij iemand met zijn achternaam kan het haast niet anders. Guzmán *el Bueno* was tenslotte de middeleeuwse grondlegger van het tonijnimperium dat hier eeuwenlang de dienst zou uitmaken.

'De vissers worden uitbetaald in een percentage van de vangst,' verklaart bootsman Carline, die eigenlijk Carlos de la Cruz Dia heet. Vandaar die spanning. Met zijn vijftig jaar is hij de oudste op de vloot, een kleine bewegelijke man onder een baseballpet en een gele oliejas. Ooit voer hij als visser uit voor de kusten van Cádiz tot Larache, het vroegere Romeinse Lixus aan de Atlantische kust van Marokko, op zoek naar ansjovis en sardien. Nu woont hij op Isla Cristina aan de grens met Portugal waar hij de rest van het jaar vist op venusschelpen en scheermesjes. Dat is anders. Schelpen, dat is vissen. Tonijn is jacht. Ieder jaar komt Carline speciaal naar Barbate om mee te vissen met de almadraba. Hij laat de littekens zien op zijn onderarm. Klap van een tonijnkop. Nog een geluk dat het niet de staart was. Toen hij begon, nu meer dan dertig jaar geleden, was de almadraba een stuk zwaarder. Minder machines aan boord, geen dieselmotoren om de netten op te lieren. Met de hand werd de zaak naar boven getrokken.

Eenmaal op het water, terwijl om ons heen wordt gesleept met zware katrollen, boeien en kabels, is er tijd genoeg voor de verhalen. Over de verslaving aan de almadraba, het kleine leger vissers dat de strijd aangaat met een van de grootste vissen die er in de oceanen zwemmen. Over de klap van de tonijnstaart, die grote scherpe vin aan een stevige bolle spiermassa. De tonijn kan er een arm of been van een volwassen man mee breken alsof het een luciferhoutje is, pochen de vissers. Over de zwaardvissen die zich verbergen tussen de tonijnen en woedend tevoorschijn schieten om te vechten voor hun leven. En natuurlijk de orka's, die in deze tijd van het jaar bij de ingang van de zeestraat op de loer liggen. Ze worden herkend aan hun rugvinnen en komen terug naar hun vaste stek, ieder jaar weer, sommige hebben namen.

Een orka heeft een goed stel hersens, zeggen de vissers. Ze zwemmen de netten van de almadraba binnen en richten daar een feestmaal aan. Dat is aanzienlijk minder inspannend dan het op topsnelheid najagen van de tonijn. Na het eten zwemmen ze netjes weer uit de almadrabanetten, want de orka weet de weg terug te vinden. Vroeger was het oorlog tussen de vissers en de orka's, nu is er meer respect. Soms springen ze met hun enorme zwart-witte lichamen het water uit rond de boten. Het kan spelen zijn of intimideren. Met orka's weet je het nooit.

Nu de blauwvintonijn met uitsterven wordt bedreigd, begint het besef te dagen dat de millennia oude viskunst ook definitief zou kunnen verdwijnen. De almadraba is alsnog ontdekt als cultureel erfgoed. Op de boot wordt er wat om gelachen. Er zijn meer ambachten die aanspraak maken de oudste van de wereld te zijn, zonder dat ze onmiddellijk tot cultureel erfgoed worden bestempeld. Maar de vissers zijn het zich bewust dat deze status in het geval van de almadraba verdiend is. Zij zijn de erfgenamen van een vistechniek die al meer dan tweeënhalfduizend jaar wordt beoefend met ingewikkelde, uitzonderlijke netten om een even ingewikkelde als uitzonderlijke vis te vangen. Een methode die verspreid is geweest van de zuidkust van Spanje, van de Balearen tot Sicilië en van Malta tot voorbij de Bosporus, langs Noord-Afrika en de Atlantische kusten voor Marokko en Portugal. Bij de Grieken en Feniciërs, maar ook in Carthago en bij de Romeinen werd de almadrabatonijn gebruikt als onuitputtelijke bron van voedzame eiwitten, voor exclusieve culinaire hoogstandjes. De blauwvintonijn vormde een basis van economische en militaire macht.

De beschaving jaagde de tonijn na. En nu de grootschalige vangst het voortbestaan van de vis bedreigt, is het juist de techniek van de ambachtelijke almadraba die een nieuwe duurzaamheid kan garanderen. Zonder grote bijvangst en zonder de ondermaatse vis te vangen die zich nog moet voortplanten.

De almadraba is een levende mythe, bloederig, aards en indrukwekkend. De honderden zware ankers 's winters op de kade in Barbate, roodbruin van het roest en bedekt met zeepokken, zijn de stille getuigen. Een maand neemt het in beslag om het netwerk van verticale netten uit te zetten en in te richten. Vierhonderd ankers van ieder een halve ton zwaar houden een muur op zijn plaats van honderden meters aan netten eindigend in een labyrint. Duizenden boeien houden de constructie overeind. Twaalfhonderd rollen netkabel, honderdvijftig ton aan met lood verzwaarde grondkabel zijn nodig om de zaak op zijn plaats te houden. Het uitzetten en vastleggen, de gebruikte netten, de kennis van stromingen en getijden: eeuwen en generaties aan ervaring drijven hier in het water.

De almadraba werkt verslavend. Voor het geld is er de autogarage, maar Guzmán blijft de almadraba er graag bij doen. Zolang er tonijn is. Hij heeft een zoon van tien. Of die hier ooit ook met de almadraba zal vissen? Hij betwijfelt het. 'Ik denk niet dat er nog een vijfde generatie vissers van onze familie komt.'

Werk is een probleem hier aan de kust van Cádiz. Vroeger onder dictator Franco, toen het staatsbedrijf voor tonijnconserven Het Consortium de scepter zwaaide over de almadraba's, was er nog een heuse industrie die werk bood aan het halve dorp. Blauwvintonijn gold toen nog als goedkope conservenvis. Tonijn in blik, tonijn in glas, tonijnhom en -kuit, de mojama. Niets van de tonijn werd weggegooid. Zelfs het grote hart vond in kleine stukjes zijn weg als een tapa bij de droge Manzanilla-sherry die hier wordt gedronken. In de laatste dagen van de dictatuur daalden de tonijnvangsten van de almadraba's plotseling fors. De teruglopende opbrengsten zetten de bijl in de conservenindustrie voor tonijn. Wat bleef waren de sardientjes en de ansjovis.

De conservenfabriekjes zijn nu nog op bescheiden schaal actief in het dorp. Er wordt blauwvintonijn in glazen potjes aangeboden, goed van smaak, maar schreeuwend duur. Voor goedkope bliktonijn wordt al jaren de albacora of witte tonijn gebruikt. Tijdens de maanden van de almadraba kan je nog een enkele verse blauwvintonijn aantreffen op de dagmarkt van Barbate. De rest van de almadrabatonijn verdwijnt nu in de vriesschepen richting Japan. Het grote geld zit in kleine hapjes: de sashimi en sushi, de Japanse keuken die de wereld veroverd heeft. En de tonijn is voor de sashimi wat de tomaat is voor de pizza: een onmisbaar ingrediënt. Honderden miljoenen euro's gaan er om in de blauwvintonijn en de almadraba pikt daarvan een graantje mee. De vissers zijn het zich goed bewust: zonder de Japanners was de traditie van millennia al lang niet meer rendabel.

Iedereen aan boord weet ook: de vraag is voor hoe lang. De voorraad Atlantische blauwvintonijn die hier langs komt zwemmen, staat volgens zeebiologen al jaren onder grote druk door overbevissing.

Waren de verwachtingen bij het vertrek nog somber, op weg naar de almadrabanetten, bij het onderzeese zandplateau voor het strand van Zahara de los Atunes, klaart de stemming merkbaar op. De wind is gedraaid naar een zuidelijke richting. Eenmaal gearriveerd bij het lichtschip naast de netten van de almadraba, is het water aardig helder. De tonijn heeft goed zicht.

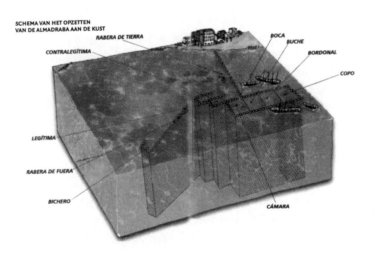

SCHEMA VAN HET OPZETTEN
VAN DE ALMADRABA AAN DE KUST

RABERA DE TIERRA

BOCA
BUCHE

CONTRALEGÍTIMA

BORDONAL

COPO

LEGÍTIMA

RABERA DE FUERA

BICHERO

CÁMARA

Drie mannen hebben in een sloep naast de netten gedurende de nacht de wacht gehouden. Twintig, vijfentwintig meter boven de zeebodem dobberen we rondom de rechthoekige kamer waar de tonijn langs een muur van lange verticale netten binnen wordt geleid. De vloot is nu compleet: het wachtschip, twee forse motorsloepen, drie plattere schuiten met de masten waaraan de netten worden opgelierd, vier kleinere bootjes, drie sloepen en het hoofdschip met het opslagruim gevuld met ijs.

Het fluitje van kapitein Pacheco, een kleine grijsblonde man met scherpe trekken, zet de mannen in de boten op scherp. De duikers die in het nettenlabyrint zijn afgedaald komen aan de oppervlakte. Ze torsen een dode blauwvintonijn met zich mee. Het beest, een meter of twee groot, tweehonderd kilo ongeveer, wordt aan de staart met een kabel de boot opgelierd. Dodelijk verwond door een orka of een zwaardvis? Zichzelf klem gezwommen in de netten? Het is onduidelijk. Maar er is tonijn en dat geeft de vissers hoop. De duikers dalen weer af naar beneden. De mannen blijven gespannen aan de rand van de boten wachten, de lucht vult zich met de zoete rook van Ducadossigaretten.

De duikers komen opnieuw boven, nu met de duimen in de lucht. Er zit tonijn in de kamers van de almadraba. Geld in het water. De spanning ontlaadt zich in de rauw gebrulde strijdkreten van de vissers die over het water rollen. De vloot maakt zich op voor de strijd. Kapitein Pacheco redigeert met zijn fluitje de handelingen die nu in hoog tempo worden uitgevoerd. De netten worden met kabels aan de lieren bevestigd, motoren slaan aan, het geratel van kettingen. 'Adelante, vooruit,' klinkt het uit de schorre kelen. Op het hoofdschip wordt een zeil neergelegd zodat de vis straks zonder beschadiging op het dek getakeld kan worden. Bootsman Carline staat op de boeg klaar met een net om de kleinere vissen op te vangen.

Alles rent nu door elkaar, trekt netten op, schreeuwt en vloekt. Door met roeispanen op het water te slaan wordt de tonijn uit de zijkamers van het almadrabanet de hoofdkamer ingedreven. De kamer des doods. Kapitein Pacheco fluit zonder ophouden zijn bevelen. Als om de operatie kracht bij te zetten klinken vanaf de kust zware explosies van het militaire oefenterrein. In het water is nog niets te bespeuren. Voor de leek tenminste. Maar de getrainde vissersogen zien aan de koppen op de golven dat er beneden iets in de netten zit dat nu naar boven wordt getild. Langzaam, alsof de zee aan de kook raakt, begint de watermassa te bewegen. Een sloep met tien vissers verlaat de hoofdboot naar het midden van de netten.

Dan verschijnt de blauwvintonijn. Eerst nog als een reusachtige schim die onder water heen en weer schiet, in paniek op zoek naar een uitgang om te vluchten. De schimmen krijgen vormen: meterslange glanzende zilvergrijze torpedo's. Grote ogen flitsen door het water en staren in angstige verbazing naar de naderende oppervlakte. De eerste witte buiken kantelen naar boven in pogingen om in het steeds nauwer sluitende net in beweging te blijven. De zee is inmiddels veranderd in een witschuimende massa. Rugvinnen verschijnen aan de oppervlakte, duiken weer onder.

Plotseling is het geklapper te horen van tonijnstaarten op het water. Dan begint het vis te regenen. Letterlijk. Honderden vette *caballas*, Spaanse makrelen, en *melva*, een ander neefje uit de makreelfamilie, worden door de krachtige staarten van de in doodsnood verkerende blauwvintonijn uit de netten gezwiept, metershoog de lucht in. Kletterend komen ze terecht op het dek van de omliggende boten. Met schepnetten en plastic zakken wordt de vissenregen binnengehaald.

De tonijn is nu goed zien te midden van fonteinen wit schuim die de lucht in wordt geslagen. Enorme glanzende torpedovormige lichamen. Negentien tonijnen, schreeuwt Pacheco. Twee van de grootste zeker vierhonderd kilo. Schreeuwend in zijn mobiele telefoon meldt hij de stand aan de achterblijvers in de haven van Barbate. De visafslag kan zijn voorbereidingen treffen voor de ontvangst.

De mannen stappen vanuit de sloep de kolkende massa in. Gevaarlijk werk, de tonijn is nog niet dood. Het blijft oppassen voor een klap met de staartvin. Met piekhaken worden de tonijnen naar de hoofdboot gesleept, vastgebonden en opgelierd op het dek. Daar verdwijnen ze snel in het ruim met ijswater. De witte schuimfontein kleurt van roze langzaam rood van het tonijnbloed. Het gebonk en geklapper van de staarten vermindert, de fonteinen doven langzaam uit. De tonijn houdt het niet lang uit boven water, waar zijn kieuwenstelsel nutteloos is en niet kan voorzien in zijn grote zuurstofbehoefte. Tussen de boten is het water nu rood gekleurd.

Wie oog in oog staat met een klassiek Grieks of Romeins beeld kan er door worden overvallen: het plotselinge besef dat een scheiding van duizenden jaren wegvalt. De almadraba is zo'n tijdmachine. De Romein Plinius: 'Als de tonijn de Spaanse almadraba binnenduikt, zijn de netten ook vol met makreel.' Dat was in de eerste eeuw van onze jaartelling.

De wortels van onze cultuur verliezen hier hun abstracte karakter, worden plotseling aanraakbaar en invoelbaar. Hier, op dezelfde plek tussen twee continenten, verzamelden zich al duizenden jaren geleden groepen vissers zich om met man en macht de blauwvintonijn te doden en uit het water te trekken. Het gejoel van de mannen die de grote netten binnenhaalden, de tonijn die in een fontein van schuim en bloed voor zijn leven vecht, het uitzicht op de kusten: je stapt in een ogenblik naar een ver verleden.

'Overvloedig en verwonderlijk is de buit van de vissers als het leger van tonijn zich in de lente in beweging zet,' schreef de Griekse dichter Oppianus, favoriet van de Romeinse keizer Marcus Aurelius, in de tweede eeuw van onze jaartelling, over de tonijnvangst en de almadraba. De vangst staat opmerkelijk nauwgezet beschreven in de *Halieutica*, het lofdicht aan de visserij opgedragen aan de keizer en diens zoon, Commodus.

De massa aan tonijn komt in het voorjaar uit de wijde Oceaan binnen in de regionen van onze zee, gedreven door de onrust om zich voort te planten. Eerst zijn het Iberiërs die zich op de scholen werpen en de tonijn proberen te vangen; vervolgens, bij de monding van de Rhône, zijn het de Kelten en de inwoners van Marseille door wie ze worden nagejaagd; en op de derde plaats zijn er de bewoners van Sicilië en rond de Tyrreense Zee. Vandaar in de onmetelijke dieptes verspreiden ze zich weer en zwemmen uit door de hele oceaan.

Hier bij de almadraba van Zahara de los Atunes zitten we in het gebied waar volgens de Grieken de vijandige 'buitenzee' begon, het water voorbij Gibraltar en de berg Musa – de twee bergen die de zuilen van Hercules vormen. Wie vier dagen verder vaart, op een oostenwind vanaf Gadeira (Cádiz), komt in een gebied vol met zeewier, dat droog komt te staan met eb en volstroomt met vloed. 'Hier worden uitzonderlijke hoeveelheden tonijn aangetroffen, onvoorstelbaar groot en vet. De vis wordt ingezouten, in amforen opgeslagen en teruggevaren naar Carthago. Dit is de enige tonijn die de Carthagenen niet exporteren; ze eten hem zelf vanwege de excellente smaak,' aldus een tekst die wordt toegeschreven aan Aristoteles.

Verder terug in de tijd zijn er de mythen. Het ondoordringbare water voorbij de zuilen van Hercules kon volgens de Grieken beter gemeden worden. Hier heerste duisternis, chaos en destructie, het was er slechts toegankelijk voor goden, helden en zeemonsters. Hier lag Tartessos, het mythische land waar Zeus slag leverde met de reuzen. Hercules doodde er de draak die de gouden appels bewaakte in de tuin van de Hesperiden. Hij versloeg de driekoppige herder van het eiland Erytheia en bevocht de monsters uit de zee. Hier werd volgens Plato Atlantis verzwolgen door de golven. De joodse god Jahweh doodde er de zeedraak en de meerkoppige slang Leviathan. In het Oude Testament lezen we: 'U splijt de zee met uw kracht, u verbrijzelt het hoofd van de Tannin in het water. U verplettert de koppen van Leviathan; u geeft ze te eten aan de mensen langs de kust' (Psalmen 74:13-14).

Tannin komt van het Hebreeuwse *thanin*. De achttiende-eeuwse Spaanse broeder en schriftgeleerde Martín Sarmiento zegt dat thanin een draak kan zijn, maar ook een zeemonster, een krokodil wellicht of misschien een walvis, maar waarschijnlijker nog een algemene term voor een grote vis. Van het Hebreeuwse thanin is het een klein stapje naar het Griekse thynnos. En vandaar naar het Latijnse thunnus. *Thunnus Thynnus*. De zeedraak die hier werd doodgeslagen door

51

Hercules en Jahweh, was de reuzentonijn. In het eerste millennium voor onze jaartelling moeten ze in enorme scholen de Straat van Gibraltar hebben gepasseerd, waar ze werden gevangen en gegeten. De klassieke methode om een tonijn te doden was door met een stevige knuppel het hoofd te 'verbrijzelen'. De blauwvintonijn werd in de Griekse en joodse geschriften getransformeerd tot de Tannin die de kustbewoners van voedsel voorzag, de Leviathan, en de zeemonsters van Hercules.

Onze slag is geleverd, de Leviathan is binnen en ligt in het ijswater van het ruim af te koelen. Snel wordt de vlootformatie rond de netten opgebroken. We koersen in westelijke richting naar de haven. In het koelhuis aan de kade staan de ploegen klaar om de vis op te takelen. Een digitale meter geeft het gewicht aan. De grootste vissen het eerst. Twee tonijnen van 425 kilo per stuk, bijna drie meter schoon aan de haak. Er volgt een tonijn van 380 kilo en een andere van 378 kilo. De havenmeester tekent de vangst op, terwijl de vis naar binnen verdwijnt en op het hydraulische platform omhoog wordt getild.

Boven op het platform staat Takeshi Noguchi; samen met zijn assistent in de startblokken om de vis te keuren. Ze zien er wat misplaatst uit in deze omgeving: twee Japanners in hun laarzen, oliegoed en een hoofdkap te midden van de Andalusiërs met hun zware accent van Cádiz. Om hun nek bungelt een mobiel telefoontje, met daaraan een plastic tonijntje. Geen Japanner die niet iets aan zijn telefoon heeft hangen dat iets vertelt over zijn persoon. Noguchi beweegt zich tussen de vis met een behendigheid die routine verraadt. Hier staat en man die weet wat hij doet. In zijn hand een lange holle stalen pin, die lijkt op het keukenapparaat waarmee vroeger de stoofappelen van hun klokhuis werden ontdaan, maar dan een stuk langer. Noguchi prikt in de buik van de tonijn, trekt de zaak weer terug uit het vlees en bekijkt de kleur. Het vetgehalte wordt gemeten. Japanners hebben graag vette tonijn voor hun sushi en sashimi. Hoe vetter, hoe hoger de prijs.

Noguchi zegt wat tegen zijn assistent, knikt en geeft aan dat de tonijn is goedgekeurd. Die mag straks naar de boot. Nu komen de ha-
venjongens in actie voor het grovere werk. Ze zijn gestoken in oliegoed en hebben een haarnetje op. Japanse eisen. In Tokio houden ze

van hygiëne. Een motorzaag wordt opgestart en met een soepele haal worden de tonijnenkop en de vinnen afgezaagd. De buik wordt opengelegd, de ingewanden, een paar flinke handen vol, uit de romp gesneden. Het grote kieuwenstelsel verwijderd. Binnen een paar minuten is de tonijn veranderd in een anonieme, torpedovormige vleeshomp, klaar om ingevroren te worden. Twee tonijnen van de vangst van vandaag zijn bestemd voor de Spaanse markt. De rest wordt opgekocht door Tokyo Seafoods, het bedrijf waar Noguchi voor werkt. De tonijn zal worden diepgevroren in het ruim van de Suruga. Begin juni, als de almadraba eindigt, zal het vriesschip met de vangst afvaren richting Tokio. Daar zal de tonijn op de markt komen met de label 'Wilde tonijn van de almadraba van Zuid-Spanje'. Kenners zullen ervoor in de rij staan.

Na afloop drinken we koffie in de bar bij de uitgang van de haven van Barbate. Buiten is de harde Levantewind nu aangewakkerd, het zand waait de boulevard op. Tonijnmeester Takeshi Noguchi zit wijdbeens aan tafel met zijn assistent Takeshi Homma, en hun jongste bedienden Tatsumi Yoshzya en Makoto Soma. Noguchi straalt het nonchalante gezag uit van een door de wol geverfde samoerai uit een film van Kurosawa. Al 26 jaar haalt hij van over de hele wereld tonijn naar Japan.

De Spaanse zuidkust kent hij op zijn duimpje. Aardige mensen die Andalusiërs, je kan met ze lachen. Maar als het op werken aankomt kunnen ze nog wel wat van Japanners leren, vindt Noguchi. 'Wij willen snelheid en efficiënte afhandeling. Maar dat is nogal moeilijk hier,' zegt hij met een dun lachje. Op tijd komen is geen vanzelfsprekendheid in Andalusië. En dan al die feestdagen: de ene dorpskermis is nog niet voorbij of de volgende processie met een maagd is alweer aan de gang.

Hoe dan ook, voor de beste tonijn moet je hier bij de almadraba in Spanje zijn. Mooi rood vlees, goed in het vet. Zo'n kwaliteit van blauwvintonijn vind je niet op veel plaatsen. 'Jammer dat het ook hier achteruitgaat,' zegt Noguchi. 'Je ziet dat het vlees bruiner wordt, dat betekent smaakverlies voor de sashimi.' Waar het aan ligt? Noguchi haalt zijn schouders op. Hij heeft gehoord dat het de gestegen water-temperaturen zijn. Ook het vet wordt steeds minder, terwijl het juist zo gewild is bij de klanten. Dat zal vermoedelijk iets te maken hebben met minder voedsel in de zee, vermoedt Noguchi. Minder voedsel, minder vet. De blauwvintonijn is een flinke eter.

Wat ook belangrijk is, Noguchi kan het niet vaak genoeg uitleggen aan de vissers van Barbate: een tonijn moet snel gedood wordt. Als de vis probeert te vluchten, krijgt hij een hogere lichaamstemperatuur. Angst en stress zijn niet goed voor de kwaliteit van het vlees. En tonijn is snel gestrest, een zenuwachtig raspaardje. Dat is het grote voordeel van de tonijn die wordt gevangen en vetgemest in de tonijnfarms die je nu door de hele Middellandse Zee aantreft. Daar schieten ze zo'n beest een kogel door de kop en klaar is Kees. Een stuk sneller dan het naar boven halen en opvissen uit de almadrabanetten. Toch overtuigt de vetgemeste tonijn van de boerderij Noguchi niet. Na ontdooiing verliest het vlees sneller zijn kleur, de smaak is anders. 'Een tonijn is een roofvis en die moet vrij zwemmen in de oceaan,' oordeelt Nogu-chi. 'Niet gekooid rondjes zwemmen in een ruimte van vijftig vier-kante meter.' Je merkt het direct: de tonijn van de almadraba smaakt beter. 'Hai!' klinkt het instemmend boven de koffie met melk van zijn assistent en de twee hulpen.

Noguchi koopt de tonijn op van de almadraba's in Zahara en Co-nil. Hij heeft een vriesschip liggen in de laatste haven, de Reina Cris-tina. De vis zal straks door heel Azië worden gedistribueerd, een deel komt op de Tsukiji-markt in Tokio. Maar zijn onderneming levert de meeste blauwvintonijn rechtstreeks aan Japanse sushirestaurants. 'Het loont de moeite om hier naar het zuiden van Spanje af te zakken. Je kunt leuke deals sluiten,' zegt Noguchi. Ten eerste zijn er weinig plekken waar je de tonijn in zulke grote partijen krijgt aangeboden. Hoge kwaliteit en dan ook nog eens tegen lage prijzen.

In Japan wordt de tonijn duur betaald. Het duurste is het buikge-deelte van het vlees, de *toro*. Met de Spaanse toro heeft dat niks te ma-ken, lacht Noguchi. Dit jaar wordt zeven- tot achtduizend yen per kilo toro van de blauwvintonijn betaald. Dat is 45 tot 50 euro per kilo. De tonijnstaart is het goedkoopste, twee euro per kilo.

Natuurlijk maakt de tonijnmeester zich zorgen over de toekomst. Voor Noguchi is het duidelijk: de tonijnvangst zit aan zijn plafond. Wat komen gaat is hoogst onzeker. De blauwvintonijn als soort komt in gevaar als de vis niet meer in staat is zich voort te planten. Je hoeft geen bioloog te zijn om dat te begrijpen. Het probleem ligt bij de tonijnboerderijen waar de vis massaal wordt vetgemest zonder dat hij hom en kuit kan schieten. Er zijn geen goede regels voor de tonijnboerderijen op zee. De ICCAT, de internationale organisatie voor het behoud van de blauwvintonijn in de Atlantische Oceaan stelt wel regels op. Maar de vangstquota zijn een lachertje en worden met voeten getreden. Sommige inkoopbedrijven trekken zich niets aan van de regels en de officiële vangstcertificaten. Tonijnpiraten wordt nauwelijks iets in de weg gelegd.

De tonijnmeester kijkt op zijn horloge. Het is tijd om op te stappen, de rekening voor de koffie wordt gevraagd. 'Hai,' roepen de assistent en de twee hulpen in koor. Terug naar het werk: overleg met een van de almadraba's en ruggespraak met het thuisfront. Japan wil weten wat er straks aan blauwvintonijn arriveert.

De voorraadkast van Tokio

Bathed in the dazzling glare
Of the lights, the tunas seem
As if they're floating.

KOZABURO OMURA

Het is even na vier uur in de vroege morgen en dus nog donker in de
smalle straten met de winkels voor gedroogde vis en zeewier, de restaurants met omeletten en noedelsoep aan de ingang van de Tsukiji-
markt. Tokio slaapt nog, maar de werkdag is hier al lang vol in gang.
De eerste bestelautootjes razen langs. Kleine, wendbare vorkheftrucks
starten hun dampende dieselmotoren op. Handelaren parkeren hun
auto's en schieten voorbij de brandende lampionnen de Namiyoke-
tempel binnen. Het houten gebouw met het boomprieeltje is een oase
van rust in de omliggende bedrijvigheid. Een grote leeuwenkop be-
waakt de ingang tegen de kwade geesten. Restauranthouders kunnen
hier met hun gebeden terecht bij een manshoog stenen ei, tonijnhan-
delaren moeten het doen met een stevig stuk graniet dat is opgericht
voor de beschermgoden van sushi en sashimi. Na het wassen van hun
handen klossen de bezoekers in hun laarzen naar de schrijn waar ze
aan de dikke koorden trekken om de bel te luiden die de Shinto-
goden moet wekken. Opdat de prijzen vandaag goed zijn en de omzet
de moeite waard.

Binnen, in de doolhof van de markt, baant Katsuji Suzuki zich gelaarsd en wel met brede, trefzekere passen een weg door de smalle glibberige gangetjes tussen de visstallen. Vanuit de winkels, achter de uitstalkasten, de fileertafels en de vrieskisten wordt hij luidruchtig begroet. Suzuki betekent zeebaars in het Japans. Deze boomlange zestiger met golvend grijs haar is een oude bekende hier op de markt, onze tocht is vol onderbrekingen. In de ene stal wordt koffie met sesamkoekjes geserveerd, in een andere worden langdurig grappen uitgewisseld in een gespeelde woordenwisseling over de kwaliteit van de vis die hij er onlangs kocht. Het personeel onderbreekt het fileren van de tonijn en kijkt lachend toe, de lange, platte messen in de hand.

Over de gladde keitjes passeren we eindeloze rijen stallen waar de tussenhandelaren de koopwaar aanbieden die ze deze ochtend op de veiling hebben gekocht.

Tsukiji is als de marktvariant van een enorm natuurkabinet zoals je dat bij achttiende-eeuwse natuuronderzoekers aan kon treffen. Een eindeloze verzameling van alle denkbare vissen, en schaal- en schelpdieren ter wereld. Alles wat zwemt en eetbaar is valt hier te vinden.

De zee is ruikbaar en tastbaar aanwezig.

De uitstalkasten liggen vol vissen die nog maar enkele dagen geleden rondzwommen in de Atlantische Oceaan, de Middellandse Zee, de Indische of de Stille Oceaan. Palingen en zeeaal proberen tevergeefs hun piepschuimen bakken uit te kronkelen. Eenzame tijgerkreeftgarnalen liggen ter keuring netjes uitgestald op een bedje van zaagsel. Octopussen zweven in glazen bakken met zeewater, gele trompetvissen liggen keurig in het gelid op hun bed van gemalen ijs. Er zijn enorme spinkrabben, kleine makreelsoorten en stapels met doosjes waar setjes zee-egels voorzichtig in verpakt zijn. Zwarte reuzenmosselen, kokkels en venusschelpen liggen uitgestald naast rode zeebaars, bruingevlekte rog en oranje pijlinktvissen. Een zwaardvis wordt vakkundig in moten gezaagd. Daarnaast een uitstalkast met forse, rode biefstukken. Ook voor walvisvlees kan men op de Tsukiji-markt terecht.

Maar daarvoor is Katsuji Suzuki niet gekomen. Na een paar uur slaap, nadat de laatste klant na middernacht uit zijn kleine restaurant Ginza Maguroya (De Tonijnwinkel) is vertrokken, is de sushimeester in zijn auto naar de Tsukiji-markt gereden met een duidelijk doel voor ogen: vroeg erbij zijn. Om halfvijf is het verkeer nog rustig in de megapool. Als de 35 miljoen inwoners eenmaal ontwaakt zijn, kost hetzelfde traject hem misschien wel een uur. Na zijn auto op het terrein te hebben geparkeerd loopt hij rechtstreeks naar de twee grote veilinghallen aan de buitenzijde van deze grootste visveiling ter wereld en het epicentrum van de mondiale tonijnhandel.

Suzuki speurt naar buitenkansjes. Honderden, soms duizenden tonijnen – diepgevroren en verse exemplaren – liggen dagelijks ter inspectie op de vlonders van de twee veilinghallen. En voor wie er een scherp oog voor heeft, is er soms een kwaliteitsvis te vinden die door de kopers over het hoofd wordt gezien en daardoor voor een zacht prijsje weggekaapt kan worden.

Tsukiji-markt in Tokio

Moeder aller vismarkten

Wie iets met tonijn heeft, komt vroeger of later terecht op de Tsukiji. De 'moeder aller vismarkten' bevindt zich aan de riviermonding, waar de rivier Sumida de baai van Tokio in stroomt. Vissersschepen zijn er nauwelijks te vinden aan de kades van de Tsukiji-markt. De vervuiling heeft al decennia geleden een eind gemaakt aan de visserij in de baai. De Japanse vloot van grote industriële vriesschepen heeft zijn thuisbasis in de talloze havens in de kleinere stadjes langs de kust. De vis komt hiervandaan of vanaf het vliegveld Narita om per vrachtwagen naar de markt vervoerd te worden.

Japanners zijn de grootste tonijneters, en Tsukiji is daar een afspiegeling van. Alleen al door de locatie in het hart van Tokio, een uitgestrekt terrein dat tot de duurste stukken grond ter wereld behoort. Op een paar metrohaltes afstand bevindt zich het keizerlijke paleis en de glanzende zakenwijk waar de Japanse multinationals hun hoofdkantoor houden. De keizer, kapitaal en de vis, pijlers van de Japanse samenleving, bijeen binnen een gebied van enkele vierkante kilometers.

De vismarkt van Edo, zoals Tokio heette voor 1868, lag sinds de zeventiende eeuw op een andere plek. Maar na de zware aardbeving van 1923, als gevolg waarvan het grootste deel van de stad in de as werd gelegd besloot het stadsbestuur om de markt te verplaatsen. De grote, grauwe markthallen met hun vorm van een halve cirkel werden ooit ontworpen als een fraai staaltje functionele architectuur in de traditie van Bauhaus. Nu liggen ze er wat afgebladderd en karakterloos bij. Al jaren is er sprake van dat de markt verplaatst zal worden naar een beter bereikbare locatie buiten het centrum. Het terrein waarop Tsukiji staat is vervuild en bovendien interessant voor beter renderende onroerendgoedprojecten. Maar de verhuizing stuit op verzet van de handelaren en hun klanten. Voortdurend wordt de operatie uitgesteld. De laatste deadline ligt op 2016, maar de twijfel groeit of het er ooit van zal komen.

Japan koestert zijn Tsukiji. 'Tokio no daidokoro', de voorraadkast van Tokio, zo wordt de markt genoemd. De tussenhandelaren bieden er hun waar aan in de honderden kramen verlicht door de warme glans van ouderwetse peertjes. Zelfs het kille neonlicht op de biedingvloer versterkt de authentieke sfeer van de visafslag. De bel voor de biedingrondes, de geheimtaal van de handgebaren van de bieders en de dansende veilingmeesters zijn hier nog niet ten prooi gevallen aan de steriele schermtechnieken van het digitale tijdperk.

De tussenhandelaren die via de veilinghuizen deelnemen aan de biedingen, zijn bepalend voor de dynamiek van deze markt. Door hun betrekkelijke kleinschaligheid trekken ze een fijnmazig publiek aan kopers die hun orders telefonisch opgeven of ter plekke een kijkje komen nemen. En tonijn vormt de vis waar de markt zijn faam aan ontleent. Een dagomzet van 300 ton tonijn is geen uitzondering.

Tsukiji is wereldwijd de grootste overslagplaats van vis. Dagelijks komen er gemiddeld vijftigduizend handelaren, restauranthouders, viswinkeliers, toeristen en marktpersoneel bijeen op de 230 hectare aan oppervlakte die de hallen en de bijgebouwen beslaan. Er worden zo'n 450 verschillende soorten vis, schaal- en schelpdieren verhandeld. Uit alle zeven wereldzeeën wordt de vis aangevoerd in vriesschepen of vers ingevlogen als het de duurdere, exclusieve soorten betreft, zoals de paling.

Hoewel Japan honderden vismarkten kent, is Tsukiji met de afhandeling van circa een zesde van de totale groothandelsomzet verreweg de grootste markt. De topomzet bedroeg 890.000 ton aan vis in 1987. Daarna nam de handel in termen van gewicht af tot rond de 630.000 ton in 2007.

Met gemiddeld 65 kilo vis per hoofd van de bevolking zijn de Japanners aan het begin van de eenentwintigste eeuw 's werelds grootste viseters, hooguit voorbijgestreefd door de IJslanders. Portugal en Spanje voeren de Europese liga van viseters aan met respectievelijk zestig en veertig kilo per persoon. In de Verenigde Staten eet men nog maar twintig kilo vis per persoon. In Duitsland en Nederland 15 kilo.

Als eilandbewoners beschouwen Japanners de zee als een vanzelf-sprekend onderdeel van hun territorium. Alles wat de zee aan eetbaar materiaal produceert vind je terug in het Japanse dieet. Van zeewier tot zee-egels, van krabben tot zeekomkommers en van walvis tot tonijn: Japanners beschouwen het zeebanket als een culinaire noodzakelijkheid met de status van een cultureel erfgoed. Het maakt deel uit van de collectieve identiteit. Wie daaraan komt, komt aan Japan. Zoals bleek uit de taaie weerstand van Japan tegen het verbieden van de consumptie van walvisvlees.

Japan onttrekt zich echter niet aan de trend in de economisch meest ontwikkelde landen: vis eten werd de afgelopen jaren minder populair en de consument wil er ook minder voor betalen. Dat is ook de reden dat de omzet in gewicht van de Tsukiji-markt sinds 1987 is teruggelopen, zo vertelt de Amerikaanse Harvard-antropoloog en 'visprofessor' Theodore Bestor in zijn standaardwerk over de Tsukiji-markt. In tien jaar tijd werd 20 procent minder omgezet. Dat had ongetwijfeld iets te maken met het barsten van de onroerendgoedbubbel en de economische crisis waarin Japan belandde. Tegelijkertijd lijkt het ook kenmerkend voor een bredere, mondiale trend.

Tot 2005, toen China de grootste importeur van vis werd, was Japan de marktleider. In 2005 importeerde Japan nog steeds 11 procent van de wereldproductie aan vis. De Tsukiji-markt is een centraal overslagpunt van vis, niet alleen voor de Japanse voedselvoorziening, maar ook voor de handel met het buitenland. De markt is een graadmeter van de Japanse economie – maar tegelijkertijd nauw verbonden met de internationale belangen van Japan op gebieden als de ecologische houdbaarheid van de visserij en de disputen over internationale wateren en gehanteerde vismethodes.

De tonijn is gezichtsbepalend voor de Tsukiji-markt. Grootoogtonijn, geelvintonijn, langvintonijn en natuurlijk de grootste tonijn uit de familie, de blauwvintonijn vinden vanuit de verste zeeën hun weg naar de markt. De Japanners zijn zelf de grootste tonijneters. Volgens het Japanse Visserij Agentschap kwam in 2005 34 procent van de 1,96 miljoen ton die wereldwijd aan tonijn werd gevist terecht op de tafels van Japanners.

Voor het kopen van de blauwvintonijn of *kuromaguro* is Tsukiji traditioneel dé plek in Japan. De inwoners van Tokio prefereren het vettere vlees van de blauwvintonijn boven dat van de magere geelvintonijn. Die laatste wordt juist weer meer gewaardeerd in Osaka. De blauwvintonijn, die voor de hoogte prijzen van de hand gaat, nam in 2002 volgens de officiële FAO-cijfers zo'n 60.000 ton van de wereldproductie aan tonijn voor zijn rekening. Grofweg de helft daarvan werd gevangen in en rond de Middellandse Zee. 85 procent van de Atlantische blauwvintonijn die volgens de officiële cijfers in de Middellandse Zee wordt gevist komt zo terecht in Japan. In 2006 importeerde Japan officieel 23.000 ton aan verse en ingevroren blauwvintonijn voor een totale waarde van 350 miljoen dollar. De meeste mediterrane blauwvintonijn eindigt op de Tsukiji of in de vrieshuizen van de grote Japanse multinationals.

Tonijn, kuromaguro in het bijzonder, heeft voor Japan bijna een sacrale, mythische waarde. De vis wordt geassocieerd met rijkdom en geluk. Het is het favoriete ingrediënt van sashimi en een favoriete sushitopping.

In de periferie van het terrein van de Tsukiji kunnen bezoekers terecht bij talloze restaurants die – vers van de markt – sushi en sashimi aanbieden. Japanners hebben het er graag voor over: niet zelden staan er rijen voor de deuren van de meest populaire plekken, zoals de beroemde Edogin-sushibar. Aanpalend aan de noordkant van de markt is een complete buurt ingericht met allerhande visparafernalia, sets aan sushimessen, plastic modelsushi's voor restauranthouders, visgereedschap, zeewier, gedroogde en gefermenteerde vis. Hier bevindt zich ook het restaurant Sushizanmai, 24 uur per dag geopend en deel van een keten die in handen is van een van de Tsukiji-handelaren. In de aangrenzende buurt, minder zichtbaar voor het grote publiek, zijn de exclusieve restaurants waar de financiële en politieke elite zijn sushi prikt. De macht voelt zich thuis in deze sfeer van traditie, het kwaliteitsimago van de markt en het idee van verse vis onder handbereik.

De recordprijzen van duurste tonijn worden nauwgezet bijgehouden en zijn een bron van trots. In januari van 2009 ging een verse blauwvintonijn van 128 kilo uit de Japanse wateren met de eer strijken. Twee rivaliserende sushibareigenaren sloten een akkoord en betaalden bijna 10 miljoen yen (op dat moment 80.000 euro) voor de vis. Dat is 625 euro per kilo. Het jaar ervoor werd een tonijn van tweehonderd kilo geveild voor vier miljoen yen (toen 24.000 euro). In 2001 werd de topprijs aller tijden van 20 miljoen yen genoteerd, betaald door een handelaar uit Hongkong. De vis was op dat moment in gewicht meer waard dan goud. Voor veel Japanners was het een definitief signaal dat China als economische grootmacht ontwaakt was.

De voorbereidingen voor de handel in de blauwvintonijn starten rond middernacht. Dan beginnen de kleine heftrucks de bevroren tonijn af en aan te voeren uit de vrieshuizen. Vanuit vrachtwagens en bestelautootjes worden de diepgevroren tonijnkarkassen, wit uitgeslagen door de vriescondens, vanaf de laadbakken op de vloer gegooid. Oude vrachtwagenbanden breken de val van de vaak honderden kilo's wegende cilinders van vlees, die vervolgens met pikhaken de vloer van de grote hal worden op getrokken. Daar ligt de vis klaar om geïnspecteerd en geveild te worden. Eindeloze rijen van uniforme witte, torpedovormige viskarkassen op een oppervlakte van een half voetbalveld. Een leger tonijn, ontdaan van staart en vinnen, een gapend halvemaanvormig gat op de plek ter hoogte van de kieuwen. Tussen de vlonders op de vloer hangt een witte nevel van opvriezende dauw. In de hal ernaast wordt de verse tonijn verzameld. De metaalkleurige vissen zijn van verschillende vorm en omvang, veelkleurige plakkertjes geven informatie over herkomst en gewicht. Een lange snee heeft de buikholte opengelegd om de ingewanden te verwijderen, maar verder zijn de vissen in hun complete vorm goed herkenbaar. Uit hun wijd opengesperde bekken steekt soms nog een nylonlijn van de longlineschepen waarmee ze een paar dagen geleden uit de oceaan zijn gevist.

Katsuji Suzuki inspecteert het aanbod op de vloer met de blik van een kenner. Hij laat het licht van zijn zaklantaarn in de open buiken schijnen. Met zijn scherpe vishaak aan een houten handvat prikt hij voorzichtig in het opengezaagde staartstuk en wrikt een stukje vlees uit de bevroren massa los om te proeven. Op de houten uitstaltafels liggen ontdooide monsterplakken van de bevroren tonijn die weer hun originele rode kleur terug hebben gekregen. Suzuki noteert af en toe op het papiertje van zijn klembord welke tonijn hem interesseert.

De tonijn wordt gekeurd op smaak, kleur en vorm. Oneffenheden, littekens en verwondingen: alles kan de kwaliteit van het vlees ver-

minderen. Het vetgehalte is cruciaal. Suzuki strijkt met zijn vinger-
toppen langs het opengesneden staartstuk en wrijft ze over elkaar om
het vetgehalte te beoordelen. De vorm van de tonijn wordt bestudeerd. Het schoonheidsideaal is hier rubensiaans: rond en mollig. De
huid moet ongeschonden zijn. Wondjes aan het huidoppervlak wijzen op een mogelijke lange doodsstrijd met alle kwaliteitsverlies van
dien.

Zo is een leger van mannen en een enkele vrouw, dag in dag uit, in
de weer met de tonijn op de Tsukiji. Allen zien er min of meer identiek uit: laarzen, een kleine vishaak in de hand, zaklamp aan hun riem
gestoken, klembord in de aanslag.

Rond de klok van halfzes kan de veiling in de twee tonijnhallen beginnen. Restauranthouders en viswinkeliers hebben de handelaren
van Tsukiji hun orders gegeven. De veilingmeesters laten hun bel
klinken en gaan van start met het ritueel dat voor buitenstaanders
grotendeels onbegrijpelijk is. Zelfs de meeste Japanners kunnen de
slang waarin de biedingen worden gedaan niet volgen. Iedere meester
heeft zijn eigen stijl: soms worden de biedingen opgedreund in een
monotoon staccato, soms klinkt een snelle tonijnrap met hoge uitha-
len waarbij de veilingmeester op het ritme van de biedingen op en
neer danst voor zijn publiek van handelaren. De omstanders kijken
toe, geconcentreerd als het een tonijn betreft die hen interesseert, afwezig in de andere gevallen. Met snelle handgebaren wordt de bieding
volbracht. Het aanbod van de vis wordt in een razend tempo afge-
werkt.

In een hoek van de markthal voor de bevroren tonijn ligt blauwvintonijn gevangen in de almadraba's van Zahara de los Atunes, Conil en Barbate. Anders dan de compleet ingevroren tonijntorpedo's,
gaat het om moten tonijn die in de lengterichting van de graat zijn gefileerd in vier grote concentrische stukken. Dit is 'wilde' tonijn, rechtstreeks met de almadraba gevist en onmiddellijk ingevroren. Een top-
vis tegen topprijs: de blauwvintonijn van Zahara de los Atunes gaat
weg voor 5500 yen per kilo, een van de beste prijzen van de dag. Tussenhandelaar Kitano Kubota toont zich tevreden met zijn moten. Hij
koopt graag Spaanse tonijn van de almadraba. Je weet dat je dan kwa-

Katsuji Suzuki keurt tonijn

liteit in huis haalt, zegt Kubota, terwijl hij de diepgevroren tonijn in hanteerbare moten zaagt en in zijn vriezer stopt. Voor deze vis heeft hij al een koper. Het is voor een etentje bij een huwelijk hier in Tokio. Een bijzondere tonijn voor een bijzondere gelegenheid.

Sushimeester Suzuki heeft minder geluk. Er wordt vandaag scherp opgelet door de handelaren. Geen buitenkansjes die over het hoofd worden gezien. Suzuki haalt na afloop van de biedingen zijn schouders op en verdwijnt van de vloer, richting handelaren waar hij de rest van zijn sushivis inkoopt. Een belangrijk deel van de handel verdwijnt na afloop naar deze tussenhandelaren, in hun honderden stallen in het middengedeelte van de markt. We lopen langs de lange houten banken waar de verse tonijnen wezenloos voor zich uit staren in afwachting van het zorgvuldige fileerwerk. Ze worden ontdaan van hun grote koppen, die gelden als een lekkernij en waar sommige restaurants hun specialiteit van hebben gemaakt. In de hoeken van de stal liggen de koppen hoog opgestapeld. Met lange, platte messen wordt de tonijn zorgvuldig van de graat gesneden en opgedeeld in verwerkbare moten van verschillende kwaliteiten. Even verderop gieren de elektrische lintzagen waarmee de diepgevroren tonijn in plakken wordt gesneden. De gefileerde vis wordt gerangschikt in uitstalkasten gelegd, verdwijnt in de vriezer of wordt met ijs verpakt in piepschuim dozen voor transport. Zwaar hangt de metalige geur van vers tonijnbloed tussen de stallen.

.

De tonijnwinkel

Katsuji Suzuki kent de tonijn. Jaren voer hij als schipper op een Japanse longliner de wereldzeeën af op zoek naar blauwvin-, geelvin- en grootoogtonijn. Maar zijn hart lag in de keuken. Nu heerst hij als sushimeester achter de eetbar van zijn restaurant aan de rand van de centraalgelegen zaken-en-uitgaanswijk Akasaka. Wie zijn restaurant niet kent zal het niet snel vinden, zo verscholen ligt het in de kelderverdieping van een anoniem kantoorgebouw. Er passen net drie tafels in Ginza Maguroya. Als die vol zitten, dan is er altijd nog de sushibar, met zijn traditionele glazen etalagebakken waar de rauwe ingrediënten van Suzuki's sushikunsten in uitgestald liggen. Er is rode octopus, er zijn haringeieren, er is zee-egel. De kuit ligt er uitgestald naast verschillende garnalen en kreeftjes, naast makreel, sint-jakobsschelp en pijlinktvis. En er is tonijn, in verschillende maten en soorten, uit alle oceanen van de wereld. Het aanbod staat keurig opgetekend in karakters op de houten plankjes achter de rug van de sushimeester.

De Michelingids gaf Tokio in 2009 227 sterren, het grootste aantal ter wereld. Twee derde van de sterrenrestaurants was gespecialiseerd in de Japanse keuken. De sushirestaurants nemen een belangrijke plaats in. De 82-jarige sushimeester Jiro Ono werd in 2007 de oudste driesterrenkok met zijn chique restaurant Jiro tegenover het keizerlijke park. Spanjes topkok Ferran Adrìa, zelf behorend tot de topliga in de kookcompetitie, bejubelde de bejaarde meester als de bereider van de beste sushi's ter wereld.

De aankleding van Ginza Maguroya van Katsuji Suzuki heeft minder pretenties. Wie een fraai uitzicht wil hebben tijdens het prikken van een sashimischotel kan beter terecht in het restaurant van het Ritz-Carlton op de 45ste verdieping van de Tokyo Midtown-toren dan hier in de raamloze kelders van het Sankaido-gebouw. Foto's aan de wand tonen het overladen van bevroren tonijn op volle zee door de longliner waar Suzuki ooit het gezag over voerde. Maar sushiliefhebbers weten de deskundigheid van Suzuki op de juiste waarde te schatten. Met zijn grote handen kneedt hij de rijst en plaatst er de kundig gesneden vis op. Hij wordt bijgestaan door twee sushimeesters en hun twee hulpen die de kneepjes van het vak kennen. Uit de keuken klinken vage klanken van operamuziek.

Samen met de Japanse nestor van de tonijnwetenschappers, de marinebioloog Makoto Miyake (75), inspecteren we de beste tonijn die het restaurant te bieden heeft. Een blauwvintonijn uit het koude water van de zuidelijke Stille Oceaan, roze grootoogtonijn, hardrode geelvin, de langvintonijn met zijn wittige vlees. Allemaal 'wild', niet vetgemest in een boerderij. Ze worden opgediend als sashimi op schaaltjes van geglazuurd aardewerk. Een bakje waar de sojasaus gemengd kan worden met een plukje van de scherpe groene wasibipasta van Japanse radijs zorgt voor de juiste saus om in te dippen.

Het topstuk van vandaag betreft een authentieke blauwvintonijn uit de noordelijke wateren van Japan. Het is dezelfde vis die in 2001 op de Tsukiji nog zijn gewicht in goud waard was. Katsuji Suzuki wijst met ingehouden trots naar de plakjes sashimi. Deze tonijn heeft vrij rondgezwommen in een koude zee, legt Makoto Miyake uit. Daarom is het vlees doortrokken van een fijn vetweefsel, zoals je dat ook wel aantreft in de betere kwaliteit Iberische ham. De verrassing komt bij het proeven. Het tonijnvlees blijkt licht knapperig te zijn, smelt op de tong en laat een smaak achter die het midden houdt tussen vis en boter. Meester Suzuki neemt van achter de toonbank de complimenten glimlachend in ontvangst. Het is een van de duurste tonijnen die er op de markt te krijgen zijn, vertelt hij trots, maar door op het juiste moment toe te slaan kon hij de hele vis via een bevriende tussenhandelaar relatief goedkoop op de kop tikken. Ingevroren en wel bewaart hij zijn pronkstuk om hem stukje bij beetje te serveren aan de fijnproevers onder zijn klanten.

Het kleine restaurant is redelijk bezet deze avond. De tafels zitten snel vol. De binnenkomende gasten wordt bij het binnentreden een luidruchtig welkom toegebulderd door het voltallige personeel. Een vast Japans ritueel. Ze moeten aanschuiven aan de eetbar. 'Toch zijn de goede tijden voorbij,' zegt Katsuji Suzuki van achter de uitstalkasten. Het ineenstorten van de huizenmarkt in de jaren negentig maakte een eind aan een lange periode van groei. Wat volgde was een lange en taaie recessie. De politieke en zakelijke elites zijn uitgeblust en weten zich niet te vernieuwen. De mensen zijn pessimistisch, cynisch zelfs. De vissers hebben gestaakt omdat het water hen aan de lippen staat. Net eerder in de week is de nieuwe premier van het land plotseling afgetreden na slechts enkele weken in het zadel te hebben gezeten. Ook hij zag geen uitweg om nieuw leven te blazen in de vastgeroeste economie. De Japanners zijn nog steeds rijk, maar het vertrouwen in de toekomst houdt niet over. En dat weerspiegelt zich in het bezoek aan de sushirestaurants in het algemeen en het eten van tonijn in het bijzonder. Duurdere sushirestaurants als Ginza Maguroya kampen met een duidelijke terugval in de klandizie.

De goedkope sushirestaurants, zoals de *kaiten-zushi* waar schaaltjes met sushi en sashimi op een lopende band voorbijtrekken, winnen aan belang. Sushi is getransformeerd tot een vorm van sophisticated fastfood. Samen met de geprefabriceerde sashimi in de supermarkten gebruiken ze de blauwvintonijn uit de mediterrane vetmestboerderijen als een goedkope grondstof. Sinds deze 'farms' in de jaren negentig in de Middellandse Zee werden geïntroduceerd steeg de import van blauwvintonijn explosief: van 3000 ton in 1995 tot 35.000 ton in 2005. De grote omzet en lagere kwaliteit maakt de vetgemeste blauwvintonijn goedkoop. Terwijl voor een 'wilde' blauwvintonijn een prijs van 5000 yen per kilo (40 euro) niet ongebruikelijk is, gaat een boerderijtonijn over de toonbank voor prijzen tussen de 800 tot 3200 yen per kilo.

De vetgemeste blauwvintonijn heeft een markt gecreëerd voor het grote publiek. Behalve de 127 miljoen Japanners staat er een leger van potentiële sushi-eters in de startblokken in Shanghai, Guandong, Beijing, Dhalian, Hongkong, Taipei, Singapore, Kuala Lumpur, Bangkok en Ho Chi Min City. Het lijkt slechts een kwestie van tijd of ook daar rollen de sushi's met betaalbare blauwvintonijn uit de Middellandse Zee van de lopende band.

Tonijnspecialist Makoto Miyake trekt een vies gezicht als de blauwvintonijn uit de vetmestboerderij ter sprake komt: 'Boerderijtonijn haal je er zo uit. Het vet heeft een vreemde smaak en lijkt in niets op de wilde tonijn, zoals van de almadraba's in Zuid-Spanje. Het is net als die sushi met van die vette kweekzalm.' Miyake weigert kweekzalm te eten. In die goedkope sushiketens zul je hém niet aantreffen.

Scherpe prijsconcurrentie, popularisering en een voorraad die volgens de wetenschappers op instorten staat. Hoe het moet met de toekomst van de blauwvintonijn? Achter zijn bar draait sushimeester Suzuki geduldig tonijnballetjes. Hij hoeft er niet lang over na te denken. 'De blauwvintonijn zal nooit verdwijnen,' zegt hij resoluut. Het klinkt als een bevel. 'Het grote publiek eet nu de boerderijtonijn. Daar komt de bulk vandaan en die wordt steeds beter van kwaliteit,' zo hoopt Suzuki. Japanse wetenschappers perfectioneren het kweken van tonijn, hij weet het zeker. In de toekomst kan er kunstmatig tonijn worden voortgeplant in kwekerijen. De eerste volledig gekweekte tonijn is inmiddels al op de markt verschenen. De grote Japanse multinationals zullen deze handel nooit verloren laten gaan. En de wetenschap worden steeds handiger met genetische kweekmethodes. 'Over twintig jaar,' voorspelt Suzuki, 'kweken we tonijn in zoet water.'

Oorlog, kennis en macht

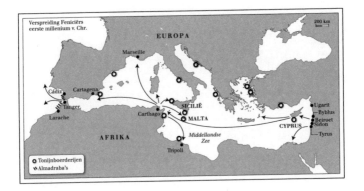

Verspreiding Feniciërs
eerste millenium v. Chr.

EUROPA

Marseille

Cádiz
Cartagena

Tanger

Larache

AFRIKA

Carthago

SICILIË

MALTA

Tripoli

Middellandse
Zee

CYPRUS

Ugarit
Byblus
Beiroet
Sidon
Tyrus

200 km

○ Tonijnboerderijen
♦ Almadraba's

Tonijn op de vismarkt, vierde eeuw v.Chr.

Het wilde Westen

Zoals de Middellandse Zee wordt beschouwd als de geboorteplaats van onze beschaving, zo is het de geboorteplaats van de tonijnvisserij.

H. BELLOC, 1961

'Wie de heilige stad Byzantium bezoekt kan ik aanraden om in het hoogseizoen een tonijnbiefstuk te eten; het vlees is mals en uitstekend van smaak.' Archestratos, Grieks dichter te Sicilië, lekkerbek en vis-liefhebber onder de klassieke dichters, bezong al in de vierde eeuw voor onze jaartelling de gebakken moten van de reuzentonijn. De to-nijn van Sicilië was dan misschien goed, die van de Bosporus was pas echt een aanrader, aldus de auteur van culinaire dichtwerken gespe-cialiseerd in vis.

Aan de vis die men at herkende je de elite op het eiland Rhodos, schrijft de historicus Aelianus. En een vette tonijn was verreweg de beste vis die er te krijgen was.

In de betrekkelijk saaie keuken van de oude Grieken, die het voor-al moest hebben van graanproducten en wat fruit, was vis een hoog-tepunt. De 'eettafelfilosoof' Athenaeus schreef: 'Het is geen wonder waarde vrienden, dat onder alle schotels die we delicatessen noemen, vis de enige is die er waarlijk aanspraak op kan maken vanwege zijn excellente kwaliteit als voedsel en omdat de mensen er dol op zijn.' De

75

ware gourmand vond je, volgens Athenaeus, op de markt tussen de visverkopers.

De Grieken en de Feniciërs waren vooral dol op tonijn. Dichters wijdden gedichten aan de vis, wetenschappers beschreven hem in hun naslagwerken. De tonijn werd gevist, gekookt, geroosterd of ingezouten. Zijn smaak werd algemeen geprezen. De grote vis bracht handel, welvaart en de nodige eiwitten voor een gezond dieet.

Tonijn had een status die ver verheven was boven de gewone vis. Het was de enige vis die als offerdier gebruikt werd voor Poseidon, de god van de zee, de paarden en de aardbevingen. De god die je tevreden moest stellen om rampspoed te voorkomen. Wat was een beter offer dan deze reuzenvis met zijn rode bloed?

De Griekse reiziger Pausanias meldt dat de inwoners van Corfu een enorme bronzen stier hadden opgericht ter ere van Poseidon. Dit nadat een stier ontsnapt was en de inwoners naar het strand leidde waar juist een grote school tonijn voorbij kwam zwemmen. Eerst werd de stier geofferd en vervolgens een deel van de overvloedige vangst van de tonijn. Bij de feesten opgedragen aan Poseidon werd de eerste tonijn van het seizoen geschonken aan de god van de zee.

Tonijnklassiekers

De Grieken hadden verschillende manieren om de tonijn te eten, aldus culinair archeoloog Daniel Levine van de Universiteit van Arkansas. Gegrilde tonijnmoot was een simpele, maar hooggewaardeerde schotel. Daarnaast was er natuurlijk de gedroogde en ingezouten tonijn, zoals deze door de Feniciërs werd gemaakt.

Tonijn was een verslaving voor wie het zich kon veroorloven. Satirisch dichter Hipponax van Ephesos uit de zesde eeuw voor onze jaartelling schreef een gedicht over een rijk man die zijn hele erfenis erdoorheen jaagt met nietsdoen en tonijn eten. Wat de tonijn onweerstaanbaar lekker maakt, aldus de beschrijving van Hipponax, is een saus gemaakt van kaas, honing en knoflook. Tonijn werd nauwkeurig beoordeeld op de kwaliteit. De oude Grieken legden net als de Japanners en Spanjaarden nu, een voorkeur aan de dag voor de vette buikstukken van de tonijn. Ook vonden ze, net als de Japanners, de tonijnkop een lekkernij.

Archestratos, de bekendste culinaire schrijver van de antieke wereld, toont zich in zijn humoristische Michelingids van de Middellandse Zee een grote fan van de tonijn gevangen in de buurt van de Bosporus. Het middenstuk van deze tonijn uit Byzantium wordt breed geprezen als lekkernij, maar ook het staartstuk, dat vrij algemeen geldt als het minst eetbare deel van de vis. Godenvoedsel dat staartstuk, schrijft Archestratos, al waarschuwt hij wel dat het hier uitsluitend gaat om het staartstuk van de vrouwelijke tonijn. Wie dus niet zeker is van het geslacht van de staart kan hem beter niet eten. Vermoedelijk betreft het hier een geval van Oud-Griekse humor.

Tonijn op zijn Grieks

Snij de tonijn in moten. Rooster de moten gelijkmatig op een grill.

Niet te gaar laten worden.

Besprenkelen met een beetje zeezout en een paar druppels olijfolie.

Warm opdienen.

Eventueel dippen in een pikante pekelsaus.

Opgelet: vooral niet besprenkelen met azijn. Dat kan de smaak bederven.

(Culinair recensent Johannes van Dam adviseert: bak de tonijn snel aan, aan beide zijden. Laat afkoelen, bak opnieuw aan aan beiden zijden. Zo wordt de tonijn vanbinnen niet te gaar en te droog. Tweede advies: gebruik de albacore of langvintonijn gevangen in de Stille Oceaan met msc-keurmerk)

Bonitotonijn à la Archestratos

Eigenlijk is er geen recept voor nodig, schrijft Archestratos: zelfs de onhandigste kluns kan de tonijn niet verknoeien, al zou hij het willen.

Wikkel de tonijnmoten in een vijgenblad met een beetje oregano.
   (Geen kaas of andere toevoegingen, waarschuwt Archestratus)
   Het vijgenblad dichtbinden met een touwtje.
   Leg het blad met inhoud in hete as.
   Opgelet. Zorg ervoor dat de zaak niet aanbrandt!

Voor degenen die niet onmiddellijk tonijn uit Byzantium bij de hand hebben is er geen man overboord, schrijft Archestratus. Tonijn die elders is gevangen kan ook lekker zijn. Ook bij Archestratos is albacore met MSC-keurmerk dus een goede vervanger.

De Middellandse Zee is misschien wel het mooiste cadeautje van de geschiedenis, beweert de Franse Middellandse Zeekenner Fernand Braudel (1902-1985). Het grootste deel van zijn leven bracht hij met lyrische pen zijn *mediterranée* in kaart. Hij beschrijft de *Mare Internum* als een soort mini-universum rond de binnenzee waar verschillende volken uit Europa, Afrika en Azië elkaar kruiselings konden bestuiven in een mengcultuur van uitzonderlijke klasse. De Romeinen in Noord-Afrika, de Grieken op Sardinië, Kelten aan de Franse kust, Feniciërs en Berbers in Spanje, de Turken in Joegoslavië. De Middellandse Zee was het kruispunt van volkeren, planten, (land)beesten, vissen, religies, ideeën en manieren om van het leven te genieten.

Braudel spreekt overigens allerminst van een multiculturele idylle: oorlog was er eerder regel dan uitzondering. De Grieken haatten de Perzen (nog meer dan andersom), de Romeinen waren altijd uit op vernietiging van Carthago (waarin ze uiteindelijk slaagden), de Syriërs en Palestijnen waren panisch voor de kruisvaarders uit het

Noorden, de Spanjaarden haatten de Turken, en als er even geen volk meer was om een hekel aan te hebben, dan waren er altijd nog de joden.

Niettemin waren uitwisselingen en wisselwerkingen een wezenskenmerk voor de mediterrane cultuur. Importproducten konden zo grondig inburgeren dat ze al snel als 'typisch mediterraan' werden ervaren. De tomaat werd ingebracht door de Spanjaarden uit Amerika, net als de maïs, de cactus en de pepers. De Arabieren importeerden er de citrusbomen uit het Verre Oosten, de cipressen kwamen uit Perzië en de eucalyptus uit Australië. Wat meekwam met de handelskaravanen uit de Sahara of wat in de ruimen van de schepen zat die terugkwamen van de andere kant van de oceaan: de mediterrane cultuur maakte het zich eigen.

In deze mengcultuur was de blauwvintonijn, zelf een reiziger die duizenden kilometers door open water aflegt om in de Middellandse Zee te kunnen paren, een vis die door iedereen werd gewaardeerd. Waar hij ook kwam, veroverde hij de keuken, de markt en de handel. De tonijn was vanaf de Oudheid een universele vis avant la lettre. Tonijnvangst betekende welvaart en overvloed. En, in het kielzog daarvan, hebzucht en macht.

Aristophanos steekt in zijn komedie *De ridders* (424 v.Chr.) uitgebreid de draak met de machtbeluste Atheense politicus Cleon. 'Als een woedende storm ben je over onze stad gegaan,' zingt het koor van De Ridders. 'Je hebt Athene doof gemaakt met je gebrul en, van bovenaf je hoge rots, heb je zitten wachten om het belastinggeld te innen, als de wachtpost van de vissers die uitkijkt naar een school tonijn.'

In het eerste millennium voor onze jaartelling waren cultuur en macht geconcentreerd aan de oostkant van de Middellandse Zee. Daar werd het initiatief genomen tot nieuwe economische, militaire en wetenschappelijke ontwikkelingen. Toen deze volkeren over voldoende techniek en kennis beschikten begon hun trek westwaarts. Het Midden-Oosten trok naar het wilde Westen van de Middellandse

Zee, de kant op van de Atlantische Oceaan, waar de tonijn ieder voorjaar vandaan kwam zwemmen.

Anders dan bijvoorbeeld de kabeljauw, die in enorme scholen in de Atlantische Oceaan leefde, was het zeeleven in de Middellandse Zee minder uitbundig. Grote scholen grote vis waren vrijwel afwezig. Een uitzondering hierop was de tonijn. Met duizenden tegelijk konden ze op een dag passeren langs een vissersstek, schrijft Braudel. Zoals het wilde Westen zijn vlaktes kende die werden bevolkt door enorme kudde bizons, zo trokken de scholen reuzentonijn door de watervlaktes van de Middellandse Zee.

De massaliteit van de trek van de tonijn was al vroeg een uitdaging voor de vissers. Door de omvang van de vis en de omvang van de scholen waarin ze langs kwamen zwemmen, kon de tonijnvisserij op bijna niets anders uitlopen dan een grootschalige, bloederige slachting. Tonijnvisserij was oorlog. Illustratief is de tragedie *De Perzen* van de Griekse schrijver Aeschylos waarin de belangrijke zeeslag bij Salamis (480 voor onze jaartelling) wordt vergeleken met de vangst van een school tonijn.

'De zee verdween onder een berg aan bloederige lichamen, de Grieken slachtten de Perzen af als tonijnen, ze sloegen op hun lendenen met knuppels en stukken wrakhout,' aldus Aeschylos. De schrijver wist waar hij het over had, hij had waarschijnlijk zelf deelgenomen aan de zeeslag. En het publiek begreep op zijn beurt de vergelijking met de bloederige tonijnvangst.

De schrijver Strabo geldt als een tonijnkenner onder de Griekse natuurvorsers. De jonge tonijn, zo had hij opgemerkt, wordt geboren in het noordelijke deel van de Zwarte Zee en trekt dan via de nauwe zeestraat bij Byzantium terug naar de Middellandse Zee. Daar, in een baai met de vorm van een hoorn, zwemmen ze in zulke volgepakte scholen voorbij dat de vissers hen met hun blote handen uit de zee kunnen scheppen. De ware jacht vindt plaats op de grotere exemplaren, die worden ingezouten en zorgen voor een grote welvaart in de omgeving, aldus Strabo.

Tonijn was kostbaar. In gedroogde vorm werd het zelfs als betaalmiddel geaccepteerd. Goede handel. Een kolfje naar de hand van de Feniciërs.

De Romeinen hebben *Ben-Hur, I, Claudius, Rome* en *Gladiator*. De Grieken komen er misschien wat bekaaider van af. Toch is voor een film over de val van Troje of over Alexander de Grote nog altijd wel een financier te vinden. De slag bij Thermopylae bracht het in 2007 nog tot het spierballenepos *300* en een gelijknamig videospelletje.

Maar de Feniciërs? Sinds de val van Carthago (146) is het nooit meer goed gekomen met de aandacht voor dit handelsvolk. Alleen Hannibal die met zijn olifanten de Pyreneeën en de Alpen over trok tegen de Romeinen heeft de tijden weten te overleven. Maar dat de vangst op blauwvintonijn door het hele Middellandse Zeegebied door de Feniciërs werd verspreid is grotendeels vergeten.

Ergens in de twaalfde eeuw voor onze jaartelling had een ramp van onbekende oorzaak – iets bijbels als een aardbeving of zondvloed, hongersnood of ziekteplaag – gezorgd voor een plotseling machtsvacuüm van de lokale grootmachten in het oostelijke deel van de Middellandse Zee en Mesopotamië. Daarvan profiteerden vooral de Feniciërs, een handelsvolk dat oorspronkelijk afkomstig was uit het kustgebied dat nu Syrië en Libanon beslaat. De Fenicische havensteden Sidon en Tiro groeiden in korte tijd uit tot belangrijke handelscentra. De Feniciërs profiteerden van hun centrale ligging midden tussen de verschillende grote culturen. Wat de Hollanders in de zeventiende eeuw waren, waren de Feniciërs in het eerste millennium van voor onze jaartelling.

Beide volkeren werden groot door hun schepen. De Hollanders zouden ooit succesvol het fluitschip introduceren, de Feniciërs perfectioneerden de bootconstructies van de Grieken. Het resultaat was een ranke boot, waarvan de nieuwigheid bestond uit een dubbele rij roeiers. Dat maakte de Fenicische schepen een stuk zeewaardiger en sneller. Met een paardenkop op hun boten als boegbeeld, als eerbetoon aan Poseidon, trokken de Feniciërs vanaf de tiende eeuw westwaarts. Ze trokken de tonijn achterna. Eerst naar Cyprus en Kreta waar ze hun koloniën vestigden. Vervolgens naar de Noord-Afrikaanse kust, waar Carthago werd gesticht, niet ver van het huidige Tunis. Malta, Sicilië en Sardinië kregen hun Fenicische nederzettingen. Ze streken neer in Marseille en op Ibiza. Altijd in de buurt van de trekroutes en de paaigronden van de tonijn. Wie de migratieroute van de Feniciërs wil begrijpen, hoeft alleen maar te kijken naar de plaatsen waar in de eenentwintigste eeuw de blauwvintonijn wordt gevangen en vetgemest in de tonijnboerderijen.

Uiteindelijk werd de grens van de Mare Internum bereikt, daar waar het grote, eindeloze water begon en waar de tonijn in de lente opdook en aan het einde van de zomer spoorloos in verdween.

Het handelsvolk uit het oosten bracht beschaving in het 'wilde Westen' van de Middellandse Zee. Carthago ontwikkelde zich tot een stadstaat die de regio beheerste. Vanaf de zesde eeuw voor onze jaartelling hadden de Puniërs, zoals de Carthagenen ook wel werden aangeduid, het belangrijkste deel van de Noord-Afrikaanse kust tot aan de Fenicische stad Lixus (Larache) aan de Atlantische Oceaan in handen. Ze zaten in het zuiden van Spanje, op de Balearen, op Corsica en Sardinië en in een groot deel van Sicilië.

De Feniciërs brachten er hun cultuur en verhandelden producten uit het oosten. In ruil hiervoor verkregen ze het poedergoud uit Noord-Afrika en het zilver uit de Spaanse mijnen. En de blauwvintonijn, die aan de westelijke kusten in enorme scholen gevangen kon worden.

Hun oppergod was Baäl, ook wel Melkart genoemd, die verschillende gedaantes kon aannemen. Soms wordt hij afgebeeld als een mens met een stierenkop, soms als monsterlijk gedrocht met horens, maar ook als Hercules met zijn mantel van een gestroopte leeuwenhuid. De Fenicische oppergod had bij de christenen, joden en moslims nooit een beste pers. De Baäl Hammon die in Carthago werd vereerd, was de god van de purificatie door het vuur. De kwade mythe wil dat hij kinderoffers eiste. In het Oude Testament vinden we Baäl-Berit, de heer van het verbond, en Baäl-Zebub, de heer van de vliegen. Beëlzebub, de duivel, Satan, Baäl. Bijbelexegeten vermoeden in hem het gouden kalf van Mozes.

Carthago zou eeuwenlang de westelijke regio van de Middellandse Zee overheersen, zowel militair als economisch. In hun tocht naar het westen, voorbij de twee bergen die ze de 'zuilen van Melkart' noemden, zouden de Feniciërs op de Iberische zuidkust Gades stichten, het latere Cádiz. Volgens de overlevering vond dat plaats in het jaar 1104 v.Chr., tachtig jaar na de val van Troje. Cádiz werd de hoofdstad van de tonijn. Vanaf de vijfde eeuw voor onze jaartelling had de faam van de excellente kwaliteit van de ingezouten vis afkomstig uit Gades de hele Middellandse Zee veroverd.

De resten van de ingezouten vis worden tot op de dag van vandaag teruggevonden. San Fernando, aan de rand van de baai van Cádiz, was een van de plaatsen waar de Feniciërs hun ovens bouwden voor het bakken van de amfora die werden gebruikt om de gezouten vis in te vervoeren. Rond de opgegraven steenovens vonden Spaanse archeologen in het aangetroffen aardewerk de resten van de oude delicatessen. Tonijn, maar ook mosselen en venusschelpen, pijlinktvis, heek en zeeduivel, rog en *sargo*. Vis en schelpdieren zoals je die nog steeds aantreft op de menukaarten in de restaurants van de omgeving.

Verreweg het grootste deel van de aangetroffen skeletresten bleken echter graten en ruggenwervels die onmiskenbaar afkomstig waren van de blauwvintonijn.

De Feniciërs begonnen niet alleen de traditie van het inzouten van vis, maar ook die van de productie van *garum*, de gefermenteerde tonijnsaus. Deze drank was een delicatesse en wondermiddel in één: na nuttiging van een slokje verdwenen vermoeidheid en koorts, kregen soldaten hun oude krachten terug – wonden sloten zich spontaan. Het drankje kon ook in de keuken worden gebruikt. Garum en tonijn zouden dankzij de handelsgeest van de Feniciërs de keukens van de Middellandse Zee veroveren.

Tonijnstad Lixus

De Feniciërs zijn verder doorgetrokken, de tonijn achterna. Niet uit-
gesloten wordt dat ze, eenmaal voorbij de zuilen van Melkart, noord-
waarts zijn gevaren richting Frankrijk en Engeland. Maar dat laatste
blijft archeologisch giswerk. De westelijke kusten van Afrika werden
in ieder geval wel bevaren. Voorbij Tanger de kaap om, tot aan Salé in
Marokko werden nederzettingen gesticht. In Lixus, tegenover het
huidige Larache, liggen de ruïnes van wat ooit een indrukwekkende
Fenicische stad moet zijn geweest nog steeds te wachten op opgravingen. Wie het niet weet, rijdt er makkelijk voorbij: een heuvel waar
de rivier de Loukous een scherpe bocht maakt voordat hij een paar
kilometer verderop in de Oceaan uitmondt. Een klein bordje zegt dat
hier Lixus ligt, een stad gesticht door de Feniciërs, die later de zuid-
westelijke grens zou worden van het Romeinse Rijk.

Eenmaal de auto langs de smalle weg geparkeerd treffen we El
Mokhtar el Hannach, een tengere, gebruinde vijftiger en gids voor
het leven. Veel bezoekers zijn er niet. 'Bonjour, bongiorno, buenas
dias, good morning,' begroet de gids met geoefende routine. Het
gidsen zit El Hannach in het bloed. Zijn vader Tajib el Hannach was
vanaf 1925 gids voor de Spanjaarden. Straks zal zijn zoon Jallal hem
op zijn beurt opvolgen. 'Inshallah, als God het wil tenminste,' zegt El
Hannach.

Mokhtar el Hannach mag dan wel geen archeoloog zijn, maar hij
is wel de enige nog levende sterveling die met recht kan zeggen dat
hij opgroeide in Lixus. Weinigen weten zoveel van de stad als El Hannach. Zijn familie woonde beneden aan de heuvel. De Spanjaarden
hadden er een huis neergezet zodat zijn vader er de wacht kon houden om Lixus te vrijwaren van plunderaars.

'U zoekt tonijn?' Soepel en behendig de stenen ontwijkend, rent
Mokhtar el Hannach ons vooruit rechtsom de heuvel langs. Daar liggen keurig in het gelid, de vierkante putten waar de vis werd ingezouten. Tussen het onkruid en de struiken, maar nog altijd wonder-

baarlijk intact: stevige putten van Romeins beton, begroeid met oranje korstmos. Resten van een fabriekshal met installaties om de vis schoon te spoelen. En nog meer putten. Meer dan honderdvijftig, weet El Hannach. Het moet de fabriekswijk van de stad zijn geweest, door de Feniciërs gebouwd en later onder de Romeinen verder uitgebreid. Blauwvintonijn, bonito en makreel werden er ingemaakt. De zoutpannen even verderop tussen de meanderende rivier worden nog altijd gebruikt. 'De schaal waarop het inmaken van de tonijn plaatsvond, kom daar tegenwoordig maar eens om,' zucht El Hannach. Vanaf de jaren veertig tot de jaren zestig had de Spaanse familie Crespo hier nog twee almadraba's voor de tonijn, maar met de Marokkaanse onafhankelijkheid was het daarmee snel gedaan. Er wordt gefluisterd dat de Spanjaarden weer terugkomen met de almadraba, maar El Hannach moet het nog zien. 'Weet u, monsieur,' zegt El Hannach, 'het enige wat we hier in Larache nog hebben zijn de pellerijen waar de Hollanders hun garnalen naartoe laten brengen.' Hij sprint de heuvel op en wijst de plaatsen aan. Daar hadden de Feniciërs hun olijfoliefabriek, zegt hij. Ernaast liggen de resten van het amfitheater. Weids is hier het panorama van de rivierdelta, het strand en de zee. Gevoel voor drama kan de stadsbouwers van Lixus niet ontzegd worden.

Grenzend aan het theater de kniehoge resten van de ronde muur van wat ooit de tempel van Poseidon geweest moet zijn. Nog hoger ligt de tempel van Baäl-Melkart. We treffen er, geheel intact, de marmeren offerblokken. 'Hier werden kinderen geofferd,' zegt El Hannach met merkbare weerzin. 'Daar heeft de islam toch maar mooi een eind aan gemaakt.'

Met rasse schreden sprint hij naar beneden. Tussen het onkruid, de bosjes en de geitenkeutels door waarmee het oude Lixus is overdekt. De gids is niet zo tevreden over de manier waarop zijn tonijnstad erbij ligt. Het huis waarin hij opgroeide werd begin jaren negentig afgebroken, omdat het het archeologische onderzoek in de weg zou staan. Dat is inmiddels vijftien jaar geleden. In die tijd is er helemaal niets gebeurd. Nee, dan de residentiële wijk met luxe woningen en een golfpark die aan de andere kant van de berg wordt gebouwd. Die schoot in een recordtempo uit de grond. De wensen van El Hannach zijn ondertussen een stuk bescheidener: breng wat orde in Lixus. Een hek om de stad, een parkeerterrein voor de bezoekers en een restaurantje waar ze iets kunnen eten. En misschien een nieuw huis waar hij kan wonen om de zaak in de gaten te houden. 'Als dat ooit gebouwd wordt kan ik rustig sterven, monsieur.'

Met Carthago als machtige uitvalsbasis, Cádiz als handelsmetropool en een monopoliepositie in de tonijnvangst aan de westelijke kusten van Middellandse Zee en de Atlantische Oceaan vormden de Puniërs en hun broedervolk de Feniciërs gedurende de vijfhonderd jaar voor onze jaartelling een geduchte militair-economische grootmacht. Carthago kwam daarbij steeds vaker in botsing met de belangen van de opkomende Romeinse stadsrepubliek. Er werden verdragen gesloten om de invloedssferen af te bakenen. Verdragen die in de loop der jaren steeds sneller werden verbroken. Drie grote 'Punische oorlogen' over de heerschappij in de westelijke Middellandse Zee waren het gevolg. De tonijnvangst lijkt onlosmakelijk verbonden met de krachtmeting tussen de grootmachten en de strijd tussen de beide grootmachten werd dan ook uitgevochten rond de gebieden waar de belangrijke inzoutindustrie van de blauwvintonijn zich bevond.

De eerste oorlog van 264 tot 241 v.Chr. begon met de inval van een Carthaagse vlootmacht in het piratennest Messina op Sicilië. Wat aanvankelijk een incident leek om wat zeeschuimers een lesje te leren groeide uit tot een oorlog nadat Rome besloot de militaire aanwezigheid van de Carthagenen op hun beurt aan te grijpen om heel Sicilië te veroveren. Het gevolg was een zeeoorlog, waarbij Rome op de Afrikaanse kust landde en trachtte Carthago in te nemen. Dat mislukte, maar Carthago raakte wel zijn koloniën met de inzoutindustrie op Sicilië en Sardinië kwijt. Geen Siciliaanse tonijn meer voor Carthago.

In de tweede Punische oorlog (218-201 v.Chr.) was het Rome dat op de rand van de afgrond werd gebracht. Het conflict brak uit aan de Spaanse oostkust in het grensgebied tussen de Romeinse invloedssfeer in het noorden en het door Carthago overheerste deel in het zuiden. De Puniërs hadden daar Cartagena gesticht, ofwel Nieuw Carthago, een haven die als bruggenhoofd kon dienen. Naast mijnen voor zilver, lood en zink beschikte de stad over een belangrijk zoutwinningsgebied voor de tonijn. Er lagen in deze streek zes tonijnfabrieken, vier ovens voor amfora en zes tonijnhavens. De briljante Carthageense generaal Hannibal Barkas gebruikte Cartagena als zijn uitvalsbasis om zijn macht over het Iberische schiereiland te consolideren. Hij veroverde vanuit hier in 219 v.Chr. de aan Rome gelieerde Iberische stad Saguntum, het huidige Sagunto bij Valencia.

De inname van de stad leidde tot diplomatieke protesten van Rome aan het adres van Carthago. De zaak werd ernstiger nadat Hannibal (Fenicisch voor 'Baäl heeft mij gezegend') een leger van 40.000 man en 42 olifanten de rivier de Ebro over liet zetten en de Pyreneeën en de Alpen overtrok. Rome werd nu rechtstreeks aangevallen. Praktisch voor de stadspoorten werden de Romeinse legers ernstige verliezen toegebracht. De Romeinse veldheer Scipio sloeg terug door de Carthagenen uit Cartagena te verdrijven, en in Noord-Afrika Carthago te belegeren met hulp van de lokale Berberlegers. De stadstaat werd veroordeeld tot het betalen van grote schattingen en mocht voortaan geen eigen politiek meer voeren zonder toestemming van Rome.

Alle tonijn werd nu gevangen onder Romeins gezag, de zege was compleet. Toch nam dit het diepgewortelde wantrouwen tegen Carthago bij de Romeinen niet weg. De Carthagenen waren voor de Romeinen spreekwoordelijk geworden voor verraad en gevaar. 'Overigens blijf ik van mening dat Carthago vernietigd moet worden,' zo besloot de Romeinse senator Cato steevast al zijn redevoeringen.

Aldus geschiedde in de derde Punische oorlog (149-146 v.Chr.). Aanleiding was ditmaal de ruzie die Carthago kreeg met de voormalige Berberbondgenoten van de Romeinen. Na een uitputtend beleg van drie jaar werd Carthago door de Romeinen ingenomen. Bij de uiterst bloedige strijd zouden tienduizenden doden onder de Carthagenen vallen. Na de val van de stad werd de resterende bevolking van vijftigduizend man als slaven afgevoerd. Carthago werd tot de laatste steen afgebroken. Zelfs van de tonijnfabrieken werd niets meer teruggevonden.

Anders dan hun strijdlustige broeders in Carthago, wisten de Feniciërs in Gadir beter waar hun belangen lagen: bij de handel. Na de val van Carthago ontwikkelde de stad zich tot een trouw bondgenoot van de Romeinen. De handelaren waren gezien in de hoofdstad van het nieuwe imperium, net als hun bankiers, die belangrijk waren voor de Romeinse financiële elite. Uit dank voor de loyaliteit en de bankleningen gaf Julius Caesar Gadir zelfs officieel het predicaat van *civitas federata*, met Rome verbonden stad. Cádiz bloeide met de tonijnvangst. Op de bronzen munten van de stad waren twee blauwvintonijnen duidelijk te herkennen.

Fenicische munt uit Cádiz, Baäl-Melkart afgebeeld met leeuwenkop van Hercules, met aan de achterkant twee tonijnen

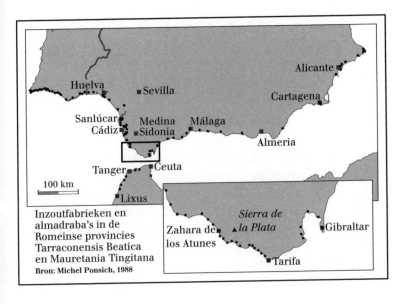

100 km

Inzoutfabrieken en
almadraba's in de
Romeinse provincies
Tarraconensis Beatica
en Mauretania Tingitana
Bron: Michel Ponsich, 1988

Huelva
■Sevilla
Sanlúcar
Cádiz
Medina
■Sidonia
Málaga
Alicante
Cartagena
Almeria
Tanger
Ceuta
Lixus
*Sierra de
la Plata*
Zahara de
los Atunes
Gibraltar
Tarifa

Bronzen Hercules, eerste eeuw

Mare Nostrum

De tonijn is uitzonderlijk groot. Ik heb gehoord van een tonijn die
meer dan 800 pond woog...

GAIUS PLINIUS SECUNDUS (23-79)

Quinto Pupio Urbico, zoon van de familie Galeria, kon tevreden zijn.
Zijn ouders waren trots dat hij door het stadsbestuur benoemd was
als bestuurder van Baelo Claudia in de provincie Baetica, Hispania
Ulterior. Speciaal voor hun Urbico hadden ze een altaarsteen laten
oprichten: 'Voor Quinto Pupio Urbico, liefhebbende zoon uit het geslacht Galeria, cogouverneur van Baelo Claudia. Van je vader, Quinto
Pupio Genetivo en je moeder, Innia Eleuthera.'
    Zo stond het voor de eeuwigheid gebeiteld in de witte marmeren
plaat, goed leesbaar voor iedereen die binnenwandelde door de oostelijke toegangspoort van het forum van deze Romeinse stad aan de
zuidelijke rand van het Iberisch schiereiland. Wat Quinto Pupio Urbico bijna tweeduizend jaar geleden zelf van het altaartje vond, vertelt
de geschiedenis niet. Dat er rauwe grappen over werden gemaakt op
het forum of door de vissersvrouwen op de markt is niet ondenkbaar.
De marmeren plaat bleef er in ieder geval wel hangen, nog lang nadat
Quinto Pupio Urbico was verdwenen en de muren rond het forum in
elkaar stortten.

Nog steeds is Baelo Claudia een van de meest complete Romeinse tonijnsteden van Spanje. Hoewel het de monumentale glorie mist van steden als Itálica (nabij Sevilla), Emérita (Merida), Corduba (Cordoba) of Tarraco (Tarragona) is dit industriële vissersstadje goed bewaard gebleven. De fraaie baai van Bolonia, pal tegenover Tanger, bleef eeuwen praktisch ongeschonden, net als de stuifduinen met geelwit zand en de bloemkoolvormige mediterrane sparren die felgroen afsteken tegen het heldere blauw van de lucht.

Quinto Pupio had alle reden voor tevredenheid. De tonijn die werd bereid in de grote fabriekcomplexen tussen de stadsmuren en het strand van de baai, was beroemd tot in de verste uithoeken van het Romeinse Rijk. Ingezouten en in amfora verpakt, werd de tonijn uit Belon, zoals Baelo Claudia kortweg werd genoemd, in boten geëxporteerd naar de havens over de hele Mare Nostrum. De garum, de gefermenteerde vissaus bereid uit tonijnbloed en visresten, vond voor astronomische bedragen zijn weg naar de Romeinse keukens en de medicijnkastjes.

De tonijn had voor welvaart en voorspoed gezorgd in Baelo Claudia en als bestuurder kreeg je daar je deel van mee in aanzien en gezag. Als Quinto Pupio de trappen van de tempels bij het Capitool van Belon besteeg, mocht hij best zijn dankbaarheid betonen aan de goden.

Vanaf de drie tempels gewijd aan Minerva, Jupiter en Juno had de gouverneur een goed uitzicht over de stad. Het grote amfitheater met daaronder de thermen en badhuizen. Beneden richting strand, het forum. Daarachter de lagergelegen basiliek, waar het beeld van keizer Trajanus tussen de pilaren neerkeek hoe het tribunaal bijeenkwam. Misschien was de basiliek wat ruim bemeten voor een provinciestadje als Baelo Claudia, maar in de provincie moest tenslotte ook recht worden gesproken. En Gades, zoals de Romeinen Cádiz noemden, was toch een dag gaans te paard.

Achter het marktplein met de overdekte winkels, onzichtbaar gelegen achter de stadsmuur, lagen de visfabrieken.

Baelo Claudia was het vertrekpunt van de pont die de verbinding onderhield met Tingis, het huidige Tanger. In de glooiende heuvels rond de baai lag de hoofdstad van de Romeinse provincie *Mauretania Tingitana* pal aan de overkant. Behalve als de felle Levantewind de overtocht onmogelijk maakte, vervoerden de boten reizigers, handelaren, slaven en goederen over en weer tussen de beide oevers van het imperium.

Rechts van de baai van Tingis stortte de kaap zich in het uitgestrekte niets van de Atlantische Oceaan, vanwaar de tonijn ieder voorjaar in grote scholen kwam aanzwemmen, de stad passeerde en langs de zuilen van Hercules de Mare Nostrum binnentrok.

In Baelo Claudia was de vangst rijk en overvloedig, dankzij de vis hadden de bewoners van de stad het goed. Tussen de stadswal en het strand, waar de tonijn in de visputten van de conservenfabrieken tussen de zoutlagen lag te fermenteren, hing nadrukkelijk een vislucht. Klagen had weinig zin. Iedereen wist dat Baelo Claudia zonder tonijn niet kon bestaan. En boven in het forum of bij de tempel van het Capitool merkte je weinig van de lucht. De wind in Baelo kwam meestal uit het oosten of van het westen en waaide de stank weg van de stad. Hooguit de hoeren die naast de visfabriek hun kleine kamertjes huurden voor het ontvangen van hun klanten, hadden er last van. Maar veel van hun klanten waren vissers. En die waren wel wat gewend.

Na de val van Carthago, aan het einde van de tweede eeuw v.Chr., was Baelo Claudia gesticht als bescheiden nederzetting aan de kust. Het zuiden van Spanje was definitief onder Romeins bestuur geplaatst, maar de erfenis van de Feniciërs was nadrukkelijk aanwezig. De naam Baelo komt vrijwel zeker van de god Baäl. Een van de tempels in de stad was oorspronkelijk aan deze Fenicische god gewijd. Net als in de andere kustplaatsen waar de Romeinen de steden van de Feniciërs onder hun bewind brachten, werd de tonijnvisserij georganiseerd als een volwaardige industrie. Er waren meerdere fabriekshallen met series inzoutputten waarin grote hoeveelheden vis in een keer ingemaakt konden worden.

Keizer Augustus had opdracht gegeven om Baelo uit te breiden tot een echte stad, compleet met een theater voor drieduizend man, een forum en een basiliek, tempels, drie aquaducten, badhuizen en stadsmuren om de zeeroversbendes uit Mauretania buiten de deur te houden. Onder het regime van zijn kleinzoon Claudius, ergens in de jaren vijftig n.Chr., werd de stad vernietigd, vermoedelijk door een aardbeving. Claudius, bekend als een planner en bouwer met oog voor economische infrastructuur, zag het belang van de tonijnindustrie en liet de stad opnieuw optrekken.

Het zou het begin worden van een nieuwe economische bloeiperiode voor de stad, die uit dank voor de keizer die het belang van de visserij had ingezien, voortaan trots de naam van Claudius zou dragen.

Baelo Claudia bleef een stad van de visindustrie, een provinciaalse aangelegenheid vergeleken bij het geld dat bankiers en handelaren verdienden in Gades aan hun handel met het imperium. Maar toch: een stad, ingericht naar klassieke Romeinse principes, met een goed werkend bestuur en onder rechtstreekse jurisdictie van het imperi-

Tonijnputten in Baelo Claudia

um. Groot genoeg ook om tussen de meer dan honderd nederzettingen met visfabrieken voorbij de zuilen van Hercules opgemerkt te worden door de Griekse geograaf Strabo.

Daarna komt Melaria (Tarifa), dat inzoutfabrieken heeft, en vervolgens de stad en de rivier Belon. Belon is de haven waar normaal gesproken wordt ingescheept naar Tingis in Mauretanië. Het is een handelsstad en kent inzoutfabrieken voor de vis.

Strabo beschrijft de rijkdom van Zuid-Spanje. De rivier Betis, nu Guadalquivir, stroomde langs steden als Hispalis (Sevilla), Carmona en Cordoba. Het achterland was er vruchtbaar en vormde een exportgebied van graan 'veel wijn en olijfolie', honing en wol. Cádiz was de uitvalbasis van de handelsvloot op het strategische kruispunt van de routes tussen noord, zuid, oost en west. Van hieruit veroverde de ingemaakte tonijn de Mare Nostrum.

Geroosterde tonijn à la Romana

Ingezouten tonijn behoort niet langer tot de producten uit de wereldkeuken en is daarom wat moeilijk te verkrijgen. Om toch een idee te hebben van een simpel, maar smakelijk Romeins recept, volgt hier de geroosterde tonijn afkomstig uit het culinaire standaardwerk van voedselhistoricus Patrick Faas, *Rond de tafel der Romeinen*.

Maak een vinaigrette van de volgende ingrediënten:

- 3 eetlepels sterke azijn
- 2 eetlepels garum, of azijn met ansjovispasta
- 5 eetlepels olijfolie
- 4 fijngehakte sjalotjes
- 1 theelepel peper

1 eetlepel verse gehakte maggiplant
25 gram verse munt

Verwijder het vel en de graat van de tonijn en snij de vis in moten. Bestrijk deze met olie, peper en zout, en rooster ze aan een zijde op een hete barbecue. Draai de moten om en bestrijk de geroosterde zijde met de vinaigrette. Herhaal deze handeling en rooster tot het vlees vanbinnen roze kleurt. Dien de tonijn op met de rest van de saus.

Ook de Romeinse tonijn kan prima uit de voeten met albacore of langvintonijn uit de Atlantische Oceaan met MSC-keurmerk.

Voor Angel Muñoz Vicente, directeur-conservator van de opgravingen bij Baelo is er geen twijfel: 'De tonijnvangst was de belangrijkste bestaansreden van Baelo Claudia.' Muñoz zit nog wat onwennig achter zijn bureau in het splinternieuwe museumgebouw dat aan de oostkant van de opgravingen is gebouwd. Nadat Baelo Claudia in 1914 door een Franse archeoloog werd ontdekt, kwamen de opgravingen en conservering traag op gang. Spanje had geld noch bovenmatige belangstelling voor zijn erfenis van de tonijnstad en pas in de jaren zestig kwam hier enige verandering in. Het zou nog tot 2008 duren voor er een eigen museum werd geopend. Er zijn de laatste jaren flinke vorderingen gemaakt met de opgravingen en het herstel. Het theater is inmiddels weer opgebouwd. In de zomer worden er klassieke theaterstukken opgevoerd. Een replica van het beeld van Trajanus staat weer streng te kijken tussen de heropgerichte marmeren pilaren die het toegangsterras van de basiliek markeren.

De blauwvintonijn is de eerste vis die op grootschalige en systematische, industriële manier werd gevangen in de Oudheid. Oppianus, de Grieks-Romeinse auteur van het leerdicht over de visserij uit de tweede eeuw, omschrijft:

een systeem van netten waarvan de inrichting lijkt op die van een stad. (…) Er zijn ingangen, poorten en toegangswegen. De tonijn komt achter elkaar de netten binnen, op elkaar gedrukt als de massa van een migrantenstroom. Er zijn jonge, volwassen en oude tonijnen. Een veelheid aan tonijn dringt door tot diep in de netten en de stroom houdt pas op als de vissers het genoeg vinden of er geen vis meer bij past.

Ondanks de beschrijving van Oppianus werd tot voor kort aangenomen dat er in de Oudheid geen ingewikkelde netconstructies werden gebruikt bij de vangst van de blauwvintonijn. Historici dachten tot voor kort dat er gebruik werd gemaakt van kleinschaliger vismethoden, zoals met lansen of speren. Nieuwe vondsten langs de Middellandse Zee, de Straat van Gibraltar en de Atlantische kusten bevestigen echter dat van oost tot west in het hele gebied van de Mare Nostrum de tonijnvangst plaatsvond door middel van een techniek die in Spanje de almadraba wordt genoemd, *tonnare* in het Italiaans en *madrague* in het Frans.

Uit dezelfde periode van Oppianus zijn inscripties teruggevonden bij de Romeinse nederzetting Parium nabij de Hellespont. Ze zijn afkomstig van vissers die een pachtovereenkomst hadden gesloten voor het gebruik van een belangrijke lokale uitkijktoren van waaruit de passerende scholen tonijn in de gaten werden gehouden. Gedetailleerd wordt de vangst omschreven, waarbij zo'n zeventig vissers betrokken waren met ieder een vastomschreven taak. De almadraba was, ook toen al, een goed georganiseerde, omvangrijke en complexe operatie. En van essentieel belang voor de economie van de lokale stadstaten.

In zijn beschrijving van de dierenwereld staat de Grieks-Romeinse schrijver Aelianus (175-235) uitgebreid stil bij de tonijnvangst op Sicilië.

Als de lente begint te schitteren en de zeebries zachtjes waait, de lucht je helder toelacht en de golven kabbelen, waarschuwt de wachter, die een geheimzinnige gave koppelt aan een scherp oog om vis te zien, uit welke richting de tonijn aan komt zwemmen. De vissers spreiden hun netten uit op het strand en krijgen van de wachter, als een generaal die orders geeft, aanwijzingen toegeschreeuwd waar de netten gelegd moeten worden, dichterbij of verderaf van het strand. Hij geeft ook al aan hoeveel vis er in de school zit en meestal zit hij er niet ver naast.

Boten met ieder twaalf sterke roeiers zijn nodig om de netwerken te plaatsen, schrijft Aelianus. Die netten zijn van een aanzienlijke lengte en worden verticaal in het water uitgezet, met drijvers van kurk aan de bovenkant en loodgewichten aan de onderkant.

De vissers gaan in een gesloten formatie van roeiboten het water op, de tonijn wordt ingesloten en kan geen kant meer op. 'De roeiers verplaatsen nu de buit in hun net naar de kust. Zoals een dichter zou zeggen: als een overwonnen stad met visbewoners.' Na de vangst van de tonijn is er een moment om Poseidon te danken en te vragen ook de volgende keer zijn zegen aan de vangst te geven. 'De vissers vragen dat er geen zwaardvis of dolfijn met de school tonijn in de netten terechtkomt,' vertelt Aelianus. 'De nobele zwaardvis heeft vaak de netten opengesneden waardoor de hele bende kan ontsnappen. De dolfijn is net zo'n vijand van de netten, omdat hij behendig in staat is zichzelf een uitweg te bijten door het touwwerk.'

Salsamentum en mojama

De Romeinen hadden het over *salsamentum* als ze het over ingezouten vis hadden. Het was afgeleid van zout (*sal*) en kon in principe op allerhande ingezouten producten slaan, maar aangezien het meestal vis betrof werd de term voornamelijk hiervoor gebruikt. Al naar gelang van het seizoen, het gedeelte van de vis (buik, rugzijde, visschijven) en de mate van zoutgebruik, werden verschillende namen voor salsamentum gebruikt.

Het idee van rotte vis is er wellicht de reden van dat gefermenteerde visproducten zich lange tijd in een lauwe belangstelling mochten verheugen, maar de laatste jaren is de 'ingezouten vis' weer helemaal terug onder voedselhistorici. Van rotting is overigens geen sprake: het gaat eerder om een chemisch proces waarbij de kwetsbare eiwitten goed blijven bij de vaak hoge temperaturen van rond de Middellandse Zee.

De tonijn werd, eenmaal aan wal, schoongemaakt, in stukken gesneden en geselecteerd op de verschillende onderdelen om te worden gezouten. Niets van de vis werd weggegooid. De tonijn werd bewaard in lagen, afgewisseld met zeezout, in de ovale of rechthoekige putten die werden afsloten met opnieuw een dikke, zware laag zout. De gefermenteerde tonijn werd uiteindelijk verpakt in de amfora voor transport. Hoe de ingezouten tonijn er precies uitzag weten we niet. Afhankelijk van het vetgehalte waren de visstukken taai en minder taai. Vermoedelijk leek het enigszins op de bruine stukken gefermenteerde tonijn of mojama zoals deze in Zuid-Spanje nog steeds verkocht wordt.

Mojama is een smakelijke tapa. De Spanjaarden snijden het in dunne plakjes, druppelen er een beetje olijfolie op en serveren er amandelen bij. Afhankelijk van de kwaliteit is de smaak zacht en lijkt niet direct op vis. Wie niet beter weet, verwart deze gefermenteerde tonijn makkelijk met een fijn plakje ingezouten rauwe ham.

'Twee vistechnieken werden in Baelo toegepast,' zegt archeoloog Muñoz. Het uitgooien van grote netten met drijvers, die vervolgens vanaf het strand werden binnengetrokken. Maar ook een vast stelsel van drijvende netten in zee, waar de tonijn een kamer werd ingedreven en geslacht. Deze laatste, technisch gecompliceerde vistechniek werd vermoedelijk nog het meest toegepast om de tonijn te vangen, denkt Muñoz. Het is de almadraba zoals die nog steeds wordt toegepast vlak om de hoek, voor de stranden van Zahara de los Atunes.

Op het strand voor de Romeinse stad ligt een sloep uit Marokko langzaam uit elkaar te vallen. Het goedkope, dunne sparrenhout van de romp is hier en daar versplinterd, op de gebleekte boeg valt nog net een Arabische naam te ontcijferen. Resten van de bootimmigratie op de Zuid-Spaanse kust. 'Ook dat is niet veranderd,' zegt Muñoz. Voor het uitzetten en binnenhalen van de netten en het inzouten en verwerken van de vis zijn er altijd werkimmigranten nodig geweest. Al dan niet als slaaf, werden ze aangevoerd van de overkant.

We wandelen naar beneden langs de oude *cardo maximo* af, de hoofdstraat in de noord-zuidas, langs de winkeltjes tegenover het forum, de markt en de oostelijke hoofdpoort van de stad. Daar liggen, alsof ze zo weer in gebruik zouden genomen kunnen worden, vele tientallen inzoutputten of *pilas* waarin de vis verwerkt werd en gedurende een twintigtal dagen, soms wel maanden werd opgeslagen.

Het achterblijvende zoutvocht werd gebruikt als basis voor de productie van garum, de exclusieve vissaus die gold als een delicatesse waar in heel het rijk hoge bedragen voor werden betaald. Ter bereiding van de garum werden darmen en andere organen, kieuwen, koppen en bloed met het zoutvocht gemengd en opgeslagen in de kleinere pilas van de visfabrieken. Ook kleinere vissen als ansjovis werden aan het mengsel toegevoegd, afhankelijk van het recept. De vis werd vaak eerst gedroogd, om de juiste bacteriën voor het fermentatieproces te verkrijgen. Om de nogal sterke geur enigszins te verzachten werd de saus op smaak gebracht met kruiden, honing of wijn. De garum gold als hongerstimulerend aperitief, als saus bij gerechten en als geneesmiddel voor brandwonden, maagzweren en vergiftigingen. Ook als men last had van aambeien werd een slok garum van harte aanbevolen.

Garum

Garum was niet alleen lekker, maar ook gezond. Dat schrijft de grootste geneesheer uit de Oudheid na Hippocrates, Claudius Galenus (130-210 n.Chr.). Bovenaan in zijn lijst van favoriete vis voor garum prijkte de blauwvintonijn afkomstig van de kusten van Cádiz. Garum deed de koorts dalen en desinfecteerde open wonden.

Plinius (23-79 n.Chr.) was een van de eersten die, in zijn standaardwerk over de natuur *Naturalis Historia*, melding maakten van garum. Het was een saus van graten en visresten, samen met zout, zo luidde de summiere beschrijving. 'Vocht van verrottend materiaal,' aldus de schrijver. Latere schrijvers deden evenmin veel moeite om de eetlust van hun lezers op te wekken.

In de Middeleeuwen doken voor het eerst weer Griekse teksten op, vermoedelijk gebaseerd op verloren gegane boeken, waarin meer gedetailleerd het recept van garum werd beschreven. Het bloed, de ingewanden en graatresten van de tonijn werden samen met kleinere vissen als horsmakreel of rode mul ingezouten. Eventueel werden oesters, zeeanemonen en zee-egels aan de massa toegevoegd. Het mengsel werd regelmatig omgeroerd tijdens het fermentatieproces.

Na een paar maanden broeien in de zon, werd het vocht uit de massa geperst en op smaak gebracht met oude wijn, oregano of andere kruiden. Het resultaat was een helder, lichtgekleurd vocht met een sterke smaak. Wat overbleef was een soort dikke, bruine vispasta, die vermoedelijk nog het meeste leek op wat we tegenwoordig kennen als Indonesische trassi.

Alle verhalen van rotting ten spijt hoeft er niets onsmakelijks te zitten aan garum en het inzouten van vis. Het proces is minder vies dan het klinkt: ook de maatjesharing of de ansjovis wordt volgens vergelijkbare principes geconserveerd. Strikt genomen gaat het daarbij overigens niet om een fermentatieproces, waar microben aan te pas komen. De conservering vindt plaats door een chemische reactie waarbij bepaalde enzymen actief zijn die in de ingewanden van de vis voorkomen.

Ondanks zijn populariteit is de garum vrijwel van het culinaire toneel verdwenen. De vissaus die eeuwenlang geroemd werd als een van de topproducten uit de Romeinse keuken ging samen met het rijk ten onder. Dat was in niet onbelangrijke mate te danken aan het fanatisme van de christenen die aan de macht kwamen. Hun strakke voedselvoorschriften maakte korte metten met de garum. De voedselvoor-schriften van de Egyptische monnik Pachomius (287-347 n.Chr.) hebben hierbij een handje meegeholpen. Pachomius, uitvinder van het kloosterleven, wist precies wat wel en niet goed was voor de men-sen. Garum was zondig. Te sterk van smaak en daardoor zinnenprik-kelend. Een saus voor Baäl, Poseidon en Hercules: daar hield de chris-telijke god beslist niet van. De saus kreeg een officiële banvloek uit de keuken.

Maar zoals meer zinnenprikkelend genot verdween de garum nooit helemaal uit het zicht. In zijn standaardwerk over pokken en mazelen beval de beroemde Perzische arts en alchemist Rhazes (865-925 n.Chr.) de saus nog steeds aan als geneesmiddel. Eeuwen later kreeg de garum een soort cultstatus zowel onder Europese ketters als onder vroegverlichte geesten van de zestiende eeuw. De Franse schrij-ver en arts François Rabelais (1483-1553) – auteur van de verhalen van Pantagruel en Gargantua, eveneens verboden door de kerk – noemt de garum als een saus die hier en daar opdook in de Europese keuken en ook als geneesmiddel werd toegepast. 'Als je druk met je neus in de boeken zit, is er geen beter middel om je verloren eetlust op te wek-ken,' schrijft hij over een mengsel van garum, olie en azijn.

De garum deed het beter buiten de christelijke invloedssfeer. Via India had de saus zijn weg gevonden naar het Verre Oosten. En zo vormt garum tot op de dag van vandaag een essentieel onderdeel van de Oosterse keuken in de vorm van *nuoc-mam* of de *nam-pla* uit Viet-nam en Thailand, of de *patis* uit de Filippijnen. Een bruine, zoute en sterk geurende vissaus die dezelfde functie heeft als zout in de wester-se keuken en sojasaus in die van de Chinezen en Indonesiërs.

In Europa stuit garum nog steeds op problemen, zij het niet van godsdienstige aard. Tonijnkok José Melero Sánchez van het tonijnres-taurant El Campero in Barbate had bedacht dat het wel aardig zou zijn om zijn klanten eens garum voor te schotelen, maar zag er bij na-der inzien vanaf uit angst voor de voedselinspecteurs. 'Vis een tijd wegzetten in de zon, het lekvocht opvangen. Als ze dat zien heb je een probleem,' zegt Sánchez.

Wie zelf een garum wil maken, kan het best uit de voeten met het recept voor een oosterse vissaus van de Thaise kok Kasma Loha-unchit. Gebruik hierbij verse zeevis, bij voorkeur visjes die geen grote waarde hebben voor de directe consumptie en op de Viswijzer staan aangegeven. Spoel de vis schoon, droog hem en meng met zout in de gewichtsverhouding een deel zout op twee tot drie delen vis. Doe de vis vervolgens in grote aardewerken potten, met een zoutlaag op de bodem en een zoutlaag om het mengsel af te dekken. Sluit af met een geweven bamboemat verzwaard met stenen, zodat de vis niet op het vocht komt te drijven dat vrijkomt tijdens het proces. Zet de potten een maand of negen op een warme, zonnige plek. Haal af en toe de mat eraf en zet de pot goed in de zon, zodat de vis sneller ontbindt. Hoe meer aan de zon blootgesteld, des te beter wordt de kwaliteit en de roodbruine kleur van de saus. Als de saus voldoende is geconserveerd deze uit de vaten laten lopen, filteren en gedurende een paar weken goed laten ventileren in de zon, om zo de al te sterke vissmaak kwijt te raken.

De oosterse vissaus is natuurlijk ook gewoon in de winkel te koop. Kasma Loha-unchit waarschuwt dat er nogal wat wordt aangerotzooid in de grootschalige productie van vissauzen. Enzymen en zuren worden toegevoegd om het conserveringsproces te versnellen, de zaak wordt op smaak gebracht met karamel en aangelengd met smaakversterkers en kleurstoffen. Haar advies: kies de vissaus met een heldere lichte kleur, een beetje als sherry, en zonder restjes op de bodem van de fles. Zelf aan de slag gaan is natuurlijk het beste, want verrotte vis of niet, niemand weerstaat een goede garum.

Aan het einde van de tweede eeuw, begon het verval van Baelo Claudia. Het West-Romeinse Rijk viel uiteen en vanuit het Noorden rukten de Goten en Vandalen op. Was het een grote brand, of opnieuw een aardbeving die de stad definitief verwoestte? Waren het de invallen van plunderde zeepiraten of opstandige Moren? Of viel de tonijnpopulatie drastisch terug door overbevissing, met alle economische gevolgen van dien?

In dat geval komt de Romeinen de eer toe dat zij de eersten zijn geweest die door industriële overbevissing de populatie van blauwvintonijn hebben bedreigd.

Een combinatie van factoren lijkt echter aannemelijker voor de plotselinge terugval van het tonijnimperium aan de westelijke Middellandse Zee. De gecompliceerde organisatie van de tonijnvangst, die flink wat investeringen eiste, het afhuren van arbeiders en de inzet van slaven van de overkant, het vervoer rond de Middellandse Zee: alles maakte van de blauwvintonijn een vis waarvan de vangst alleen kan gedijen in een omgeving met een hoge economische en maatschappelijke organisatiegraad waar rust en orde wordt gegarandeerd. De visserij van blauwvintonijn kan in die zin gezien worden als een graadmeter voor een hoogontwikkelde samenleving. Als de maatschappelijke machine haperde, was het snel afgelopen met de grootschalige visserij.

Het West-Romeinse Rijk had zijn beste tijd gehad. De hoofdstad van het imperium werd verplaatst naar Constantinopel in 330 n.Chr. De militaire en economische macht van Rome brokkelde af. De uiterste westrand van de Mare Nostrum begon te rafelen.

Baelo Claudia verviel tot ruïnes. Er was geen geld en geen mankracht om de gebouwen te herstellen. De almadraba's konden niet meer worden georganiseerd. De visconserven stagneerden, de export stokte. Het volk trok weg uit de stad.

Toch hielden de visfabrieken van de stad het nog het langste vol, zegt directeur-conservator Muñoz. De hallen met hun putten werden nog honderden jaren gebruikt om tonijn in te zouten, zo wijst archeologisch onderzoek uit. Maar met de glorie van vijfhonderd jaar tonijnvangst had het niets meer te maken. Een handjevol vissers bouwden hun huizen op de resten van de stad. Tussen de lokale oorlogjes, opstanden en veroveringen werd de tonijnvisserij op bescheiden schaal voortgezet.

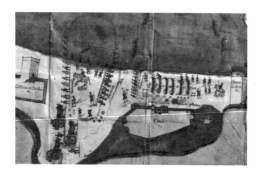

Almadraba bij Conil

Hertogen van tonijn

Por atún y a ver al Duque.
(Achter de tonijn aan gaan en om de hertog te zien)
OUD SPAANS SPREEKWOORD

Wie de hertogin van de tonijn wil bezoeken, moet niet naar de stranden van Zahara de los Atunes, maar naar het hertogelijk paleis van Medina Sidonia in Sanlúcar de Barrameda. Sanlúcar ligt op de oostelijke oever aan de monding van de Guadalquivir. In de straten van de oude binnenstad ruikt het ziltig naar de zee en naar de bodega's waar de speciale Manzanilla-sherry wordt gemaakt. Het brede strand wordt gebruikt voor paardenraces, aan de overkant van de rivier ligt het uitgestrekte duin- en moerasgebied van de Coto Doñana, het natuurreservaat beroemd om zijn lynx en de trekvogels die hier foerageren op hun tocht naar Noord-Afrika.

Eeuwenlang was dit het laatste stuk Europa dat de zeevaarders zagen als ze met hun schepen vanuit Spanje naar de nieuwe wereld voeren op zoek naar rijkdom en geluk. Het was ook de eerste stad die op de terugweg werd aangedaan door de galjoenen en fregatten die op weg waren naar het stroomopwaarts gelegen Sevilla om het veroverde goud en de zilverschatten af te leveren.

De restaurants hier aan het strand zijn beroemd om hun schelpen, hun garnalen en hun kreeft. Ieder voorjaar met Pinksteren stroomt het strand van Sanlúcar vol met pelgrims van de broederschappen van de Virgen del Rocío, de heilige Maagd van de Ochtenddauw. In militaire landingsvaartuigen worden de pelgrims met hun ossenkarren, paarden en fourwheeldrives, karossen en huifkarren de rivier overgezet. Zingend, dansend en drinkend brengen ze de Maagd hun eerbetoon.

Net als de tonijnvangst zijn het oude rites. Alleen de vormen zijn veranderd. Het beeld van de maagd met het kind is een moderne variant de Egyptische godin Isis, zo vermoeden historici. Beelden van Isis zijn hier op verschillende plekken opgegraven, haar beeltenis lijkt sprekend op die van de Maagd met haar kind. Ze werd door de Feniciërs uit het oosten meegenomen en genoot ook onder de Romeinen een grote populariteit. In de opgravingen van Baelo Claudia wacht een complete tempel gewijd aan Isis op restauratie. Pas in de zesde eeuw slaagden de christenen erin de breed gedragen Isis-verering definitief de kop in te drukken. Maar de godin bleek sterker. Haar vruchtbaarheidscultus sloop met de Virgen del Rocío via een achterdeur de katholieke kerk binnen.

De talloze paleizen en kerken van Sanlúcar ademen vergane glorie. Boven op een heuvel ligt het paleis waar de familie Medina Sidonia sinds 1297 haar residentie heeft. Het gebouw wordt begrensd door de lager gelegen stadsmuur. Pal daaronder ligt de dagmarkt, waar je terechtkan voor kreeftgarnalen en venusschelpen, haai en de tonijn. Waar de hertogen van Medina Sidonia zijn, is de vis nooit ver te zoeken.

Binnen wacht Luisa Isabel Álvarez de Toledo Maura, 21ste hertogin van Medina Sidonia, 17de markiezin van Villafranca del Bierzo, 18de markiezin van Los Vélez. Driemaal Grande de España. Álvarez de Toledo heeft recht op nog een dozijn titels, wat Italiaanse prinsdommen en adellijke franje van het lichtere soort. Door haar aderen stroomt het bloed van Guzmán el Bueno, Guzmán de Goede, held van Tarifa, veroveraar van Gibraltar en grondlegger van een tonijnimperium.

De hertogin verontschuldigt zich: ze is slecht bij stem vandaag, een koutje op de keel. Fluisterend en regelmatig onderbroken door een droge hoestbui nodigt ze mij uit in het werkvertrek, een grote ruimte onder een boogplafond, gevuld met boekenkasten, computers en een zitje dat uitkijkt op een binnentuin. Aan de andere kant van het vertrek zit haar vriendin Liliane Dahlmann, tevens presidente van de Stichting waarin het paleis en familiearchief zijn ondergebracht, achter een beeldscherm. 'We zijn bezig het archief te digitaliseren,' verklaart Álvarez de Toledo fluisterend, terwijl ze routinematig het pakje Marlboro Light van tafel grijpt. De hertogin is niet van het type dat zich laat weerhouden door een kuchje.

Eenenzeventig jaar is ze. Een breekbare, kleine gestalte, gestoken in een vale spijkerbroek, met daaronder een soort stevige werkmansschoenen, een roze sweater over een wit hemd. Een gebruind en gerimpeld gezicht met scherpe trekken. Daarin donkere ogen met een schattende blik van iemand die klaarstaat voor de aanval.

Meegaand is Luisa Isabel Álvarez de Toledo nooit geweest. 'De rode hertogin' wordt ze genoemd, vanwege haar linkse sympathieën. Armlastige weeskinderen uit Sanlúcar werden financieel door haar gesteund, ze liet huizen voor de arbeiders bouwen op haar terreinen. De hertogin mag de dingen graag bij hun naam noemen. Tegenstanders zijn al snel een 'stelletje zakken' of 'imbecielen'. Dat alles staat een fijn gevoel voor etiquette niet in de weg. Een tuinman die vergeet zijn pet af te nemen bij het binnentreden van de adellijke werkkamer, kan de wind van voren krijgen.

Álvarez de Toledo werd geboren in 1936, het jaar dat de Spaanse Burgeroorlog uitbrak. Het lijkt symbolisch: haar hele leven vocht de hertogin tegen alles en iedereen. Ze trouwde jong, kreeg drie kinderen die ze nooit zelf heeft opgevoed. Ze scheidde van haar man in een tijd dat dat absoluut not done was in het katholieke Spanje, zeker niet in haar kringen. Ze kreeg het aan de stok met dictator Franco. Toen in 1966 een Amerikaans B-52-bommenwerper met een lading atoombommen neerstortte bij het Spaanse Palomares, voerde ze actie voor de plaatselijke bevolking die besmet dreigde te worden met radioactief plutonium. Franco liet haar tot tweemaal toe in de gevangenis zetten vanwege haar grote mond. Begin jaren zeventig vertrok ze zes jaar vrijwillig in ballingschap naar Frankrijk.

Heeft ze dat rebelse van haar verre voorvader? De hertogin denkt even na. 'Ik weet niet of het iets genetisch is of dat het komt door mijn opvoeding, maar ik trek graag mijn eigen conclusies,' zegt ze met een dun glimlachje. 'Maar het is waar: ik stam tenslotte rechtstreeks af van Guzmán el Bueno.'

Haar trots is het archief, het grootste historische privéarchief in Spanje. Een bibliotheek van unieke documenten vertellen het verhaal van de opkomst van een van Spanjes belangrijkste adellijke families, hun veroveringen, hun nederlagen, hun handel. Hun rol in Spanje als wereldmacht. En hun tonijn, want de hertogen van Medina Sidonia waren de 'hertogen van de tonijn'.

Het jaar nadat Franco stierf kwam ze terug uit haar ballingschap. Álvarez de Toledo trof het paleis in Sanlúcar aan als een vervallen puinhoop. Het archief stond er weg te schimmelen. Het had weinig gescheeld of de zaak was achter haar rug afgebroken om plaats te maken voor nieuwe flats. De hertogin liet haar paleis, waarvan het grootste deel uit de veertiende eeuw stamt, tot monument verklaren. Ze investeerde in een café en een hotel om inkomsten te genereren voor het herstel en onderhoud. In navolging van haar oom, de bekende politicus en schrijver Gabriel Maura, ontwikkelde ze zich door zelfstudie in het familiearchief tot amateurhistoricus. 'Ik heb het archief en het paleis ondergebracht in de Stichting. Twee universiteiten en de regioregering van Andalusië nemen nu deel in dit project,' zegt ze trots. 'Mijn kinderen houden niet van het idee van een Stichting,' erkent de hertogin. Het heeft te maken met de erfenis. Al jaren heeft ze geen contact meer met hen gehad.

De blauwvintonijn liet ruim zijn sporen achter in de documenten die zijn opgeslagen in het hertogelijke paleis van Sanlúcar. In de registers met logboeken werd de dagvangst van de verschillende almadraba's langs de kust nauwgezet geadministreerd. Het is een goudmijn van statistisch materiaal voor de hedendaagse tonijnwetenschappers. En het geeft inzicht in de enorme omvang van de visserij. De almadraba van Zahara de los Atunes tijdens de campagne van 19 april tot 12 juni 1554: 52.663 tonijnen gevangen. De almadraba van Conil van 27 april tot 28 juni 1564: 49.409 tonijnen. In 1554 lag de prijs van een tonijn op 9,5 realen aan het begin van seizoen, maar door de overvloedige aanvoer viel de prijs terug tot 6 realen. In 1564 waren de prijsschommelingen mogelijk nog groter: van 15 tot 16 realen kelderde de tonijnprijs naar 3 realen. De administratie bevat details van de zoutaankopen tot de lonen voor de bemanning van de sloepen, de bootsman en de vissers die de tonijn binnenhaalden – maar ook voor de roeiers, de ossenmenners, de magazijnopzichter en de jongste bedienden. Alles werd nauwkeurig opgetekend.

Tonijn was in de zestiende eeuw big business. Een gemiddelde seizoensvangst van de almadraba's aan de zuidkust liep op tot 80.000 tonijnen. Bij een prijsniveau van 8 realen per tonijn betekende dat een jaarlijkse omzet van 640.000 realen, ofwel meer dan 45.000 dukaten. Dat was in die tijd het jaarloon van zeshonderd geschoolde arbeiders, een klein fortuin in een tijd dat grootschalig ondernemen nog moest worden uitgevonden.

'De tonijn was onze familiehandel tot in de negentiende eeuw,' fluistert de hertogin met een afstandelijke trots van iemand die een onmiskenbaar feit constateert. Ze schreef een boek over de tonijn, uitgegeven in eigen beheer natuurlijk, met reproducties van de tekeningen, de boekhouding en de andere documenten die zich in het familiearchief bevinden.

Net als in de tijden van de Feniciërs en de Romeinen was de blauwvintonijn weer terug als grootschalige visindustrie op de kusten van Cádiz. Eenmaal ingezouten in het vat, werd de vis geëxporteerd. Naar de havens in de buurt, per boot naar de markten van Alicante, Valencia en Barcelona, of nog verder richting Italië of de Lage Landen in het Noorden.

Aan het begin van ieder vangstseizoen stuurden de hertogen van Medina Sidonia hun trommelaars door de straten van Tarifa, Vejer, Conil en Chiclana en andere stadjes en dorpen langs de kust om manschappen voor de almadraba's te ronselen. In 1540 werd er zelfs zo veel tonijn uit het water gehaald dat alle sterke mannen en jongens uit het nabijgelegen vestingstadje Vejer in naam van de hertog zelfs het bevel kregen mee te werken in het binnenhalen van de vis. Het waren jaren van overvloed – met honderdduizend tegelijk werd de tonijn door de almadrabanetten uit de zee gevist. Soms moesten zelfs de gevangenissen worden leeggehaald om voldoende mankracht op de been te brengen voor de vangst. Moorse slaven, zigeuners, hele en halve criminelen: op het strand waren ze allemaal welkom, zegt de hertogin. Tijdens de uren van het wachten op de tonijn werd er gedobbeld en gedronken. Er was een vast garnizoen meisjes van plezier. Cervantes had niets verzonnen.

Tonijnroof was een probleem. De vissers, roeiers en matrozen die op de boten werkten, ondertekenden met hun contracten de clausule dat ze op ieder uur van de dag aan visinspecties moesten meewerken. De straf op een ontdekking van een geroofde tonijn was niet mis: honderd zweepslagen en de publieke vernedering waarbij een omroeper, begeleid door een trommelaar, de dief op alle stranden bekendmaakte.

Het paleis van de hertogen in Zahara de los Atunes waar Cervantes over schreef, bestaat nog steeds. De hertogin ontsteekt ondanks haar kennelijke zwakte in een getergde woede als het gebouw ter sprake komt. Dit immense complex aan het strand, een curieuze combinatie van paleis, visfabriek en defensiefort dat dateert uit de vijftiende eeuw, bevindt zich in een belabberde staat. De muren zijn afgebrokkeld en de binnenplaats waar ooit de tonijnen werden opgehangen in de rekken en schoongemaakt, dient nu als parkeerterrein. De harde Levantewind heeft vrij spel tussen de bossen met wilde margrieten die langs de muren groeien. Van de wachttorens waarvan Cervantes melding maakt staat alleen nog de meest westelijke overeind. Het duurt niet lang meer, of alles stort hier in. Toch is het niet moeilijk voor te stellen dat dit ooit een immense visfabriek geweest moet zijn. Het enige wat nu nog rest van de glorie is een openluchtdiscotheek en de witte kerk van de Virgen del Carmen, beschermvrouwe van de vissers, in de enorme hal waar vroeger de vis werd ingezouten.

'Het is een schande,' fluistert de hertogin kwaad. 'Een totaal verlaten bende.' De lokale overheid en de regioregering doen niets om het culturele erfgoed van de tonijn te beschermen. De putten om de tonijn in te zouten zijn nog intact, ze heeft al vaker geprotesteerd dat er iets mee zou moeten gebeuren.

De held van de tonijn

Het tonijnimperium van de nieuwe tijd werd geboren in de laatmiddeleeuwse, versnipperde chaos die Spanje heette. Vanaf de dertiende eeuw bloeide de vangst van de grote vis weer op aan de kusten in het zuiden. Na de ondergang van het West-Romeinse Rijk hadden de Vandalen en Westgoten begin vijfde eeuw het Iberisch schiereiland overgenomen. In het voorjaar van 711 landden vanuit het huidige Marokko Berbertroepen op de zuidkust. Het was het begin van de verovering van het Iberisch schiereiland, die in gang was gezet na de snelle Arabische zegetocht in het noorden van Afrika. De vroege tonijnvissers moeten de eersten zijn geweest zijn die de invasiemacht over de zeestraat zagen aankomen. Nog voor de winter van hetzelfde jaar was de Moorse troepenmacht doorgestoten tot Toledo, de hoofdstad van het rijk onder de Westgoten.

Grote delen van het Iberisch schiereiland zouden eeuwenlang onder moslimheerschappij blijven. Het gebied rond de Straat van Gibraltar was daarbij van strategisch belang als verbindingsbrug tussen de moslims in Spanje en die in het Marokkaanse achterland. De tonijnvisserij bevond zich opnieuw midden in het wapengekletter.

Dat de traditie van tonijnvangst onder de moslims werd voortgezet lijdt geen twijfel: de naam almadraba – de plek waar de klappen vallen – is van Moorse herkomst. De grote moslimhistorici en ontdekkingsreizigers uit de westelijke mediterrane regio – Ibn Khaldoun, Ibn Battuta en later Leo Africanus – bleken echter niet erg geïnteresseerd in tonijn. Ibn Al Idrisi, de Moorse poëet en cartograaf die in de twaalfde eeuw in opdracht van de katholieke koning Roger II van Sicilië de wereldkaart tekende, is de enige die er iets over vertelt. Zijn Siciliaanse broodheer, zelf koning van een tonijneiland, was waarschijnlijk meer geïnteresseerd in de vis. Volgens Idrisi werd er in de buurt van Ceuta een grote vis gevangen die tonijn heet. De vissers jaagden op de tonijn door middel van een soort harpoen, volgens de moslimgeleerde.

Na de reconquista van de Moorse gebieden was de blauwvintonijn weer helemaal terug. Koning Alfons x, bijgenaamd Alfons de Wijze, gaf in 1268 de tonijnvisserij van het gebied van Medina Sidonia als een privilege aan de ridders van Santiago. Behalve de kastelen van Medina Sidonia en Vejer mochten de ridders ook gebruikmaken van de 'almadraba's van de tonijn, van het recht op de zeehaven, de visserij en het inzouten'. Een rijke beloning voor het stel avonturiers die tot de adelstand waren verheven.

Het huis van Medina Sidonia werd al snel een van de belangrijkste adellijke families. Al in 1520 werd het ingedeeld in de 'Grandes de España', de eredivisie van de Spaanse adel. De hertog van de tonijn werd hij genoemd door zijn vrienden. De tonijn onder de hertogen, zo spotten zijn vijanden. Rond het hertogelijk vispaleis rook het naar macht, avontuur, schurkenstreken en tonijn. Dat was altijd zo geweest. En het zou altijd zo blijven.

De stad Medina Sidonia is meer dan tweeënhalfduizend jaar oud. De kern die nu nog overeind staat is eigenlijk niet meer dan een dorp dat op driehonderd meter hoogte uitsteekt op een heuvel in het glooiende landschap. De oude binnenstad dateert uit de Moorse periode, de kerk is gebouwd op de resten van een voormalige moskee. Zoals in de meeste witte dorpen uit de omgeving liggen onder de huizen en de straten nog een paar oudere lagen. De Romeinen hadden hun vestingstad onder de zuidelijke kant van het huidige centrum. Onder de noordelijke kant liggen de nog oudere resten waar de stad zijn naam aan dankt. Medina Sidonia – de Stad van Sidon – werd gesticht door Feniciërs die afkomstig waren uit Sidon, aan de uiterste oostzijde van de Middellandse Zee, het huidige Saida in Libanon. De immigranten uit Sidon bouwden op hun beurt weer boven op een nederzetting van de mysterieuze cultuur van Tartessus die zich in de omgeving had gevestigd. De plek was ideaal: er waren waterbronnen, er was ruimte genoeg voor een nederzetting en vanuit dit adelaarsnest kon je de vijand al van verre aan zien komen.

De Stad van Sidon behoorde eeuwenlang tot de invloedssfeer van Carthago. En net zoals de Romeinen de Feniciërs nooit zouden vertrouwen, zo werd later ook de adel van Medina Sidonia in Spanje altijd met wantrouwen benaderd. Alleen al de naam van hun stamvader: Guzmán. De Duitse klank – Gut Mann – leek te wijzen op een Gotische oorsprong. Niet geheel onlogisch: de Goten waren per slot van rekening het Iberische schiereiland binnengevallen. Maar de naam Guzmán riekte ook naar Moors of – minstens even verdacht – een joods verleden. De Spaanse inquisitie zou de familie Guzmán altijd met een schuin oog bekijken.

Guzmán el Bueno behoort in Spanje niettemin tot de grootste helden die het einde van de Middeleeuwen heeft opgeleverd. Die eer deelt hij met El Cid. Beiden zijn verworden tot idolen van het romantische ridderideaal, iconen van een Heilige Oorlog om de moslims uit het Iberische schiereiland te verdrijven.

De strijd van El Cid tegen de Moren werd bezongen in epische gedichten. Charlton Heston vereeuwigde de Spaanse held in een film-epos van regisseur Anthony Mann uit de jaren zestig. Heston speelde de Cid als de katholieke held die het schiereiland bevrijdt van zijn schurkachtige binnendringers. De werkelijkheid lag minder simpel. Historici gaan er tegenwoordig van uit dat El Cid een samenraapsel is van meerdere figuren, die meer weg hadden van roofridders en huurlingen dan van idealistische helden. Wie het meeste bood kon gebruikmaken van de diensten van El Cid, of hij nu christen was of Moor. Net als alle andere koningen, sultans, hertogen en graven die elkaar in wisselende coalities eeuwenlang in Spanje bevochten, streed El Cid waarschijnlijk vooral voor zijn eigen belangen.

Guzmán el Bueno is misschien minder bekend dan El Cid, maar voor Spanje zeker niet minder belangrijk. 'We weten niet veel van hem, meer dan een paar brieven van zijn hand zijn niet bekend,' vertelt de hertogin van Medina Sidonia. Anders dan El Cid heeft Alonso Pérez de Guzmán in ieder geval echt bestaan – van 1255 tot 1309. De grondlegger van het tonijnimperium zou volgens de officiële, later zorgvuldig herschreven geschiedenis, zijn geboren in León, een oer-Castiliaanse omgeving, als bastaardzoon van adellijke komaf. We weten ook dat hij zes kinderen had en dat zijn oudste zoon werd gegijzeld tijdens het beleg van Tarifa door een leger van Moren. Dat zijn de overleveringen. Hij stierf, en dat is minder omstreden, in Gaucín in Malaga.

Guzmán el Bueno zou de geschiedenis van Spanje diepgaand veranderen door zijn verovering en verdediging van de strategisch belangrijke havenstad Tarifa, gelegen op het smalste punt van de zeestraat tussen Spanje en Marokko. Tarifa was een kruispunt van de militaire en handelsroutes, niet alleen tussen Al-Andalus en het sultanaat in het huidige Marokko, maar ook tussen de Middellandse Zee en de oceaan.

Rond Tarifa lagen ook de belangrijkste stranden waar op blauwvintonijn werd gevist. 'En dat wist Guzmán el Bueno,' zegt de hertogin. Anders dan onder de Romeinen werd de meeste tonijn voor lokale consumptie gebruikt. Een deel van de vangst werd gedroogd en gefermenteerd als ham, om onder de naam *mojama* geëxporteerd te worden. Voor de de hertogin leidde het geen twijfel: Guzmán wilde behalve Tarifa ook de handel in tonijn veroveren.

Guzmán el Bueno slaagde erin Tarifa in de zomer van 1292 in opdracht van koning Sancho IV zonder al te veel problemen op de moslims te veroveren. Twee jaar later probeerde de oorlogszuchtige Berberstam van de Meriniden de strategische haven weer terug te winnen. De Meriniden waren in de voorgaande decennia met behulp van Turkse en christelijke huursoldaten aan de macht gekomen in Marokko. De nieuwe dynastie gooide het op een akkoordje met de sultan in Granada. In ruil voor een aanval van de Meriniden op de positie van de christenen in het zuiden, zou Granada Gibraltar, Algeciras en Tarifa afstaan.

Aanvankelijk leek de aanval soepeltjes te verlopen. Alleen Tarifa bood meer weerstand dan voorzien. Guzmán had zich teruggetrokken in de stadsvesting en weigerde zich over te geven.

De mythe gaat als volgt. Moe van het verzet, lieten de Moren Guzmáns oudste zoon voor de stadsmuur slepen. De boodschap was duidelijk: zijn keel zou worden doorgesneden als de verdediger van Tarifa zich niet onmiddellijk overgaf en de stad aan de belegeraars liet.

Maar Guzmán liet zich niet chanteren. Hij trok zijn eigen mes en gooide het van de transen naar beneden. 'Denk niet dat ik de stad overgeef onder bedreiging van de dood van mijn zoon. Hier is het mes waarmee jullie hem de hals kunnen afsnijden. Liever de glorieuze dood van mijn zoon, dan een lafhartig leven,' zo zou de held van Tarifa bij deze gelegenheid hebben uitgeroepen. We vinden het motto terug in het familiewapen van Medina Sidonia dat in Sanlúcar aan de muur hangt. 'Praeferre Patriam Liberis Parentem Decet.' Een vrij vaderland gaat voor familie.

De mythe van Guzmán el Bueno sluit mooi aan bij het beeld van de eendrachtige 'heilige oorlog' van de christenen om de Moren van het schiereiland te verdrijven. Maar de alledaagse werkelijkheid van het Spanje aan het einde van de Middeleeuwen was aanzienlijk rommeliger. De scheidslijnen in de bevolking tussen religies en loyaliteiten waren lang niet zo scherp te trekken als de latere mythe graag zou willen. De bevolking van Tarifa was daar een aardige weerspiegeling van. Eind dertiende eeuw werd de stad bevolkt door christelijke nakomelingen van de Berbers uit Marokko, geïslamiseerde Goten en Vandalen, afstammelingen van de Feniciërs, een ratjetoe van slaven en de gebruikelijke kolonie joden.

De conflicten die werden uitgevochten hadden meer weg van een vrijwel permanente staat van burgeroorlog en waarin verschillende facties en warlords elkaar in snel wisselende combinaties het leven zuur maakten – ongeacht hun religieuze achtergrond.

Zo was ook Alonso Pérez de Guzmán allerminst een pure vertegenwoordiger van de christenstrijders. 'Hij was zelf een moslim en dat is zeker,' zegt de hertogin van Medina Sidonia over haar verre voorvader. Niet voor niets werd Guzmán in volkse liedjes uit die tijd als 'Moorse hond' aangeduid. 'In de documenten wordt hij omschreven als iemand afkomstig "van de overkant", uit Marokko dus. De rest is een opeenstapeling van kletsverhalen.' Voor Álvarez de Toledo is Guzmán een rijke Moorse ridder aan het hof van de sultan in Féz, die belangstelling had gekregen voor de gebieden aan de Spaanse kant van de zeestraat, omdat hij kansen zag in de rijke handelsroutes en de tonijnvangst.

Ook buiten de stadsmuur van Tarifa lagen de zaken minder langs de religieuze lijnen zoals de latere katholieke geschiedschrijvers in Spanje het graag voorspiegelden. De Moorse troepen van het beleg van Tarifa stonden onder aanvoering van de door en door katholieke Don Juan, die aanspraak maakte op de troon van zijn broer Alfons x. De troepen van de sultan stonden onder leiding van een heuse collaborateur. En zo werd Tarifa aangevallen door moslims onder leiding van een christen en verdedigd door christenen onder leiding van een moslim. Degene die de keel zou hebben doorgesneden van de zoon van Guzmán el Bueno was geen Moor maar niemand minder dan de opstandige Castiliaanse kroonpretendent.

Maar de winnaars schrijven de geschiedenis. En dus kreeg Guzmán el Bueno de glans mee van een held in een oorlog tussen beschavingen. Nog steeds lopen de kitesurfers en strandtoeristen in drommen door de westelijke toegangspoort de medina van Tarifa binnen onder een groot herinneringsplakkaat waarin de stad zijn dank betuigt voor de zege van 1292. Guzmán el Bueno: strijder in de katholieke zegetocht op het Iberische schiereiland.

Met de overwinning van Guzmán in Tarifa werd de strategische verbindingslijn tussen de moslims in Spanje en de Berberdynastieën in

Tonijnslachterij bij Conil, prent Hoefnagel, 1564

Marokko voorgoed doorgesneden. Daarmee bezegelde Guzmán het lot van Granada, het laatste overgebleven moslimbolwerk van Al-Andalus.

Guzmán werd goed beloond voor zijn trouw aan de vorst die hij diende. Hij werd voor het leven benoemd tot gouverneur van Tarifa. Vanuit deze basis breidde hij zijn imperium snel uit. Bij zijn dood in 1309 – vermoord door de moslims zegt de officiële versie, slachtoffer van een complot zegt de hertogin – bezat hij het alleenrecht op de al-madraba's langs de hele Atlantische zuidkust, van Gibraltar tot aan de grens met Portugal. De koning maakte hem bovendien Heer van San-lúcar de Barrameda en hij verkreeg bezittingen in Conil, Chiclana, Santi Petri, Vejer, Barabate en Zahara. De stad Medina Sidonia moest hem belastingen betalen.

De almadraba's werden nauwgezet beheerd door zijn vrouw, een telg afkomstig uit een rijk joods geslacht uit Andalusië. Zo werd uit het huwelijk van een moslim en een joodse, het eerste Europese imperium van de blauwvintonijn in de nieuwe tijd geboren.

Het tonijnimperium

Profiterend van de oorlogen en de eindeloze interne machtstrijd binnen de koninkrijkjes op het Spaanse schiereiland in de veertiende en vijftiende eeuw, ging het de Guzmánnen voor de wind. Hendrik II van Castilië beloonde Juan Alonso Pérez de Guzmán, de vierde Heer van

Sanlúcar, met het prestigieuze graafschap van Niebla. Dat besloeg het grootste deel van de Atlantische kustprovincie Huelva, inclusief een aantal belangrijke tonijnvisserijen. Juan Alonso Pérez de Guzmán y Orozco (1410-1468), zesde heer van Sanlúcar en derde Graaf van Niebla mocht zich vanaf 1445 ook de eerste hertog van Medina Sidonia noemen. De familie Guzmán verkreeg op slag het enige hertogdom van Spanje dat op dat moment bestond. Het werd de kers op de heraldieke taart. De hertogen van Medina Sidonia zouden vanaf dat moment als onderkoningen heersen in het gebied van Gibraltar tot de grens met Portugal.

Ook verkregen zij formeel het monopolie van alle tonijnvangst van de grens met Portugal tot aan de kust van Granada. De hertog en zijn erfopvolgers waren voortaan eigenaar van alle tonijn die de Spaanse wateren binnen kwam. Het ging hier om het grootste deel van de miljoenen Atlantische blauwvintonijnen die vanuit de Atlantische Oceaan naar de Middellandse Zee kwamen om te paren.

Met hun privileges en handelsgeest creëerde de familie Guzmán een zakelijk tonijnimperium met vangsten die op hun hoogtepunt meer dan honderdduizend stuks tonijn per seizoen besloegen. De almadraba bleek een goudmijn. De havenrechten van de steden rond de Straat van Gibraltar, waar de mediterrane en Atlantische handelsroutes elkaar kruisten, deden het fortuin verder aanzwellen.

Eeuwen van tonijnhandel zorgden voor een opeenstapeling van rijkdom en macht. Het hoogtepunt van de tonijnindustrie werd zonder twijfel bereikt onder Alonso de Guzmán (1550-1615), de 7de hertog van Medina Sidonia en naamgenoot van zijn voorvader de held van Tarifa. Alonso voerde rond het begin van de zeventiende eeuw een hofhouding een vorst waardig. De hertog bezat uitgestrekte landerijen met 90.000 vazallen. Zijn jaarlijkse inkomsten worden door historici geschat op meer dan 160.000 dukaten aan het begin van de jaren tachtig van de zestiende eeuw.

Een vergelijking is glad ijs, maar uitgaande van een arbeidersjaarloon van ongeveer 75 dukaten stonden Guzmáns inkomsten gelijk aan het loon van meer dan 2100 arbeiders. Omgerekend naar een huidig jaarloon van 25.000 euro zou het inkomen van de hertog dus meer dan 50 miljoen euro hebben bedragen. In termen van vermogensopbrengst: tegen een jaarlijkse rentevergoeding van 5 procent zou het hertogelijke inkomen gelijkstaan met een vergoeding op een vermogen van een miljard euro. Had de Forbes-lijst in de zestiende eeuw bestaan, dan had de hertog van Medina Sidonia daar een prominente plaats op ingenomen. Voor zijn tijdgenoten was Alonso de Guzmán een van de rijkste mannen ter wereld.

Was hij een armlastige graaf of marginale markies geweest, dan had Alonso vermoedelijk een onopvallend bestaan geleid tussen de adellijke Spanjaarden van zijn tijd. Wat rondlummelen in het nachtleven van Madrid, af en toe inspectiebezoekjes aan de landerijen. Hij zou in ieder geval zeker nooit in aanmerking zijn gekomen om door Filips II benoemd te worden als opperbevelhebber van de oorlogsvloot die bekend zou worden als de 'onoverwinnelijke' Armada.

Alonso de Guzmán was liever op de stranden bij zijn tonijnvisserij gebleven. Had hij het maar gedaan. Weinig Spaanse edellieden zouden zo vernederd en bespot de geschiedenis in gaan als de zevende tonijnhertog van Medina Sidonia, vlootadmiraal van de grootste oorlogsmacht die Spanje ooit de zee op zou sturen.

Vangstmethoden

Almadraba de tiro bij Cádiz, prent Hoefnagel, 1564

Hoe vang je een vis van meer dan drie meter en een gewicht van een paar honderd kilo, die snelheden kan bereiken van zeventig kilometer per uur? Die zich verplaatst in scholen van soms wel een paar honderd exemplaren, vaak nog nagejaagd door orka's en begeleid door agressieve zwaardvissen? Vanaf de tijden van de Feniciërs en wellicht zelfs daarvoor, werden lange netten vanaf het strand met sloepen het water ingetrokken waarmee de tonijn werd omsingeld en binnengehaald. Vooral de kuststroken die bestaan uit ondiepe zandplaten overgaand in een strand waren hier geschikt voor. De tonijn kwam hier in grote scholen langszwemmen op een afstand niet al te ver van de kust.

Deze vismethode, de *almadraba de tiro*, werd aanvankelijk toegepast in de eerste eeuwen van de nieuwe tonijntijd. Maar volgens de hertogin van Medina Sidonia was het ook de klassieke vorm waarmee de tonijnvisserij in de Oudheid werd toegepast. Tot in de twintigste eeuw kwam deze vorm van almadraba nog voor in Noord-Afrika en in Zuid-Amerika.

De almadraba de tiro bracht een kleine legermacht aan vissers op de been. Zeker driehonderd man, met een strikte hiërarchie en taakverdeling, werden ingezet om de vissen aan land te trekken. Daarbij kwam het voor een groot deel aan op spierkracht.

Maar om de tonijn in de netten te krijgen was meer nodig.

Het was een proces waar alles draaide om de juiste timing, kennis van de zee en van de tonijn. Een ploeg van 80 tot 120 vissers moest de netten zo uitzetten dat de school tonijn langzaam werd ingesloten. Door met de roeispanen in het water te slaan werden de vissen in de netten gedreven. Eenmaal omsloten werden de netten aan beide uiteinden door de strandploeg naar binnen getrokken.

Vermoedelijk uit kostenbesparing en onder druk van Italiaanse financiers werd halverwege de achttiende eeuw de 'Siciliaanse' almadraba geïntroduceerd aan de kusten van de Straat van Gibraltar. Deze methode, afkomstig uit Italië en Portugal, werkte met een vast systeem van lange netten dat werd uitgezet in de route van de tonijnmigratie. De verticale netten werden met drijvers en zware ankers op hun plaats gehouden in het ondiepe kustwater. De tonijn werd zo een aantal vaste kamers ingeleid tot de school uiteindelijk terechtkwam in de centrale kamer. Eenmaal binnengezwommen, werd de toegang afgesloten en zaten de vissen vast. Vervolgens werd een verticaal net van de bodem opgetrokken waardoor de vissen uiteindelijk aan de oppervlakte verschenen.

De Siciliaanse methode met vaste netten maakte een aanzienlijke besparing op het personeel mogelijk. Het was dan ook niet verwonderlijk dat de vissers deze vorm van almadraba aanvankelijk probeerden te boycotten. Uiteindelijk won de economie. De almadraba van de vaste netten wordt nog steeds toegepast aan de Spaanse zuidkust, in Marokko, Algerije, Tunesië – maar ook in Libië, Portugal, Italië en Canada.

Hoewel lange tijd werd aangenomen dat de vismethode met de vaste netten pas later is ontstaan dan de oorspronkelijke methode om netten vanaf het strand uit te werpen, lijken de beschrijvingen van klassieke schrijvers erop te wijzen dat de Siciliaanse methode ook al in de Oudheid werd toepast.

Nederlaag van een tonijnhertog

Koning Filips II, onbetwist heerser van het zestiende-eeuwse wereld-
rijk dat hij regeerde vanuit zijn kloosterpaleis El Escorial, wordt in
Spanje tot op de dag van vandaag 'el prudente' (de voorzichtige) genoemd. In de rest van de wereld is zijn imago aanzienlijk minder gun-
stig: contactgestoord, fanatiek en oorlogszuchtig, de autistische spon-
sor van de katholieke Inquisitie, de zwarte legende. De Nederlandse
vader des vaderlands Willem van Oranje leverde een grote bijdrage
aan deze beeldvorming door in vele talen een boekje te laten drukken
waarin Filips als een hysterisch en moordlustig monster werd afge-
schilderd.

Het monster was kwaad in 1587. De opstand in de Lage Landen had
Spanje op de rand van een bankroet gebracht. Aanhoudende aanvallen op Spaanse schepen door de Hollanders en Engelsen vormden een
grote financiële en politieke schadepost voor het Spaanse Rijk. De piraat sir Francis Drake, een van de beruchtste plunderaars van de
Spaanse vloot, had Cádiz aangevallen en Koningin Elisabeth van Engeland liet de katholieke Schotse koningin Mary executeren.

Koning Filips van Spanje, het rijk waar de zon nooit onderging, bedacht een militaire operatie die zijn tegenstanders moest vernederen.
Het idee was om een invasievloot naar Engeland te sturen die de troepenmacht onder leiding van de hertog van Parma moest helpen vanuit de Nederlanden het Kanaal over te varen om Engeland te bedwin-
gen.

De 'onoverwinnelijke' Armada was een schrikwekkende oorlogsmachine, die angst en paniek teweegbracht in het Noorden van Europa. Op twintig mei 1588 verlieten honderddertig oorlogsbodems,
waarvan de helft werd gevormd door de grootste omgebouwde han-
delsschepen van de Spaanse, Portugese en Italiaanse vloot, bemand
met 30.000 manschappen de haven van Lissabon.

Aanvankelijk was de eigenzinnige markies van Santa Cruz opperbevelhebber van de Spaanse vloot. Maar drie maanden voor vertrek
had deze onverwacht de geest gegeven. Filips II benoemde de zevende

hertog van Medina Sidonia tot de nieuwe vlootvoogd.

Over de benoeming kunnen de meningsverschillen in Spanje tot op de dag van vandaag hoog oplopen.

De tonijnhertog had behalve wat kustbewaking en zijn jaarlijkse uitstapjes naar het tonijnpaleis in Zahara de los Atunes weinig tot geen maritieme ervaring. Werd deze edelman niet louter benoemd vanwege zijn fortuin, zijn hoge afkomst en familierelaties met de koning? Of had Filips II van meet af aan een meegaand en voorzichtig type nodig voor zijn plannen? Uit de pas jaren later teruggevonden 'top secret'-documenten die de vlootadmiraal in een gesloten enveloppe meekreeg, bleek dat Filips niet van plan was om een feitelijke militaire bezetting van Engeland uit te voeren. Het moest eerder een strafexpeditie worden om de Engelse koningin Elisabeth af te schrikken. Het liefst wilde hij een vrede afdwingen op zijn voorwaarden: het vertrek van de Engelsen uit de Nederlanden en de geloofsvrijheid van de katholieken in Engeland. De gezagsgetrouwe Medina Sidonia was de aangewezen man voor deze aanpak.

De hertog zelf dacht daar echter anders over. In een brief aan de koning smeekte hij iemand anders in zijn plaats te benoemen.

Ik kus Uwe Majesteit de voeten en handen dat u mij hebt uitverkoren voor een taak van dergelijke omvang. Ik wilde dat ik de talenten en de kracht bezat om haar uit te voeren. Mijn Heer, mijn gezondheid stelt mij niet in staat mij in te schepen omdat de weinige ervaring die ik op zee heb opgedaan leert dat ik snel zeeziek word en ook last van reuma krijg.

En dan waren er, ondanks de bloeiende handel in tonijn, ook nog geldproblemen. Naar eigen zeggen had de hertog zijn paleis voor 900.000 dukaten verhypothekeerd. De majesteit moest weten dat hij dus geen cent had om in de Armada te steken. Zelfs voor zijn laatste reisje richting Madrid moest de edelman geld lenen. De koning werd vriendelijk doch dringend verzocht naar een andere roerganger uit te kijken.

Het is niet juist een zo grote oorlogsmachine, een zo belangrijke onderneming te accepteren als bevelhebber die geen enkele ervaring op zee of in oorlog heeft. Ik zou een blindganger worden (…) me laten leiden door anderen waarvan ik niet weet wie goed of slecht is, wie me wil bedriegen of in het ravijn wil laten storten. Ik bid u, in alle bescheidenheid, me niet te belasten met een zaak waarvan ik me geen rekenschap kan geven, omdat ik het niet begrijp, omdat ik er de gezondheid niet voor heb, noch het benodigde geld…

Het is een lange brief, misschien wat klagerig van toon, maar geschreven met een fijne pen. Maar het mocht niet baten. Filips II stuurde de hertog hoogstpersoonlijk naar Lissabon om de vloot in te richten.

De 21ste titelhoudster van Medina Sidonia denkt het hare van die brief. Haar voorvader was geen huilerige slappeling. 'Die brief is een vervalsing,' zegt de hertogin beslist. Van wie? Van Filips of zijn secretarissen natuurlijk. Het is een falsificatie bedoeld om haar voorvader te laten opdraaien voor het fiasco waar de operatie met de onoverwinnelijke Armada uiteindelijk op uit zou lopen.

Medina Sidonia had zijn best gedaan om de missie te laten slagen. Nauwgezet als bij een almadraba, had hij de vloot in minder dan geen tijd uitgerust voor de operatie. De scheepsmacht die op de 29ste mei 1588 de monding van de Taag uitvoer was schrikwekkend in zijn omvang. Aan het hoofd van de vloot voer het galjoen San Martín, het vlaggenschip waar de hertog zich op bevond. Een kanonschot vanaf het admiraalsschip kondigde het vertrek van de oorlogsmachine aan.

Het was niet te hopen dat de hertog inderdaad last van zeeziekte had. Want zulk uitzonderlijk beestenweer als in het voorjaar en de zomer van 1588 kon niemand zich herinneren. Al bij het slechten van de kaap Finisterre ontmoette de Armada een langdurige zomerstorm in de Golf van Biskaje die de vloot grote schade en vertraging bezorgde. Eind juli voer de Armada eindelijk in zijn gevreesde halvemaanformatie de ingang van Het Kanaal binnen. Het was een indrukwekkend gezicht, daarover waren vriend en vijand het eens. Maar toch wist de

Engelse vloot onder leiding van admiraal Charles Howard – en vooral zijn viceadmiraal Francis Drake – de Spaanse monstervloot in slechts vier dagen tijd ernstige schade toe te brengen. Door handige manoeuvres wisten de kleinere en wendbaardere Engelse schepen met hun modernere geschut de logge Spaanse kolossen af te troeven.

Terwijl de Spaanse overmacht op zee zo weinig resultaat had, viel ook de landinvasie in het water. De hertog van Parma dacht er niet over om zijn enorme troepenmacht in te schepen richting Engeland. De reden was simpel: hij beschikte alleen over platbodems voor de overtocht, rivierboten die absoluut niet zeewaardig waren en een weerloze prooi bij een aanval van de geuzen. De hertog van Medina Sidonia hoopte juist dat Parma hem op zee te hulp kon komen tegen de aanvallen van de Engelsen en stuurde daartoe een reeks van steeds wanhopiger wordende brieven naar de wal. De hulp van de hertog van Parma zou nooit arriveren.

Toen de Armada op zee voor anker ging voor Calais, stuurden de Engelsen 'Antwerpse hellebranders' op de vloot af. Deze met explosieven geladen schepen vielen onder de categorie 'geheime wapens' en zaaiden dezelfde paniek als torpedo's in de Tweede Wereldoorlog. Verjaagd van zijn ankerplaats was de vloot een speelbal van wind en getijden. Een deel van de vloot dreigde op de Zeeuwse zandbanken te belanden. De Armada werd gedwongen om in een chaotische vlucht richting de koude noordelijke zeeën van Schotland en Ierland te trekken. Een groot aantal schepen verging daar in stormen voor de kust. Door de vertraagde communicatie leefde koning Filips wekenlang in de veronderstelling dat de operatie geslaagd was en de Engelsen en Hollanders werden geterroriseerd door zijn invasievloot.

Er was weinig onoverwinnelijks over van de Armada die in de herfst en winter van 1588 binnendruppelde in de havens aan de Spaanse noordkust. De bemanning was ziek van de tyfus en uitputting en een aantal schepen was er zo slecht aan toe dat ze in het zicht van de haven alsnog zonken. Het totale verlies aan Spaanse schepen is nooit vastgesteld, maar geschat wordt dat de helft van de vloot is vergaan en tienduizend man nooit is teruggekeerd.

Ondergang van de Spaanse Armada in de Slag bij Gravelines, 1588, Philippe-Jacques de Loutherbourg

De vlootadmiraal redde het wel. Hij arriveerde als een van de eersten in Santander met de San Martín, het kolossale met goud versierde vlaggenschip. Een gebroken man, die niet eens wachtte tot zijn schip de haven in werd geloodst, maar zich schielijk met een sloep aan land liet zetten.

Uit de brieven en verslagen komt de hertog naar voren als een man die van meet af aan sceptisch was over de kans van slagen van de hele operatie, de koning voortdurend waarschuwde voor problemen die praktisch onoplosbaar waren, maar ondanks alle tegenslag er het beste van probeert te maken. De 7de hertog van Medina Sidonia had zich een trouw en moedig uitvoerder van een onmogelijke opdracht betoont.

De mislukte strafexpeditie was volgens de Britse historicus Geoffrey Parker een beslissend keerpunt in de Tachtigjarige Oorlog. Een klap in het gezicht die Filips II nooit meer te boven kwam. De Spaanse koning deed de ondergang van de Armada af als een beproeving van God, maar dankzij een wijd verspreidde kroniek van een meevarende monnik werd Medina Sidonia alsnog alle schuld in de schoenen geschoven. De Engelsen op hun beurt zetten de onfortuinlijke hertog voor schut als een laffe domoor en verspreidden het verhaal dat hij zijn speciaal gepantserde hut op het vlaggenschip nooit verlaten had.

De hertog spoedde zich terug naar zijn paleis van Sanlúcar de Barrameda. Vanuit daar verzocht hij de koning om nooit meer in een zee-oorlog te hoeven dienen. Aan dat verzoek werd voldaan.

Zo belandde de hertog van Medina Sidonia op de Spaanse mestvaalt van de geschiedenis. Toch beschrijven zijn tijdgenoten hem als moedig, voorzichtig en geliefd bij zijn manschappen. Hooguit ontbrak het hem aan strijdervaring op zee. Er zijn overleveringen die vertellen dat hij tijdens de gevechten aan dek bleef bij de manschappen, ondanks een wond aan zijn been. Zelfs zijn schielijke vertrek van boord bij de thuiskomst in Santander zou een bewuste leugen zijn geweest: in werkelijkheid zou de hertog doodziek van boord zijn gehaald.

Net als de rest van Spanje, zou ook de tonijnhertog nog vaak last hebben van de Engelse en Nederlandse vloot. Als kapitein-generaal van de zuidelijke kustbewaking kreeg hij ze regelmatig op bezoek. Eind juni 1596 werd hij halsoverkop opgetrommeld terwijl hij op het strand van Conil de tonijnvisserij inspecteerde, nadat er een enorme Engels-Nederlandse vloot voor de kust was verschenen. Vanaf een afstand moest de hertog machteloos toezien hoe de haven van Cádiz werd binnengevallen en de stad grondig geplunderd. In 1606 werd een squadron onder leiding van de hertog nabij Gibraltar door de Hollanders in de pan gehakt en een jaar later zou de Nederlandse vloot in een gewaagde actie van admiraal Jacob van Heemskerck de complete Spaanse vloot in de baai van Cádiz vernietigen. Alonso de Guzmán stond er met zijn neus bovenop. Het kanongebulder moet te horen zijn geweest tot in het paleis van Sanlúcar.

De zevende hertog van Medina Sidonia stierf in 1615. Er zouden nog eeuwen grappen over hem de ronde doen.

Imperium op retour

Het huis van Medina Sidonia verloor niet alleen prestige, ook de glorietijd van de almadraba was over zijn hoogtepunt heen. 'We weten de oorzaak niet,' zegt de hertogin van Medina Sidonia, 'maar vanaf eind zestiende eeuw zien we een duidelijke crisis in de tonijnmarkt.' Niet alleen nam de tonijnvangst dramatisch af, ook de vraag naar tonijn kelderde. De internationale opkopers bleven weg, de prijzen zakten in. De almadraba, duur in opzet en onderhoud, raakte hierdoor onvermijdelijk in een crisis.

De aanhoudende oorlogen compliceerden de tonijnhandel op verschillende fronten. Door de financiële druk die de oorlogsmachine uitoefende op de Spaanse schatkist, had de staat zijn oog laten vallen op het zout dat door de visindustrie werd gebruikt als conserveringsmiddel. Filips II had al in 1562 de zoutpannen in Andalusië laten onteigenen. Slechts een deel van de productie werd daarbij voor de tonijnvisserij gereserveerd.

Door de tekorten die hierdoor ontstonden werd het zout duur betaald. De hertog van Medina Sidonia werd door de staatskas gedwongen een jaarlijkse som van 300.000 dukaten af te dragen om aanspraak te kunnen maken op een gegarandeerd deel van de zoutproductie.

De oorlogen met Engeland en Nederland brachten Spanje bovendien in een commercieel isolement. De routes met de grote handelssteden in het noorden, waarvan Amsterdam gedurende de zeventiende eeuw het bruisende middelpunt was, werden geblokkeerd. Alle handelswaar, scheepsladingen en bezittingen bestemd voor of afkomstig uit Holland, Zeeland of een van de andere opstandige provinciën, werden per decreet in beslag genomen. De betrokken handelaren, kapiteins, scheepsvolk en andere opvarenden werden gearresteerd.

De boycot diende een politiek-strategisch doel: aangezien de economische motor van de opstandige Lage Landen voor een belangrijk deel werd aangedreven door de handel met Spanje, moest de blokkade het Noorden in een wurggreep brengen.

De uitvoering van het embargo lag in handen van commissarissen in de kustgebieden. Zo waren de zevende hertog van Medina Sidonia en na diens dood in 1615 zijn zoon, nauw betrokken bij de uitvoering van de handelsboycot. Als commissaris had de hertog geen andere keuze dan de handelsboycot trouw uit te voeren. Maar als eigenaar van het monopolie van de tonijnvisserij sneed hij zichzelf in de vingers.

De tonijnkoning van Andalusië

Het zat de tonijnhertogen niet mee. Onder druk van de teruglopende tonijninkomsten en de zware belastingen op zout werd de situatie steeds nijpender. De 9de hertog van Medina Sidonia, kleinzoon van de onfortuinlijke Alonso de Guzmán, leek zich hier niet bij neer te hebben willen leggen. In 1641 leidde hij een veronderstelde samenzwering tegen koning Filips IV.

De hertogen van Medina Sidonia hadden door de eeuwen heen als koningen geregeerd in Andalusië. Onder het bewind van de slappe Spaanse koning leek de tijd rijp om in actie te komen.

Terwijl Filips IV zijn tijd voornamelijk doorbracht met een eindeloze reeks aan maîtressen en het regeren overliet aan de roemruchte Gaspar de Guzmán – de graaf-hertog van Olivares en een neef van de tonijnhertog – gleed Spanje steeds verder naar de afgrond. Portugal verklaarde zich onafhankelijk. De Catalanen kwamen in opstand – ook vanwege het dure zout – en slachtten de onderkoning af. De Hollandse piraat Piet Hein uit de uitgeroepen Republiek der Zeven Verenigde Nederlanden had de complete zilvervloot van de Spanjaarden gekaapt, wat een verdere aanslag op de staatskas was.

Het plan was dat Andalusië zich onder leiding van de lokale adel moest afsplitsen als een apart koninkrijk. De hertog van Medina Sidonia moest de nieuwe vorst worden. De opstand van de tonijnkoning van Andalusië verliep echter zo rommelig, dat er tot op de dag van vandaag nog altijd wordt getwist wie er nu precies aan meededen en waarom. Het lijkt erop dat de samenzwering vooral een familieruzie was tussen de hertog van Medina Sidonia en diens ambitieuze neef de graaf-hertog van Olivares. De laatste had de eerste opdracht gegeven om de opstandelingen in Portugal met een leger mores te leren. Toen het leger echter met enorm getreuzel van de grond kwam, begonnen er geruchten te circuleren dat de hertog zelf een machtsovername in Andalusië zou beramen. De Portugese opstandelingen hielpen een handje mee en Frankrijk en Holland, tuk om de Spaanse kroon het leven zuur te maken, zouden een vloot sturen.

Maar het koninkrijk Andalusië kwam niet van de grond. Het grootste deel van de Andalusische adel bleek uiteindelijk geen zin te hebben in een opstand, en ook de bevolking liet de kwestie volledig koud. De hertog van Medina Sidonia gaf zijn betrokkenheid toe, maar wees snel een van de andere samenzweerders aan als het brein achter de plannen. De laatste werd de keel afgesneden, maar de hertog – toch nog altijd de houder van de belangrijkste adellijke titel van Spanje – kwam er genadiger van af. Op het hof hoefde hij zich niet meer te vertonen, er werden wat titels afgenomen en hij kreeg een monsterboete opgelegd van 200.000 dukaten.

Luisa Isabel Álvarez de Toledo, de hertogin van Medina Sidonia, verwerpt iedere schuld van haar voorvader. Volgens haar was hij zelf het slachtoffer van een complot. De grote boosdoener was volgens haar de graaf-hertog van Olivares. Die was jaloers dat hij tot de mindere tak van Guzmánnen behoorde. Het gerucht van de samenzwering tegen de koning was de beste manier om zijn chique neef de tonijnhertog definitief van zijn voetstuk te stoten.

Was de blauwvintonijn eind zestiende eeuw overbevist?

De terugval in de handel en vangsten zorgde in ieder geval voor grote financiële problemen. De almadraba was een dure vorm van visvangst. Het aantal plaatsen waar op tonijn werd gevist begon dan ook te verminderen.

Om toch tonijn in te netten te lokken werden ingenieuze kunstgrepen bedacht. Houten modelzwaardvissen werden in zee gegooid om de tonijn bang te maken en de vis sneller in de netten te krijgen. Alle pogingen faalden.

In 1773 was de toenmalige hertog van Medina Sidonia zo ten einde raad, dat hij de kroon zelfs smeekte om het tonijnmonopolie in te ruilen voor een bescheidener privilege dat in ieder geval nog iets opbracht. De koning weigerde en het huis van Medina Sidonia hield met pijn en moeite drie almadraba's in leven: die bij hun vispaleis in Zahara de los Atunes, die voor de kust van de Coto Doñana bij hun paleis in Sanlúcar en die in Huelva. De vangsten waren karig, van een echte handel was nauwelijks meer sprake. Personeel was moeilijk te vinden, de opbrengst onvoldoende om de reders te motiveren.

In de loop van de zeventiende eeuw en de achttiende eeuw ging de almadraba langzaam ten onder. De prijzen van de tonijn zakten dramatisch en pogingen om de vis aan de man te brengen onder een chiquer publiek liepen uit op een mislukking. De betere klasse in Londen en Parijs haalde zijn neus op voor de tonijn, een vis die vooral als volksvoedsel werd gezien.

Met de markt raakte ook de traditie in het slop. Steeds minder ervaren vissers kenden de kneepjes van het vak. Er werden fouten gemaakt. De boten gingen de zee op in zwaar weer, almadraba's werden opgetuigd als het seizoen voorbij was en er geen tonijn meer langs kwam zwemmen. Door gebrekkige controle op illegale vangst en geroofde tonijn, werd de handel verder uitgehold.

In de negentiende eeuw raakte de almadraba definitief in de versukkeling. Al in 1816, vier jaar na het in werking treden van de nieuwe Spaanse grondwet, werd officieel een eind gemaakt aan het privilege van de hertogen van Medina Sidonia en het monopolie van de tonijnvangst. Maar tot aan de jaren zeventig van de negentiende eeuw visten de hertogen door, meer als tijdverdrijf, dan voor de harde handel. Om de vloot op de been te houden moesten vissers vanuit Portugal worden ingehuurd.

De tonijn werd langzaam ingehaald door nieuwe, grootschalige proteïnebronnen uit de zee. In de Noordzee was bijvoorbeeld een overvloed aan haring en vanaf de zeventiende eeuw, met de exploitatie van de rijke visgronden van de Atlantische kusten voor Noord-Amerika, veroverde de kabeljauw snel de markt. Deze vis was in een geweldige overvloed aanwezig en kon relatief goedkoop worden gevangen. Gedroogd en ingezouten was kabeljauw makkelijker te vervoeren dan de ingezouten tonijn.

Toen de hertogen van tonijn in de negentiende eeuw stopten met de almadraba, waren er maar een paar reders bereid om de vangstrechten voor de tonijn over te nemen.

Luisa Isabel Álvarez de Toledo, de 21ste hertogin van Medina Sidonia overleed in het familiepaleis van Sanlúcar de Barrameda in maart 2008 – een halfjaar na onze ontmoeting, aan een longontsteking. Met kunst- en vliegwerk had ze tijdens haar leven geld weten te verzamelen om het paleis en het familiearchief van de tonijnhertogen van de ondergang te redden.

Ze bleef tot het laatste moment in alles de tegendraadse erfgename van Guzmán el Bueno. Vlak voor haar dood hield de hertogin nog een pleidooi voor de legalisering van drugs en euthanasie. Ze bekritiseerde de nieuwe tijden die de vrijheden van het individu bedreigden. Spanje leek soms wel minder vrij dan onder Franco, klaagde ze bij de schrijver Iñigo Ramírez de Haro die een boek over haar familie schreef. Tegelijkertijd hield ze een pleidooi voor de oude 'aristocratische' waarden die te grabbel werden gegooid. De egalitaire samenleving maakte geen onderscheid meer in kwaliteit, aldus de hertogin. De Spaanse adel kwam je tegenwoordig alleen nog maar in roddelbladjes tegen. 'Je kan beroemd worden door de lul van een stierenvechter af te zuigen of door *Don Quichot* te schrijven. Als we toch alles hetzelfde vinden, dan gaan de mensen zich toeleggen op het eerste. Ik geloof dat apen het ook doen,' aldus de hertogin.

Op haar sterfbed trad Luisa Isabel Ávarez de Toledo in het huwelijk met haar secretaresse, Liliane Dahlmann. De hertogin-weduwe kreeg daarmee het beheer van de Stichting Medina Sidonia waarin niet alleen het tonijnarchief is ondergebracht, maar ook het paleis. De drie kinderen van Álvarez de Toledo, onder wie de 22ste hertog van Medina Sidonia, kondigden aan dat ze een juridische procedure zouden starten tegen de Stichting wegens illegale onttrekking van goederen uit de erfenis.

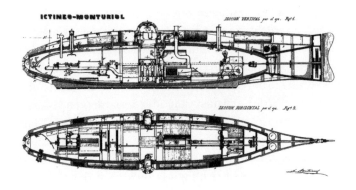

De machine

Of spreek tot de aarde, en zij zal het u leren; ook de vissen van de zee
zullen het u vertellen.

JOB 12:8

In Port Vell, de gerestaureerde en heringerichte oude haven van Barcelona, ligt op het pleintje tegenover het filmtheater met zijn mega-
scherm een fraaie houten duikboot. Bioscoopbezoekers die naar buiten komen zien hem vermoedelijk als een van die decoratieve objecten
in de oude haven, zoals het obligate anker, de lichtboei en het visnet.
Rekwisieten voor de juiste graad van nostalgie in het pretpark van het
oude havenfront. De duikboot heeft een mooie gepolijste hardhouten
romp, de fraaie lijn van een torpedo en aandoenlijke patrijspoortjes
in de wand. Er zitten vijf kijkgaten in de boeg zodat iemand de stuurman aanwijzingen kon geven bij het aanhouden van de juiste koers.

Een toelichting of herinneringsplakkaat ontbreekt, maar we staan
hier voor een heuse replica van de Ictíneo II, de houten 'stoom- en
zuurstof'-duikboot, die halverwege de negentiende eeuw werd ontworpen door de Catalaanse uitvinder Narcís Monturiol. Met een
beetje goede wil zou je de tentoongestelde onderzeeër, ondanks het
ontbreken van een toelichting, een eerbetoon aan diens geestelijke vader kunnen noemen. Monturiol kan dat wel gebruiken. Want net zoals de Ictíneo, zou ook zijn uitvinder als een mislukking de geschiedenis ingaan.

Uitvinders op zee verdienen ons respect. Narcís Monturiol (1819-1885) was een verlichte geest in het negentiende-eeuwse Catalonië. De zoon van een Catalaanse laarzenmaker die de wereld wilde verbeteren en door nieuwsgierigheid en zelfstudie opklom in de Catalaanse burgerij. De verlichte burgerlijke elite kende een traditie van handel. Net als de Basken zijn de Catalanen vanouds zeevaarders en vissers.

Narcís Monturiol verbleef tijdens de zomers in het Catalaanse kustplaatsje Cadaqués. Cadaqués kende in die dagen nog zijn eigen traditionele almadraba waarin de blauwvintonijn werd gevangen die langszwom op doortocht richting Marseille. Een eeuw later zou de Catalaanse kunstenaar Salvador Dalí de lokale tonijnvangst vereeuwigen in zijn schilderij *Tonijnvisserij* uit 1967. De almadraba van Cadaqués, een spektakel dat op Dalí een diepe indruk achterliet, zou niet lang daarna verdwijnen.

Wat inmiddels ook al lang verdwenen is, is de koraalvisserij die in de negentiende eeuw in Cadaqués nog een bloeiend bestaan leidde. Monturiol zag tijdens zijn zomervakanties de duikers uit het dorp in de diepte duiken om naar boven te komen met deze kostbare zeebodemschat die zeer gewild was als sieraad. Het rode goud, zo werd de rode koraal uit de Middellandse Zee ook wel genoemd. De koraalduikers, die op hun eigen lucht die diepte in doken, hadden een zwaar en gevaarlijk bestaan. Het ging nog wel eens fout tijdens hun afdaling naar de zeebodem. De koraal werd duur betaald.

Dat moest anders kunnen, vond Monturiol. De wetenschap bood immers moderne technieken die de koraalvissers vooruit konden helpen. Het was een kwestie van tijd, of de mens zou onder water kunnen reizen, onder water kunnen werken en onder water kunnen leven. De onderwaterwereld lag klaar om geëxploiteerd te worden. Monturiol dacht na, maakte schetsen op de tekentafel en besprak zijn idee met zijn vrienden en contacten uit de Barcelonese zakenelite. Het project 'Ictíneo', Grieks voor bootvis, was geboren.

Het werd een cilindervormige, gesloten houtconstructie van zeventien meter lang, drie meter breed en drieënhalve meter hoog. Een dubbele wand zorgde voor extra sterkte, zodat een diepte van vijftig meter bereikt kon worden. Diep genoeg voor het vissen van koraal, zo had Monturiol berekend. Een ingenieus systeem dat CO_2 zou binden met kalk en geperste lucht moest ervoor zorgen dat je kon blijven ademen in de duikboot. De onderzeeër bood ruimte aan zestien opvarenden, die met hun eigen kracht de schroef van de boot moesten aandrijven. Op 23 september 1859 werd de Ictíneo in de haven van Barcelona ten doop gehouden. Het was een succes: voor een verbaasd publiek zakte het houten gevaarte tot op de bodem van de haven en – minstens zo verbazingwekkend – bereikte weer de oppervlakte. Een vijftigtal proefduiken zouden volgen, waarbij dieptes tot dertig meter werden gehaald.

De aandrijving van de duikboot bleef echter een probleem. De Ictíneo bleek een log gevaarte. Zelfs met zestien man aan de pedalen kwam het geval nauwelijks van zijn plaats. Monturiol zocht naar een oplossing. Het resultaat was de Ictíneo II, nu met een stoommotor. Dat bleek echter weer nieuwe problemen op te leveren. Binnen in de onderzeeër liep de temperatuur tot saunahoogte op. Nieuwe schetsen werden gemaakt op de tekentafel, maar het geld voor de ontwikkeling van de Ictíneo II raakte op. De maatschappij tot ontwikkeling van de duikboot ging failliet. In 1868 gingen de prototypes onder de hamer.

Monturiol zou deze klap nooit te boven komen. Hij probeerde het nog met een ontwerp voor een sigarettenmachine en een nieuwe methode voor de conservering van vlees, maar ook die uitvindingen waren geen succes. De uitvinder werd depressief en raakte snel vergeten. Hij stierf diep teleurgesteld en overtuigd dat zijn Ictíneo de voorhoede was geweest in de verschillende duikbootprojecten die internationaal werden ontwikkeld.

Meer succes had de Franse schrijver Jules Verne. Twee jaar nadat Monturiol zijn boten moest verkopen, publiceerde Verne een nieuwe roman: *Twintigduizend mijlen onder zee*. De duikboot Nautilus die Verne omschrijft vertoont opvallend veel overeenkomst met de Ictíneo. Was de Fransman toevallig in de haven van Barcelona geweest tijdens een van de proefduiken? Of had hij gelezen in zijn krant over de wonderbaarlijke bootvis? Verne had het voortstuwingsprobleem overigens wel weten op te lossen: de Nautilus kon de ongekende snelheid van 50 knopen halen. Het boek van de Fransman werd een groot succes.

Toch zou het ontwerp van de Ictíneo de oervorm blijven van de perfecte onderwatermachine. Hoe was Monturiol aan deze vorm gekomen? Hij moet zonder twijfel hebben gedacht aan vis. Er waren meer prototypes van een duikboot geweest – vaak rare plompe gevallen – maar de Ictíneo was onmiskenbaar het beste gelukt. Wie de bootvis ziet begrijpt waarom. De Ictíneo oogt als een enorme, houten blauwvintonijn, de meest spectaculaire vis die de uitvinder had gezien tijdens de zomers in Cadaqués waar hij zijn studies verrichtte naar de lokale koraalvissers.

Tonijnvisserij, Salvador Dalí

Spreek tonijnwetenschappers en ze worden zonder uitzondering lyrisch over de blauwvintonijn. Hun bewondering gaat de normale wetenschappelijke belangstelling ver te boven. Het is een liefdesverklaring aan de perfecte onderwatermachine. Tonijndynamica, tonijnzwemstijl en tonijndesign: volgens kenners is blauwvintonijn kracht en snelheid omgezet in schoonheid. 'Tonijn is pure energie,' zegt de Spaanse marinebioloog José Luis Cort

'Pas de laatste tien jaar weten we iets meer van de blauwvintonijn, maar het meeste is nog onbekend. Dat komt omdat de vis een moeilijk beest is,' legt Cort uit. De omstandigheden om de vis in gevangenschap te houden zijn gecompliceerd, aldus Cort. Je hebt grote tanks of kooinetten nodig. Grootschalig fysiek onderzoek ontbreekt. De tonijn is een wilde, ontembare roofvis, die enorme afstanden aflegt, razendsnel de diepte in kan schieten, verdwijnt in de oceaan en plotseling weer opduikt op plekken die niemand had voorzien.

In 2001 verscheen het boek *Tuna*, de wetenschappelijke bijbel voor de blauwvintonijn met artikelen van Angelsaksische toponderzoekers als Barbara Block, John Gunn en Carl Safina. Het geldt als het verplichte naslagwerk voor de tonijnwetenschappers. *Tuna* begint echter met niets minder dan een poëtische liefdesverklaring. 'Kijk naar een zwemmende tonijn en je kunt alleen maar onder de indruk raken van kracht, gratie en snelheid,' schrijven de Amerikaanse blauwvintonijnspecialisten Barbara Block en Donald Stevens. 'Als je ooit geprobeerd hebt een tonijn te vangen met een vislijn, leer je zijn enorme kracht ontdekken. Zijn prachtig gestroomlijnde vorm weerspiegelt zijn onophoudelijke activiteit.'

De tonijnbijbel maakt één ding duidelijk: alles van de tonijn – van de stroomlijning tot de aandrijving en de energie – is ontworpen voor een ultieme machine. Met zijn torpedovormige lichaam kan de blauwvintonijn topsnelheden bereiken met een zo efficiënt mogelijk energieverbruik. Maar de tonijn kan ook wekenlang gematigde kruissnelheden aanhouden waarmee hij over afstanden van duizenden kilometers door de oceanen dieselt. De tonijn is afwisselend een torpedo en een oceaanstomer.

Als het moet, zet de blauwvintonijn zich in een fractie van een seconde in de hoogste versnelling en spurt op topsnelheid achter zijn prooi aan. Wetenschappers meten de snelheid van de tonijn aan de hand van zijn lichaamslengte. Ze melden topsnelheden van zes tot zelfs tienmaal de tonijnlengte per seconde. Voor een tonijn van twee meter lengte betekent dat een snelheid van meer dan zeventig kilometer per uur. Bij grotere tonijnen zou de topsnelheid theoretisch zelfs boven de honderd kilometer per uur kunnen liggen. De blauwvintonijn is een zwemmende Maserati: een zenuwachtig raspaardje dat in staat is tot spectaculaire acceleratie.

Het geheim van de tonijn is de bijzondere aandrijving. Er zitten een aantal technische kneepjes in het ontwerp. Het eerste wat opvalt is de extreme efficiëntie waarmee het tonijnlichaam in staat is om met zijn kieuwstelsel grote hoeveelheden zuurstof uit het zeewater te binden. Dat heeft de vis gemeen met de haaien en de zwaardvis. Wetenschappers noemen het *ramventilatie*, een soort turbo maar dan met kieuwen, waarbij het noodzakelijk is dat er een voortdurende waterstroom langs het fijnmazige systeem wordt geleid. Het is ook de reden dat de tonijn altijd met open mond zwemt. Dat geeft de vis misschien iets onbenulligs, alsof hij in een staat van permanente verbazing door de zeeën zwemt, maar het stelt hem wel in staat veel meer zuurstof uit het water op te nemen dan de meeste andere vissen.

Om voldoende zuurstof binnen te krijgen, moet de tonijn wel altijd in beweging blijven. Een beetje drijven in het water heeft voor deze vis fatale gevolgen. De tonijn doet daarom alles zwemmend. De jacht, het eten, de tonijn zwemt zelfs door als hij slaapt – en dat doet hij volgens de wetenschappers wel degelijk, ondanks zijn gebrek aan oogleden.

De sterke tonijn verzet zich daarom ook heftig wanneer hij in een net wordt gevangen. De vis krijgt onmiddellijk last van een gebrek aan zuurstof. En dat is niet het enige: als de tonijn niet in beweging is, raakt zijn hydrostatische evenwicht prompt van slag. De twee zijvinnen van de tonijn hebben een vergelijkbare functie als de bewegende kleppen van een vliegtuigvleugel: ze zorgen voor de opwaartse druk. Bij stilstand stikt de tonijn dus niet alleen, hij zinkt ook naar de bodem van de zee.

Tonijnhorzels en steeneikels

In de Oudheid mocht de blauwvintonijn zich al in een warme belangstelling van de wetenschap bevinden. Het was een verbazingwekkende vis, daar waren de geleerden het toen al over eens. Aristoteles (384-322 v.Chr.) beschreef in zijn Geschiedenis van de Dieren dat de tonijn in het voorjaar vanuit de Atlantische Oceaan via de Noord-Afrikaanse kust de Middellandse Zee binnen zwom, om uiteindelijk in de Zwarte Zee te paren en vervolgens via Griekenland, Italië en Spanje terug te keren.

De tonijn ziet slecht met zijn linkeroog, concludeerde Aristoteles. Daarom zwemt de vis altijd aan de linkeroever de Zwarte Zee binnen en er via de rechteroever weer uit. Zijn goede rechteroog was zo altijd op het open water gericht waar het gevaar vandaan kon komen, zo was de gedachte. Aristoteles maakt tevens melding van een 'horzel' die de tonijn volgens hem onder water lastigvalt. Vermoedelijk bedoelde hij er een van de 72 parasieten mee die op de tonijn worden aangetroffen. 'De tonijn wordt gek van de steken van deze vlieg,' aldus de Griek en springt daardoor uit het water. Beter is het dan ook om de tonijn niet te eten in de zomer, wanneer de tonijnhorzel actief is en te wachten tot het najaar als de vis is bevrijd van deze kwelgeest, aldus de Griekse wetenschapper.

De Romeinse procurator van Gallië, Spanje en Afrika Gaius Plinius Secundus (23-79 n.Chr.), beter bekend als Plinius de Oudere, wijdde in zijn *Naturalis Historia* een apart lemma aan de tonijn. 'Een uitzonderlijk grote vis. Ik heb een tonijn gezien van meer dan 800 pond, met een staart van meer dan meter breed,' aldus de Romeinse magistraat. Tot zover klopt het, maar dan gaat de blauwvintonijn ook met de fantasie van Plinius aan de haal. De grote vis kent volgens hem een kleine vijand: de ansjovis: 'Een heel kleine vis die ansjovis heet maakt de tonijn dood door een bepaalde ader in zijn keel door te bijten; hij valt aan met een uitzonderlijke agressiviteit.'

Plinius weet nog een aantal bijzonderheden te melden. 'De mannetjestonijn heeft geen buikvin,' schrijft de natuurvorser. En: 'De enige plek waar ze paaien is in de Zwarte Zee.' Het vlees is zeer gewild in de mediterrane keuken, vooral de delen in de nek en de buik. Maar opgepast, waarschuwt Plinius: het eten van tonijn, zelfs verse, heeft altijd een vreselijke buikloop tot gevolg. En – vrij naar Aristoteles – de tonijn kampt ook bij Plinius met een ernstig oogprobleem. 'Dit komt omdat ze beter zien met hun rechteroog, al is het zicht met zijn beide ogen niet erg goed.'

De Griekse geograaf Strabo (64-19 v.Chr.) was in de Oudheid de onbetwiste specialist op het gebied van de blauwvintonijn. In de uitgebreide beschrijving van Zuid-Spanje die hij geeft in zijn boek *Geographica* komt de vis uitgebreid aan de orde. Misschien dat Strabo – Grieks voor 'de Schele' – een zekere verwantschap voelde met de tonijn vanwege zijn oogprobleem, maar zeker is dat Strabo dol was op vis. Hoewel zijn wetenschappelijke boeken over het algemeen niet overlopen van emoties, kan 'de Schele' zijn enthousiasme nauwelijks de baas zodra het gaat over wat er zoal wordt aangetroffen in de oceaan voorbij de Straat van Gibraltar.

De zeepaling en murene hebben er een omvang waarvan ze in Middellandse Zee alleen maar kunnen dromen, schrijft Strabo. Zo groot als hier tref je zelden wulken en zeeslakken aan. Oesters en mosselen in overvloed. Een komen en gaan van bruinvissen, dolfijnen, walvissen en orka's. Octopussen van meer dan vijfentwintig kilo en pijlinktvissen van wel twee ellen lang.

Maar de vis waar Strabo het langst bij stilstaat, dat is de tonijn. Enorme scholen dikke, vette tonijnen komen de Middellandse Zee binnen gezwommen, schrijft de Griek. Waarom zijn die tonijnen hier zo dik? Volgens Strabo komt het, omdat tonijnen de eikeltjes eten van de steeneik die je overal langs de kust van Andalusië aantreft. De enorme hoeveelheden eikels die deze eik produceert, komen in de zee terecht. Tot aan Sardinië vind je de steeneikels in het water drijven. De tonijnen zijn er dol op.

> Deze vissen zijn als een soort varkens in de zee, omdat ze van eikels houden en er uitzonderlijk vet van worden, en zelfs in die mate dat er meer tonijn wordt geboren als de zee een grotere oogst aan eikels geeft.

De invloed van Strabo's eikelverhaal is nog steeds terug te vinden. Zo stond de tonijn in het zuiden van Spanje ook wel bekend als 'cerdo del mar' – het zeevarken. De tonijn heeft meer overeenkomsten met het Iberische varken, dan je op het eerste gezicht zou vermoeden. Net als de tonijn in de Romeinse tijd worden ook de Iberische hammen geprepareerd door ze in te zouten. Het bereidingsproces van de mojama (van het Arabisch *musama*, dat 'droog' betekent), ofwel de gefermenteerde tonijn, is vrijwel identiek aan dat van de Iberische ham. Mojama is ook nauwelijks van een stukje ham te onderscheiden. Het feit dat het grijs-bruine Iberische varken wordt grootgebracht op een dieet van *bellotas*, steeneikels, draagt zeker bij aan de specifieke smaak van het vlees. Geheel zonder logica is Strabo's theorie dus niet, al zijn alle geraadpleegde vissers het erover eens dat een blauwvintonijn beslist geen eikels eet. Ook niet als het de exclusieve Spaanse bellotas zijn.

De warmbloedige vis

Is de tonijn wel een vis? Deze vraag is ook lang na Aristoteles, Strabo en Plinius serieus gesteld. Leek tonijn in een aantal opzichten niet meer op een vogel? Of een zoogdier? Moest er voor de tonijn niet een aparte orde worden ingericht?

Vissen zijn koudbloedige beesten. Wordt het water kouder, dan wordt de vis kouder, wordt het water erg koud dan wordt de vis erg koud en vaak wat slomer.

Maar dat gaat niet op voor de tonijn. De tonijn is warmbloedig.

Het uitzonderlijk grote tonijnhart zorgt voor hoge prestaties. *High power output* noemen wetenschappers dat. Het hart maakt grote slagvolumes en het tonijnhart werkt bijna altijd tegen zijn maximale hartslagcapaciteit aan. De tonijn combineert dat met een hoge bloeddruk voor een vis. Het tonijnhart pompt zo met zeven keer zoveel kracht dan andere beenvissen. Het stelt de vis in staat om veel zuurstof op te nemen en dat ook snel en in grote hoeveelheden naar de spieren te brengen.

Deze high power output houdt het lichaam lekker op temperatuur, soms aanzienlijk hoger dan die van het koude oceaanwater. De tonijn gebruikt zijn metabolisme om zijn lichaamstemperatuur op peil te houden. De vis staat daardoor permanent in de startblokken.

Het een duurde vrij lang voor de tonijnwetenschappers het fijne van de hoge tonijntemperatuur in de gaten kregen. Aanvankelijk werd gedacht dat de tonijn het altijd warm had en dus bij hoge watertemperaturen oververhit zou kunnen raken. Totdat ontdekt werd dat de tonijn nog ingenieuzer in elkaar steekt: hij kan zijn lichaamstemperatuur als met een thermostaat regelen.

Over zijn zwemtechniek weet men sinds kort meer. Het is niet overdreven te spreken van een 'tonijnstijl'. Ontdekt werd dat de rode spiermassa van de tonijn zich anders dan bij gewone vissen vooral rond de wervelkolom groepeert. Dit veroorzaakt zijn karakteristieke, rigide zwembeweging. De tonijn lijkt zich nauwelijks te bewegen maar komt toch snel vooruit in het water. De samentrekkende spiermassa veroorzaakt een snelle, naar achteren gerichte trilling in het lichaam die zich concentreert in de staartvin en daar voor de aandrijving zorgt. Met zijn stugge zwemstijl is de tonijn misschien minder wendbaar, maar schiet als het moet als een torpedo door het water.

En dan is er nog de tonijnturbo. Zo zou je de unieke energie-eigenschap kunnen noemen in de vorm van een warmtewisselaar die rond de rode spiervezels is gegroepeerd. Wetenschappers ontdekten in de rode spieren binnen in het lichaam een constructie die ze de *retia mirabilia* hebben genoemd, de 'prachtige netten'. Uit de naamgeving spreekt de bewondering. De retia mirabilia is een fijnmazig netwerk van bloedvaten waarin het koude bloed van de tonijn eerst wordt opgewarmd door de warmte die vrijkomt van de permanente spieractiviteit van de rode spiermassa. De energie gaat niet verloren, houdt de hele machine mooi op temperatuur en zorgt voor efficiënte prestaties.

Het vermoeden bestaat dat daarin wellicht de crux zit van de hoge prestaties van het tonijnlichaam. Andere vissen moeten het doen zonder een dergelijk turbosysteem. Ze zien hun spierwarmte hopeloos de oceaan in verdwijnen via de bloedcirculatie in de kieuwen die in contact staan met het koude water. De warmtewisselaar bezit bovendien een thermostaat die de mate van opwarming kan regelen. De tonijn regelt zo nauwgezet zijn temperatuur. Afhankelijk van de temperatuur van het water waar hij zich in bevindt en de snelheid waarmee hij zich voortbeweegt, stookt de tonijn een beetje bij of koelt zo nodig af. Zijn lichaamstemperatuur wordt niet zoals bij zoogdieren op hetzelfde niveau gehouden, maar het komt een aardig eind in de richting. De tonijn heeft een uiterst efficiënte interne warmtewisselaar, een soort biologische airconditioning die al bestond lang voordat Mitsubishi met zijn apparaten op de markt kwam.

Een blauwvintonijn gebruiken als prototype van een duikboot is geen slechte keuze. De vis is een wonder van hydrodynamisch design. De uiterst kleine schubben van de tonijn, die amper opvallen op de metaalkleurige huid, zorgen voor een extreem glad lichaam. Volgens studies benadert de tonijn de perfect gestroomlijnde vorm voor een vis van deze afmetingen. De maximale lichaamsdikte van de blauwvintonijn ligt iets verder naar achteren op het lichaam dan bij andere vissen. Hun wat bolle, ronde uiterlijk roept misschien associaties op met de achterhaalde aerodynamica van Amerikaanse auto's uit de jaren vijftig, maar dat is verraderlijk: het stelt de vis in staat juist efficiënter te zwemmen. Een tonijnschijf op de markt maakt bovendien al snel duidelijk dat de tonijn niet rond, maar ellipsvormig is. Deze vorm voorkomt dat het lichaam te veel heen en weer gaat zwabberen tijdens de aandrijving. De versmalling ter hoogte van het staartstuk gaat verder energieverlies tegen en de gestroomlijnde zijkieltjes in de staart ongewenste turbulentie van de waterstroom langs het lichaam. De rij vinnetjes op de rug en buik verbeteren de balans en zorgen voor versterking van de opwaartse druk. De halvemaanvormige staartvin is het sluitstuk van de hydrodynamische vormgeving.

Bovendien kan de tonijn zijn lichaamsvorm aanpassen. Als er snelheid gemaakt moet worden, schakelt hij over op torpedomodus: de grote rugvinnen en buikvinnen worden dan ingeklapt in speciale holtes, de borstvinnen plat tegen het lichaam gedrukt.

Robotuna 2.0

Het superieure design van de tonijn inspireert nog steeds tot nabootsing. Als het meezit, zal er binnen afzienbare tijd een nieuw mechanisch broertje van de blauwvintonijn in de zee zwemmen. Onderzoekers van Boston Engineering en het Franklin W. Olin College of Engineering ontwierpen in opdracht van de Amerikaanse marine het prototype van een tonijnrobot, de 'Robotuna'. Hoewel het wetenschappelijke experiment vooropstaat, hoopt de marine uiteindelijk een duikboot te ontwikkelen die in staat is verkenningsduiken uit te voeren met een nieuwe, uiterst efficiënte en energiezuinige aandrijving.

In de mechanische kopie van de blauwvintonijn wordt niet alleen de hydrodynamische vorm van de tonijn nagebootst, maar ook de mechanica. In plaats van met schroeven wordt de Robotuna aangedreven door een golfbeweging die via een mechanische ruggengraat wordt overgebracht op een staartvin. De imitatie van de tonijn gaat zelfs zover dat daarbij gebruik wordt gemaakt van synthetische spiermassa van een plasticsoort die zich samentrekt onder invloed van elektrische impulsen.

Het prototype van de mechanische tonijn werd in 1995 gelanceerd door het Massachusetts Institute of Technology. 'Charlie' moest volgens zijn uitvinders een duikbootachtige vis worden, met een betrekkelijk stug lichaam. Daarin slaagden de uitvinders redelijk, Charlie was herkenbaar als tonijn. Probleem bleef de besturing door elektronica met de omvang van een flinke vrieskist. Die viel moeilijk weg te werken in de romp van de Robotuna en stond dus buiten het testzwembad, met kabels verbonden aan de vis.

Met de Robotuna 2.0, die door zijn ontwikkelaars GhostSwimmer is gedoopt, is dat probleem opgelost. Door de voortschrijdende techniek past de elektronica nu in een koffiekopje. De kunstmatige spiermassa van de GhostSwimmer vervangt bovendien het mechanische kabelwerk waarmee de staart van Charlie werd aangedreven.

Op langere termijn hoopt de Amerikaanse marine dat de tonijntechniek tot een geheel nieuw concept van duikboten zal leiden. Robotuna heeft daarbij overigens gezelschap van Robolamprey, een mechanische lamprei die zich zijwaarts voortbeweegt, en Robolobster, een mechanische kreeft met een kreeftachtig zenuwstelsel dat geschikt is voor het opsporen en onschadelijk maken van zeemijnen.

Tonijninformatica

Wat doet de blauwvintonijn met zijn turboaandrijving, inklapbare vinnen en interne airconditioning?

Zwemmen, over enorme afstanden, van het ene continent naar het andere en van de oppervlakte van de oceaan tot vele honderden meters de diepte in. Dat de tonijn al sinds de tijden van de neanderthalers bij Gibraltar de Middellandse Zee binnen kwam zwemmen, lijdt geen twijfel. Maar waar de tonijn in de dertig jaar die zijn leven kan duren precies naartoe zwemt is een goed bewaard geheim. Welke routes volgt hij op zijn verre reizen, hoe lang blijft hij op bepaalde plekken? Bestaan er inderdaad verschillende groepen blauwvintonijn in de Atlantische Oceaan of niet? Het zijn raadsels die nog steeds niet opgelost zijn.

Vanaf eind jaren zestig zijn tonijndeskundigen in de weer om blauwvintonijn uit te rusten met elektronische apparatuur die meer inzicht moet verschaffen in zijn migratiepatroon en zijn dagelijkse bezigheden. Het zogenaamde *tracking* en *tagging* werd eind vorige eeuw het eerst toegepast op de bonitotonijn in de Stille Oceaan rondom Hawaï en bij de Atlantische blauwvintonijn voor de kust van Nova Scotia. Aanvankelijk bestond de apparatuur uit kleine radiozendertjes die een signaal uitzonden met een bereik van enkele kilometers. Door met een boot een paar dagen achter de tonijn aan te varen kon iets van een route van de tonijn in kaart worden gebracht en ook informatie worden verzameld over de watertemperatuur, de interne lichaamstemperatuur en de zwemsnelheden.

Een van de eerste taggingresultaten in de Atlantische Oceaan gaf al direct een indicatie dat de blauwvintonijn in staat was tot grote prestaties. Een tonijn die gemarkeerd werd bij de Bahama's werd in minder dan vijftig dagen teruggevonden voor de kust van Noorwegen. De vis had 6500 kilometer afgelegd met een gemiddelde snelheid van 130 kilometer per dag, eetpauzes, proefduiken en andere vertragingen meegerekend.

Vanaf de jaren negentig maakte de radiografisch gevolgde tonijn plaats voor de gedigitaliseerde tonijn. De blauwvintonijn krijgt daarbij door middel van een snelle operatie een kleine digitale computer met sensors in zijn buikholte aangebracht. Daarin wordt gedurende een veel langere periode een veel grotere hoeveelheid aan gegevens opgeslagen dan bij de radiografische tonijn mogelijk is. De Amerikaanse tonijnwetenschapper Barbara Block wist op deze manier veel nieuwe informatie boven water te halen over de leefomstandigheden en het gedrag van de tonijn. Temperaturen, dieptes, snelheden, licht en geografische positie, eet- en voortplantingsgewoontes werden vastgelegd in het computertje in de buik. De methode is allesbehalve eenvoudig en kent ook zeker nadelen: batterijtjes vallen uit, de computer begeeft het bij te veel druk op grote diepte, de sensoren raken verstoord door snelle temperatuurwisselingen. Veel hangt ook af of de vissers meewerken als ze een digitale tonijn in hun netten vinden. En dat is niet altijd het geval, zo klaagt Block. Met alle visquota zullen de zwendelaars onder de tonijnvissers een aangetroffen computertje zo snel mogelijk overboord gooien. Je weet tenslotte maar nooit wat er gebeurt met alle gegevens die erin opgeslagen liggen.

De tonijninformatica heeft zich inmiddels ontwikkeld tot een wetenschap op zichzelf. Nieuwste loot aan de stam vormen hier de zogenaamde *pop-up tags*, drijfbare minicomputertjes die met een haakje vastzitten aan de rugvin van de tonijn. Een antenne zendt de gegevens door. Op een voorgeprogrammeerd moment worden de tags van hun gastheer losgekoppeld en drijven naar de oppervlakte waar ze na een seintje via een satelliet getraceerd en verzameld kunnen worden voor verdere data-analyse. De pop-up tags gaan maar een beperkte tijd mee, maar leveren waar voor hun geld omdat hun informatie beter kan worden verzameld.

In relatief korte tijd hebben honderden gedigitaliseerde blauwvintonijnen een schat aan informatie opgeleverd. Zo blijkt de tonijn een gewoontedier te zijn. Iedere dag, bij zonsopgang en zonsondergang, maakt de vis een snelle duik in de diepte. Vermoedelijk gaat het om een soort verkenningsvlucht wat er zoal te eten is op de verschillende dieptelagen van het water. Een blauwvintonijn op zoek naar prooi kan tot meer dan een kilometer diep duiken. Dat komt ook van pas om zijn natuurlijke vijanden – de orka's en de makohaaien – van zich af te schudden.

De blauwvintonijn is een wereldreiziger onder vissen. Hij is uitgerust om zowel in subtropische oceanen als in koude zeeën rond te zwemmen. Overdag mag hij graag urenlang zonnebaden in het op-pervlaktewater en kantelt daarbij zijn zilverkleurige buik omhoog om zich op te warmen. Het is vermoedelijk bedoeld als een middel om de spijsvertering sneller te laten verlopen. De blauwvintonijn blijkt we-kenlang zonder eten te kunnen op weg naar zijn voedselgronden. Maar eenmaal gearriveerd op een rijke visgrond doet hij zich te goed aan zo veel mogelijk vis die hij tegenkomt.

Stevig volgegeten en voorzien van een flinke reservelaag vet, keert de tonijn vol energie terug naar zijn geboortegronden in de Middel-landse Zee of de Golf van Mexico om daar te paaien. De afstand van de duizenden kilometers tussen zijn voedselgebieden en zijn paai-gronden wordt zo snel mogelijk afgelegd. De vis maakt daarbij ver-moedelijk gebruik van de heersende zeestromingen om zich efficiën-ter te verplaatsen.

Eenmaal terug in de Middellandse Zee nemen de hormonen de aansturing van de blauwvintonijn over. Het warme water is ideaal voor de voortplanting en biedt een minder vijandige omgeving voor de tonijnlarve. De jaarlijks veranderende omstandigheden in de Middel-landse Zee veroorzaken daarbij sterkere en minder sterke jaarklassen van nieuwe tonijn. Onderzoek toont aan dat er mogelijk een cyclus van vijf tot zeven jaar bestaat waarbinnen de bevolking aan blauwvin-tonijn sterk in aantal vermindert en weer toeneemt. De precieze reden waarom de ene jaarklasse aanzienlijk beter is dan de andere blijft on-duidelijk.

De tonijn is een transcontinentale vis: de migratieroutes lopen van de Zwarte Zee, via de Middellandse Zee in het oosten, tot de Golf van Mexico in het westen. De Atlantische blauwvintonijn kan tijdens zijn reis vijf continenten passeren. Dwars door de Atlantische Oceaan, van het Westen naar het Oosten, loopt een strook van zo'n tienduizend ki-lometer breed waar altijd aanzienlijke hoeveelheden tonijn zijn opge-vist. De tonijn blijft een paar weken op de paaigronden om hom en kuit te schieten. In de Middellandse Zee zijn dat de wateren rond de Spaanse Balearen, het gebied rond Sicilië en voor de Libische kust. En, zo weten we pas sinds een paar jaren, ook tussen Turkije, Cyprus en

Libanon. Het zijn dezelfde wateren waar ooit de Feniciërs hun thuishavens hadden voordat ze de tonijn achternagingen naar het westelijk deel van de Middellandse Zee.

Het voortplanten van de tonijn is een raadsel dat de bijzondere belangstelling heeft van de tonijnwetenschappers. Wie weet hoe de tonijn zijn kuit schiet heeft immers de sleutel tot kunstmatige voortplanting in handen. Pogingen om de tonijn door middel van hormooninjecties hom en kuit te laten schieten waren tot dusver weinig succesvol.

Tijdens de voortplanting produceert de vrouwtjestonijn miljoenen eitjes. Die hoeveelheid lijkt een garantie tegen het uitsterven van de tonijn, maar dat is het niet. Slechts een uiterst kleine fractie van deze talloze miljoenen zal ooit uitgroeien tot een volwassen tonijn. Van de eitjes zelf overleeft maar een klein percentage, de rest is voer voor de omgeving. Eenmaal bevrucht ontstaat een tonijnlarve van twee tot drie millimeter, die grotendeels bestaat uit een lelijke kop met uitpuilende ogen. De tonijnlarve, die het eerste halfjaar op dezelfde plek

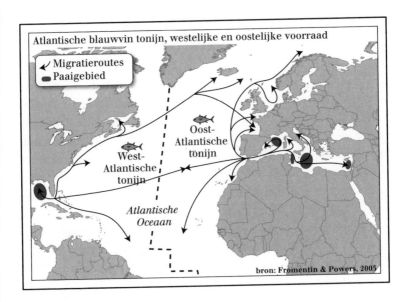

blijft, heeft van meet af aan een grote eetlust en groeit verrassend snel. Na twee maanden weegt de tonijn gemiddeld al 170 gram, het gewicht van een flinke haring, een maand later 430 gram, evenveel als een grote makreel. Bij zijn vertrek van de paaigronden weegt de tonijn al ruim een kilo en heeft hij de omvang van een kleine kabeljauw.

Toch halen de meeste larven niet eens de gram. De kans dat een tonijn de geslachtsrijpe leeftijd haalt (van vier tot vijf jaar in de Middellandse Zee) wordt geschat op één op de veertig miljoen. Als larve en jonge tonijntjes zijn ze een gewilde prooi van alle andere roofvissen in de zee. Maar heeft de perfecte onderwatermachine eenmaal zijn volwassenheid bereikt, dan zijn er alleen nog orka's en haaien die hem bij kunnen houden.

Sinds de jaren negentig is het grote probleem van de blauwvintonijn dat hij massaal en met ijzeren efficiency wordt weggevangen op de paaigronden in grote buidelnetten, ofwel *purse seine*-netten. Voor vissers is het moment ideaal: om te paren komt de blauwvintonijn in grote scholen vanuit de diepte naar het warme oppervlaktewater. De vissen hebben alleen oog voor elkaar en laten zich makkelijk vangen.

Uitgerekend de voortplanting werd zo de zwakste schakel in het voortbestaan van de vis.

Lijnen, muren en buidels des doods

Al voor de opkomst van de moderne buidelnetten eiste overbevissing zijn tol van de tonijnpopulatie. De blauwvintonijn in de Zuidelijke Stille Oceaan is voor een belangrijk deel van de kaart geveegd door de Japanse *longline*-vloot. Een longline is, zoals de naam al aangeeft, een kilometerslange lijn met drijvers die wordt voortgetrokken achter een schip. Aan de lijn bungelen op afstand haken die op verschillende dieptes kunnen worden afgesteld. Op de grote, open oceaangebieden kan zo'n longline en paar duizend haken voorttrekken die alles wegvangen wat toehapt: tonijnen, zwaardvis, zaagvis, haaien, heilbot en kabeljauw. Maar ook: albatrossen, aalscholvers, meeuwen, zeehonden, dolfijnen en zeeschildpadden.

Een andere techniek om tonijn te vissen werd vanaf de jaren zeventig van de vorige eeuw geïntroduceerd in de Stille Oceaan: de beruchte drijfnetten. Traditioneel werden drijfnetten gebruikt voor kleinschalige, passieve visserij. Haringvissers op de Noordzee zetten deze verticale netten uit en lieten deze achter hun schip drijven totdat er een school in zwom. De Japanners en Zuid-Koreanen ontwikkelden met nieuwe synthetische vezels drijfnetten met lengtes tot vijftig kilometer lang. Deze 'muren des doods' deden hun naam alle eer aan. Walvissen, dolfijnen, haaien, zeeschildpadden: alles wat de drijfnetten op hun weg tegenkwamen werd zonder onderscheid meegezeuld, om vervolgens dood en verdronken als bijvangst overboord te worden gegooid. Deze massale slachtpartijen lieten zelfs de publieke opinie niet onberoerd. De Verenigde Naties banden de drijfnetten in 1992 uit de internationale wateren en zes jaar later verbood ook de Europese Unie het gebruik van de meeste drijfnetten in zijn wateren. In andere nationale wateren, zoals die van de Verenigde Staten, zijn drijfnetten nog wel toegestaan.

Ook aan de Amerikaanse kust was de overbevissing goed merkbaar. Waren vangsten van blauwvintonijnen van meer dan tweeënhalve meter lang niet ongebruikelijk aan de westelijke kant van de Atlantische Oceaan – van de Bahama's tot Cape Cod en de kusten van Nova Scotia –, na de eeuwwisseling waren ze verdwenen, net als uit de Zwarte Zee en de Egeïsche Zee.

De blauwvintonijn blijft vóór alles onvoorspelbaar. De enorme afstanden die hij tijdens zijn leven aflegt, zijn wispelturige gedrag op zoek naar de plekken waar eten gevonden kan worden, de relatief lange levensduur – een tonijn kan naar schatting twintig tot dertig jaar oud worden – maakt dat de trekroutes van de vis moeilijk in kaart te brengen zijn. De digitale technieken om een tonijn op zijn pad te volgen zijn duur. Het onderzoek naar de blauwvintonijn begint echter steeds meer te dringen. Zowel uit biologisch als uit economisch oogpunt is er haast bij om meer over de tonijn te weten te komen om zo de soort op peil te kunnen houden. Nog nooit heeft de wetenschap zo veel slimme instrumenten tot zijn beschikking gehad. Aan het begin van de eenentwintigste eeuw is een leger tonijnwetenschappers wereldwijd in de weer om hun kennis te verzamelen en te vergelijken. Het is een race tegen de klok.

De tonijnheilige

De tonijnen kunnen ondanks hun trektochten van hier naar daar (…)
niet vermijden dat ze worden opgegeten door nog grotere vissen en
vooral, door de mens.

BROEDER MARTÍN SARMIENTO, 1757

Madrid, van alle Spaanse steden zo ongeveer het verste weg van de
zee, is niet de eerste stad waar je aan denkt als het gaat om tonijn. Valencia, het stukje kust dat het meest dichtbij is, ligt op drie uur rijden
van de hoofdstad. Wie tonijn wil zien moet zelfs een twee keer zo lange reis naar Cádiz ondernemen.

En toch ruikt Madrid naar vis. Na de Tsukiji in Tokio, staat de
groothandelsmarkt Mercamadrid op de tweede plaats in de internationale ranglijst van vismarkten. Spanjaarden behoren wereldwijd tot
de grootste viseters. De ICCAT, de Internationale Commissie voor de
Bescherming van de Atlantische tonijn, heeft zijn secretariaat gevestigd in een anoniem kantoorgebouw langs de uitvalsweg naar Barcelona.

Het benedictijnenklooster van Sint-Maarten in Madrid was ook de
plaats waar 250 jaar geleden voor het eerst werd gewaarschuwd voor
het verdwijnen van de blauwvintonijn. In de kloostercel van broeder
Martín Sarmiento begon een alarmbel te rinkelen. Gebogen over zijn

studieboeken en documenten met tabellen van eeuwen aan tonijnvangst, was de monnik er gaandeweg van overtuigd geraakt dat het misging. Het probleem van de dalende vangsten van de vis had volgens hem niets te maken met het weer. En het lag ook niet aan de Portugezen die met hun meest westelijk gelegen almadraba's de eerste scholen tonijn wegvingen die aan kwamen zwemmen uit de Atlantische Oceaan.

Het was de mens.

Overbevissing was de reden voor de terugval van de vangsten, dacht de kloosterling. Vissers die maar door bleven vissen ondanks het vangstverbod in het paringsseizoen. 'Zoals ik eerder zei: de manier om zoveel mogelijk te vissen is de slechtste manier van visserij bedrijven. Zo verdwijnt de vis,' schreef hij in sierlijke letters op het perkamenten folioblad. 'Hebzucht en veelvraat.' Het was als het verhaal van de kip met de gouden eieren, schreef de monnik.

Die vissers interesseerde het niks dat de tonijnvisserij door hun toedoen zijn ondergang tegemoet ging, zolang zij maar bij leven en welzijn de grote kortetermijnwinsten konden opstrijken voor de eigenaars van de almadraba's, terwijl ze daarmee op een vreselijke manier de zaak kapotmaakten, met klatergoud dat hun eigen inkomsten op korte termijn deed stijgen, terwijl de bron werd vernietigd.

De tekst zou zo in een eenentwintigste-eeuws pamflet van een milieuorganisatie of onderzoeksrapport over blauwvintonijn kunnen staan. Maar de benedictijner monnik schreef het op Anno Domini 1757.

Het is dat er al een Sint-Maarten bestaat. Maar niettemin zou de katholieke kerk in deze tijden van zorgen rond duurzaamheid en milieu toch eens moeten overwegen om Martín Sarmiento aan het pantheon der heiligen toe te voegen. Sint-Maarten Sarmiento, beschermheer van de blauwvintonijn. Schutspatroon van de duurzaamheid. Twee wonderen heeft deze monnik in ieder geval al op zijn naam staan. Een: hij kwam erachter dat het voortbestaan van de tonijn door overbevissing bedreigd kon worden. Twee: dat was al in 1757, toen nog niemand het idee ook maar overwogen had.

Het onderzoek van broeder Sarmiento begon met een roze flamingo.

Pedro de Alcántara Pérez de Guzmán y Pacheco, 21ste graaf van Niebla en 14de hertog van Medina Sidonia had de vogel laten vangen in de moerassen van zijn uitgestrekte landerijen. In januari van 1757 stuurde hij de flamingo als een cadeau naar het klooster in Madrid, waar de hooggeleerde monnik het beest in zijn studiecel kreeg afgeleverd. 'Met de complimenten van de hertog van Medina Sidonia', om inspiratie op te doen in zijn onderzoek naar de migratiepatronen van de dieren. Een levende tonijn kon de hertog immers moeilijk opsturen en de flamingo was tenslotte ook een beest dat rondtrok met de seizoenen. Ooievaars en flamingo's kwamen ieder jaar weer terug in het zuiden van Andalusië. Dat was normaal voor een dier dat volgens een vast patroon heen en weer trok. Dus wat was er gebeurd met de blauwvintonijn, die al sinds mensenheugenis ieder voorjaar aan kwam zwemmen, maar nu plotseling veel minder werd gevangen in de netten van de almadraba's?

De hertog van Medina Sidonia was ten einde raad. De tonijnvangst, ooit een financiële dobber waar het imperium van zijn roemruchte familie op dreef, was in de achttiende eeuw tot een bedroevend niveau teruggevallen. De vangsten bedroegen minder dan 10 procent van de hoeveelheid tonijn die in de gloriedagen werd gevist. De vangst in 1756 van 6000 tonijnen was een lachertje vergeleken bij de 130.000 stuks die in de topjaren door zijn voorvaderen in de boeken waren opgetekend. Er kwam veel te weinig geld binnen voor het aflossen van de adellijke schulden.

Ondertussen schreeuwde de markt om tonijn. Het ging de Spaanse economie voor de wind in de achttiende eeuw. Het geld uit de koloniën stroomde binnen en werd ook snel weer uitgegeven, de pest was onder controle en de bevolking groeide stevig. Er moesten meer monden gevoed worden. En in Spanje betekende dat: meer vis. Meer tonijn. Meer almadraba's. De teleurstellende vangsten van de hertog van Medina Sidonia moesten zo snel mogelijk verholpen worden.

Wie kon er beter onderzoek naar doen dan broeder Martín Sarmiento? De geleerde benedictijner monnik stond bekend als botanicus, maar als scherpzinnig natuurvorser kon hij misschien ook doorgronden wat er aan de hand was met de tonijn.

Sarmiento stribbelde eerst tegen: hij had nog nooit in zijn leven een tonijn gezien en afgezien van korte studietripjes kwam hij nauwelijks zijn cel uit. De monnik kende hooguit de ingezouten of gefermenteerde brokken die werden verkocht op de markt van de hoofdstad of in Santiago de Compostela, waar zijn jongere broer woonde.

Maar de hertog had goed gegokt op de grote nieuwsgierigheid van broeder Sarmiento. Het raadsel van de blauwvintonijn wekte zijn belangstelling. De monnik toog aan het werk. Binnen een paar maanden tijd publiceerde hij zijn bevindingen: *Over de tonijn en zijn verplaatsingen en de vermoedens over de neergang van de almadraba's en middelen om deze te vervangen*. Het document van 56 handgeschreven folio's zou de geschiedenis in gaan als het eerste wetenschappelijke tonijnrapport uit de nieuwe tijd. De conclusies stemden niet bijzonder hoopvol.

De monnik was nog nooit op zee geweest en hij was het ook niet van plan. Gelukkig bood de goedgevulde bibliotheek van het klooster van Sint-Maarten uitkomst. Al duizenden jaren eerder hadden de klassieke Griekse en Romeinse wetenschappers over de tonijn geschreven. Ook kreeg de broeder toegang tot de archieven van het huis van Medina Sidonia. Eeuwen aan tonijnvangst waren hier nauwgezet door de hertogelijke boekhouders in manuscripten verwerkt.

De tonijnadministratie van Medina Sidonia werd vanaf 1525 bijgehouden. De honderden jaren aan cijfermateriaal zijn ook indicatief voor een tonijnstand die veel verder teruggaat. Het vistuig, de vangstmethoden en zelfs de plekken waar door de hertogen werd gevist wijken immers niet fundamenteel af van die van de Feniciërs en Romeinen. Ondanks de terugvallende vangsten waren de omgevingsfactoren rond de vangst praktisch onveranderd.

Uit de boeken blijkt hoe de vangsten kelderden. Vanaf 1673 worden de almadraba's steeds vaker afgelast en zijn er soms helemaal geen vangsten genoteerd. De monnik twijfelde er na de bestudering van de vangststatistieken geen moment aan: de tonijnstand liep terug. En dat lag misschien deels in Gods handen, maar was toch ook vooral te wijten aan het menselijk handelen zelf.

Uit literatuurstudie had Sarmiento begrepen dat de blauwvintonijn ieder jaar uit de Atlantische Oceaan de Middellandse Zee binnenzwom, daar paarde en weer vertrok. 'De tonijn is de vagebond onder de vissen,' schreef broeder Martín. 'Altijd onderweg, geen vaste verblijfplaats, een vis zonder vaderland... dan weer een tijdje hier, dan weer een tijdje daar' – voortdurend op zoek naar voedselrijke wateren en op de vlucht voor gevaar.

De monnik waarschuwde in zijn manuscript dat bepaalde visserijmethodes funest konden zijn voor het voortbestaan van een vissoort. Hij waarschuwde tegen de 'vernietigende' visnetten die tot aan de bodem reiken en niet alleen alle vissen vingen, maar daarmee ook de eitjes waarmee de blauwvintonijn zijn voortplanting garandeert. De vis werd zo 'totaal in één klap' weggevangen, schrijft Martín Sarmiento.

Het ontbreken van een duurzame productiemethode was een gevaar. In Spanje lagen de voorbeelden voor het oprapen van hoe het mis kon gaan, schrijft hij in zijn rapportage. Houtskool en hout was er te weinig, omdat er onvoldoende aanplant van bomen was. Er was te weinig vlees, omdat de jonge koeien en varkens werden opgegeten. Vissen verdwenen uit de zee en de rivieren omdat het visverbod in de paringstijd niet werd gerespecteerd.

De monnik toonde zich dan ook een warm voorstander van het reguleren van de vissector. Zijn broer, die als regionaal minister van Visserij de Spaanse regio Galicië onder zijn hoede had, ging hem daarin voor. De directe aanleiding was hier echter van economische aard. Galicië kreeg te maken met vissers uit Catalonië, die op grote schaal

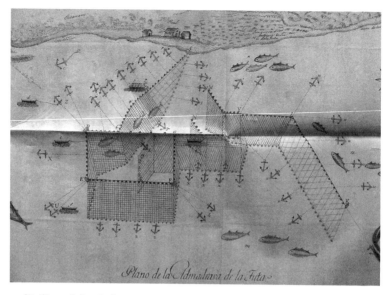

‘Siciliaanse’ almadraba met vaste netten

sardien visten en vervolgens met winst en al vertrokken naar hun eigen regio om het geld daar uit te geven. Het probleem werd opgelost
door vissers van buiten de eigen regio alleen nog te laten vissen met
een vergunning. De rest kreeg een visverbod. Vangstquota en vergunningen: iets dergelijks zou je ook kunnen invoeren met de tonijn.

De benedictijner monnik deed een reeks van aanbevelingen die de
kwakkelende tonijnstand er weer bovenop moest brengen. Een daarvan was: de vissen bijvoeren. Met zeewier en krabbetjes bijvoorbeeld,
die je in het zeewater zou kunnen strooien. Vrij naar Strabo en Aristoteles stelde Sarmiento ook voor om langs de kusten bomen aan te
planten die eikels produceerden: eiken, steeneiken en kurkeiken. Daar
werd de tonijn tenslotte dik van.

Ook wat de vismethodes betreft moest de hertog meerdere veranderingen doorvoeren, vond de monnik. Ten eerste was het beter om

de almadraba met de ronde netten vanaf het strand zo snel mogelijk te vervangen door de vaste netten in zee. Dat bespaarde een hoop mankracht en salarissen en was ook beduidend zuiniger in het voedselverbruik van de manschappen. Daarnaast moesten de oude vismethodes ingevoerd worden met harpoenen en lansen. Dat was goedkoop en makkelijk.

Ook een totale stop op de tonijnvisserij moest overwogen worden.

Als het gebrek aan tonijn het voortbestaan van de soort gaat bedreigen, dan moet de oplossing gezocht worden in het beschermen van de jonge tonijn. Het zou daarom nuttig zijn om gedurende twee of drie jaar de almadraba's in het voorjaar stop te zetten, zodat de vissen hun eitjes kunnen produceren en bevruchten… Tijdens deze stop is het mogelijk ze bij te voeren en ze te verzorgen zonder ze te vangen.

Vooral het vangen van de vrouwtjestonijn voor de kuit was uit den boze, volgens de monnik. 'Met iedere tonijn worden zo een miljoen larven en kleine tonijn uitgeroeid…'

De geschiedenis maakt er geen melding van dat de hertog ook daadwerkelijk zeewier ging planten, zorgde voor meer krabben in het water en massaal eiken ging aanplanten. Zeker is dat ondanks de aanbevelingen van de monnik de tonijnvangst van de almadraba's aan de magere kant bleef. Martín Sarmiento was zijn tijd misschien te ver vooruit. De hertog van Medina Sidonia zou wel zijn hele leven bevriend blijven met de 'groene' monnik. Toen broeder Martín Sarmiento op 77-jarige leeftijd kwam te overlijden betaalde de hertog de begrafenis en liet hij een buste maken van zijn vriend de tonijngeleerde.

De 14de hertog van Medina Sidonia zou in zijn leven nooit veel geld verdienen met tonijn. Hij stierf ondanks een gelukkig huwelijk kinderloos in 1777. Al zijn titels en bezittingen – inclusief de almadraba's en het manuscript van broeder Martín Sarmiento – vervielen bij zijn dood aan zijn neef, José Álvarez de Toledo y Gonzaga, 11de markies van Villafranca. Het was de bet-bet-betovergrootvader van de 'rode' hertogin van Medina Sidonia.

Terugkeer en ondergang

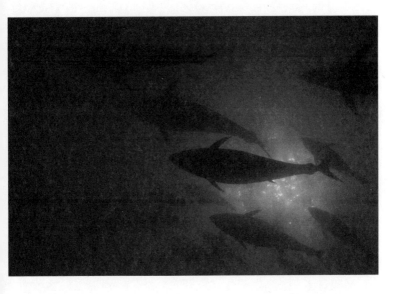

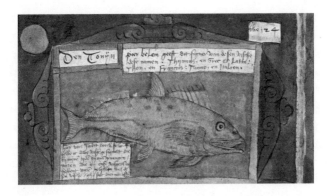

Het mysterie van de Noordzeetonijn

Die lui die denken dat ze iets van de zee afweten omdat ze een boek over visserijbiologie hebben gelezen, nou die weten alleen wat in dat boek staat en van de zee weten ze niets. Die weten niets van de zee, man! De beste lessen krijgt de visser van de vis.

GEPENSIONEERDE KAPITEIN VAN DE ALMADRABA UIT BARBATE,
EENENTWINTIGSTE EEUW

Bij Noordwijk zwom een nat konijn
Temidden van een school tonijn
Tja, sprak het beest, dat tomt ervan
Als men de ta niet zeggen tan.

KEES STIP

Wie van vis houdt, heeft in Spanje altijd goed terechtgekund. Aan het begin jaren negentig van de twintigste eeuw was het een feest om langs de viskramen te lopen in de dagmarkten en grote winkelbedrijven. Onder de gietijzeren bogen van Mercat de la Boqueria in Barcelona, langs de granietstenen nissen van de markt van Santiago de Compostela of op de uitstalplanken van de San Miguel-markt in het oude centrum van Madrid hing de zilte geur van een eindeloze sortering verse vis. Er waren meterslange kongeralen, zeebrasems, horsmakreel en de rode schorpioenvis. Boven op de uitstalkast lag het grotere werk: de grote hompen albacoretonijn, blauwvintonijn, de blekere bonito, lichtgekleurde zwaardvis en hondshaai. Bruingrijze rivierkreeftjes probeerden te ontsnappen uit hun houten manden, naast waterbakken met grote levende spinkrabben en donkerblauwe kreeften. Er waren verse ansjovisjes om in het zuur te leggen of in te zouten, verse kabeljauw en stallen met stokvis. Er stonden manden met strandgapers, mosselen, oesters, kokkels, alikruiken, sint-jakobsschelpen en de curieuze eendenmosselen, die als prehistorische klauwtjes op de rotsen groeien. In de enorme opengesperde bekken van de zeeduivels paste met gemak een kinderhoofdje.

Nog geen vijftien jaar later is er niet veel meer over van het veelkleurige stilleven op de Spaanse markten. De rijke collectie aan wilde vis is in tien jaar tijd langzaam verdrongen door een beperkte selectie uniforme kweekvis. De dorade en de zalm overheersen de schappen. De betere kwaliteit van ingezouten ansjovis – ooit een goedkope volksvis – wordt verkocht voor de prijs van kaviaar. Verdwenen waren rode mul, zonnevis en wrakbaars. De zeeduivels waren nu zo klein dat ze niet eens een appel in de bek konden houden. En verdwenen is de blauwvintonijn.

Zelfs voor wie nog nooit een visstatistiek heeft gezien, is het duidelijk dat er een langzaam maar onafwendbaar iets aan het veranderen is op de vismarkt, een onherroepelijke ontwikkeling die een dreigende schaduw op de toekomst werpt.

Vis verdwijnt. Wie de vismarkt bezoekt ziet het gebeuren. Wat er onder water gebeurt, blijft vaak onzichtbaar.

De grote blauwvintonijn is bij uitstek het voorbeeld van een vis die op een aantal plaatsen in de wereld is verdwenen zonder dat het in de gaten liep. Tot begin jaren tachtig van de vorige eeuw kwam hij nog in grote scholen voor in de Noordzee. Daarna verdween de tonijn en kwam nooit meer terug. Het was voor tonijndeskundigen het eerste teken dat een tonijnpopulatie plotseling, onomkeerbaar en zonder aankondiging ineen kan storten.

Haringvisser Floor Kuijt, een stevige blonde verschijning met een blozend gezicht dat aanzienlijk jonger oogt dan zijn pensioengerechtigde leeftijd, kan zich de blauwvintonijn nog goed herinneren. We drinken koffie in zijn huis achter de boulevard van Katwijk. Kuijt vertelt over zijn vissersleven. Net als veel jongens uit het dorp vertrok hij op zijn veertiende naar de Noordzee om haring te gaan vissen. Zijn eerste herinneringen gaan echter verder terug, naar 1952, toen hij als een jongetje van vijf mee mocht met zijn vader op de boot.

De vissersgemeente Katwijk ademt een andere sfeer dan het Spaanse tonijnvissersdorp Barbate of de Japanse tonijnhaven Misaki. Het strand, een reepje duin, daarachter een tochtige en verlaten boulevard onder een dreigend wolkenzwerk, de kerk, het centrum. De straten zijn betrekkelijk leeg. Katwijk ruikt niet naar vis. Dat komt misschien omdat het geen eigen haven heeft. De vissers kwamen hier terug als ze hun boten en het werk achter zich hadden gelaten in IJmuiden of Scheveningen.

Hier heerst een geloof zonder franje. Geen shintotempel met een bebaarde god van de vissen, en natuurlijk geen beeld van Onze-Lieve-Vrouwe de Maagd van Carmen, schutspatroon van de vissers. Het gereformeerde Katwijk moet het doen met de vis van het Oude Testament uit de tijden dat de Feniciërs nog niet waren uitgereisd naar het westen van de Middellandse Zee. En de god die daar regeert, windt er weinig doekjes om: het is een harde wereld en de vis wordt duur betaald.

En de vis die in de rivier was stierf; en de rivier stonk, zodat de Egyptenaren het water uit de rivier niet drinken konden; en er was bloed in het ganse Egypteland. (Exodus 7:21)

Maar ik zal haken in uw kaken doen, en den vis uwer rivieren aan uw schubben doen kleven; en ik zal u uit het midden uwer rivieren optrekken, en al de vis uwer rivieren zal aan uw schubben kleven. (Ezechiël 29:4)

Daar waren ook Tyriërs binnen, die vis aanbrachten, en alle koopwaar, die zij op de sabbat verkochten aan de kinderen van Juda en te Jeruzalem. (Nehemia 13:16)

Zo komt Tyrus, met Sidon de belangrijkste handelsstad van de Feniciërs, toch nog via de Statenbijbel Katwijk binnen. En met hen de tonijn, de vis die zo belangrijk was geweest in hun verspreiding over de Middellandse Zee.

Kuijt zag de blauwvintonijn op zijn eerste reis met zijn vader op zee. Het staat hem nog scherp voor de geest. Op een ochtend trof hij een paar enorme vissen op het dek. 'Dat waren hele dingen,' weet Kuijt zich te herinneren. Niet zo groot als de kees, de blauwe dwergvinvis die je toen nog op de Noordzee tegenkwam. Die kon wel tien meter lang worden. Maar ook de blauwvintonijn was indrukwekkend groot voor een vijfjarig jongetje. 'Misschien wel een meter of drie,' schat Kuijt. 's Nachts gevangen door de vissers tussen het binnenhalen van de netten door. Gewoon voor de sport, als tijdverdrijf. Eerst gooiden ze wat haring of makreel over boord om de vis te lokken. Daar schoot de tonijn dan op af, kan Kuijt zich de jacht herinneren. Dan werd een haak overboord gesmeten, meestal niet meer dan een omgebogen en scherp geslepen kachelpook, die met een lijntje aan twee stevige boeien was bevestigd. De tonijn hapte in de haak, schoot weg, en trok de twee boeien in een spectaculaire sprint over de golven.

Binnenhalen deden de vissers niet, het lijntje zou geknapt zijn als droog stro onder het geweld van de wegspurtende blauwvintonijn. Er werd net zo lang gewacht tot de tonijn uitgeput raakte en zich langzaam binnen liet trekken.

Eenmaal aan dek werd de vis geslacht om op te eten. Als er Noren of Denen in de buurt waren, werd de tonijn bewaard om uit te ruilen. Voor hen was het goede handel in hun thuishavens. De Katwijker haringvissers konden er toch niks mee: de vette tonijn bedierf snel en aan wal in Holland wilde niemand de vis hebben.

Tot de jaren zeventig van de vorige eeuw was de blauwvintonijn een

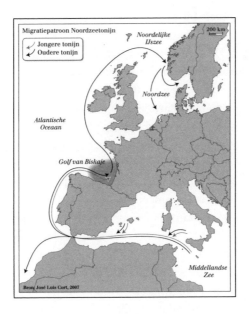

vaste gast in de Noordzee. De Noordzeeharing behoorde tot een favoriete prooi van de tonijn. Vooral de vette, 'kuitzieke' haring, die vanaf het noorden de Noordzee in zwemt om zich voort te planten. Deze haring is ook voor de haringvissers een gewilde vangst. Geen wonder dat de vissers en de tonijn elkaar tegenkwamen op de paaigronden.

Toen Floor Kuijt besloot om zelf naar zee te gaan, maakte hij snel carrière als stuurman en kapitein. De tijd van tonijnvissen met een oude kachelpook was toen al lang voorbij. De tonijn was plots verdwenen uit de Noordzee. Het was, zo achteraf bezien, een veeg teken. Precies op hetzelfde moment stortte ook de haringbevolking in de Noordzee in elkaar. Voor het eerst werd er een stop afgekondigd op de haringvisserij.

De grote verdwijning

Tonijn kwam al sinds het stenen tijdperk in het noorden. Wervels van de blauwvintonijn uit de periode 7000 tot 3900 voor onze jaartelling zijn teruggevonden bij opgravingen in de buurt van Kopenhagen. Voor de Hollandse kust werd in de zestiende eeuw incidenteel een tonijn gevangen. De Denen troffen scholen voor hun kusten aan. De Noorse natuuronderzoeker Hans Strøm beschrijft hoe zijn landgenoten in de achttiende eeuw vijftien tot twintig tonijnen per seizoen konden vangen met een harpoen.

De Noren waren in de jaren twintig op grote schaal tonijn gaan jagen – niet om op te eten, maar uit ergernis. De blauwvintonijn vernielde de netten waarmee op haring en makreel werd gevist. De tonijn, die zelf ook achter deze vissen aan zat, was een moeilijk te bestrijden plaag. Vissers gingen de tonijn te lijf met haken en harpoengeweren, maar dat was een bewerkelijk karwei. De tonijn was snel en kwam altijd met een hele school tegelijk. De oplossing werd uiteindelijk gevonden door alle tonijn in een keer weg te vissen met purse seine- of buidelnetten die rond de hele school werden getrokken. Alleen op die manier kon de tonijn effectief worden bestreden. Handige Italiaanse zakenlieden, die hadden gehoord van de tonijnplaag in het noorden, zetten conservenfabrieken in Noorwegen en Denemarken op om de gevangen tonijn in te blikken. Zo ontstond er voor de Noordzeevissers opeens een markt voor de tot dan toe betrekkelijk waardeloze tonijn.

De tonijnvangst kwam na de Tweede Wereldoorlog pas goed op gang. Dat was vooral te danken aan de techniek. Het uitzetten en vooral binnenhalen van de buidel- of purse seine-netten was altijd een zwaar en tijdrovend werk geweest, maar dankzij de ontwikkeling van de hydraulische lier kon de productie aanzienlijk worden opgevoerd. In een paar jaar tijd was een Noorse vloot van 470 kleine purse seineschepen uit de grond gestampt. De warme zomer van 1952 zou een topjaar worden. Grote scholen tonijn zwommen vlak langs de kust en zelfs de fjorden binnen en de kalme zee en het mooie weer zorgden voor optimale omstandigheden om tonijn te vissen. Er werd 18.000 ton aan blauwvintonijn weggevist, waarvan het overgrote deel door de Noorse vloot. De vangst van 1952 benaderde de jaarlijkse vangstquota die vijftig jaar later zouden worden vastgesteld voor de complete visserij op blauwvintonijn in de Middellandse Zee en een flink deel van de jaarconsumptie van de Japanse sushimarkt voor blauwvintonijn.

Maar na 1963 daalden de vangsten van blauwvintonijn in de Noord-zee even plotseling als spectaculair. De vissers vonden in hun netten steeds grotere volwassen vissen, een teken dat de jongere jaarklassen waren verdwenen. Volgens de Franse zeebioloog en tonijnspecialist dr. Jean-Marc Fromentin legde de tonijn zijn migratieroutes om en bleef hij voortaan aan de westkant van Ierland en Groot-Brittannië.

Waarom verdween de blauwvintonijn zo plotseling uit de Noord-zee? Was het de intensieve bevissing die na de Tweede Wereldoorlog plotseling een hoge vlucht nam? Gebeurde er iets in de temperatuur van het water? Had de Noordzee definitief zijn aantrekkingskracht op de tonijn verloren nu de haringpopulatie was ingestort?

Jean-Marc Fromentin is een historicus onder de tonijnbiologen. Hij bestudeerde eeuwen van tonijnstatistieken en gegevens uit de bi-bliotheek van de hertogin van Medina Sidonia. Hij denkt dat de Noordzee, de Noorse Zee en omstreken tot de jaren zestig een belang-rijke migratieroute voor de tonijn vormden.

Omdat naar schatting drie kwart van het menu van de Noordzee-tonijn uit haring bestond, ligt het voor de hand om te veronderstellen dat de vermindering van de haringstand in de jaren tachtig de voor-naamste oorzaak was van het wegblijven van de tonijn. Maar de Noordzeeharing die het hardst werd getroffen, was vooral de groep die in het voorjaar paaide, als de tonijn zelf nog bezig was met zijn ei-gen voortplanting in de Middellandse Zee.

Misschien dat ook de watertemperatuur een rol speelt. De jaren zestig lieten een forse temperatuurdaling zien. En hoewel de tonijn in vrij koud water kan overleven, maakte de afkoeling de Noordzee niet aantrekkelijker voor de tonijn, vermoedt Fromentin.

Wellicht was het een combinatie van factoren die de blauwvin-tonijn uit de Noordzee deed verdwijnen: opgejaagd door de Noren, minder voedsel, weinig nieuwe soortgenoten en het water dat steeds kouder werd. Maar een echt sluitende verklaring voor het mysterie van de verdwenen Noordzeetonijn ontbreekt.

In West-Europa lag niemand wakker van de plotselinge verdwij-ning van de blauwvintonijn. De bedreiging van het zeemilieu begon weliswaar aan belang te winnen, maar het waren andere dieren die de aandacht trokken. Brigitte Bardot had haar filmcarrière vaarwel gezegd om zich geheel en al te wijden aan de strijd tegen het doodknuppelen van zeehondenbaby's. Dankzij de televisieserie Flipper mocht de dolfijn zich in een warme belangstelling verheugen. Walvissen deden het goed. Zelfs als het grote publiek geweten had van het bedreigde bestaan van de blauwvintonijn in de Noordzee, dan had deze kille vis het waarschijnlijk niet gered tegen deze concurrentie met een hoge aaibaarheidsfactor.

De Cousteau uit Scheveningen

Adriaen Coenen was de eerste Nederlander die de tonijn uitgebreid in beeld bracht. Met een beetje goede wil zou je deze Scheveningse visser en strandjutter een vroege voorloper kunnen noemen van Jacques Cousteau. In 1577, op de gezegende leeftijd van 63 jaar, begon Coenen aan zijn Visboek, een lijvig werk van achthonderd pagina's waarin hij, geïllustreerd met talloze tekeningen, verslag deed van de wonderbaarlijke vissen en zeebeesten die hij in zijn leven in de netten en op het strand gevonden had. Coenens meesterwerk, later aangevuld met twee aparte boeken over walvissen, bezorgde hem groot aanzien – niet alleen bij de toenmalige wetenschappers, maar ook bij het grote publiek. Net als Cousteau begreep Coenen dat er geld zat in het tonen van de onderwaterwereld. Zijn boek en ook zijn verzameling gedroogde vissen konden tegen een vergoeding bekeken worden op de Hollandse jaarmarkten.

Het was op 18 juli 1554 dat Coenen voor het eerst een tonijn zag. De vis werd aangeboden op de Haagse vismarkt. Toen niemand de reuzentonijn wilde kopen, liet de markthandelaar het beest klaarmaken in herberg De Kroon, waar ook Coenen een stuk kreeg. De tonijn, die zelden werd aangeboden op de Nederlandse markten, maakte voldoende indruk om hem op verschillende plekken in zijn Visboek terug te laten komen. Later zou Coenen zelfs moeten aantreden bij een hoge Haagse bestuurder die ook een tonijn had gekocht om uitleg te geven over deze bijzondere vis.

Coenen maakt ook melding van een wel zeer speciaal geval van een beschilderde blauwvintonijn die in 1565 werd gevonden op de verre stranden van Ceuta. Zes getuigen waren zo verbaasd geweest over de afbeeldingen op de huid van de vis dat ze besloten het voorval vast te laten leggen in een akte bij de gerechtsnotaris Frutuoso die aan de overkant op Gibraltar kantoor hield.

...vijftien of zestien dagen geleden werd een tonijn gevonden op de kust voor Ceuta waarop een groot aantal schepen waren getekend met veel sloepen, masten, roeispanen, roeiers, artillerie, en een bewapende galjoot die zich opmaakten om elkaar aan te vallen. Het was op een heel natuurlijke en realistische manier weergegeven, alsof de tekening op een wonderlijke wijze in de huid en in het vlees van deze tonijn was gemaakt, zoals we dat nog nooit gezien hadden. Opgetekend naar waarheid in Gibraltar, 13 mei 1565, hieronder voorzien van mijn handtekening als een getuige, Johan Frutuoso.

Het commentaar van Coenen: 'Tonijnen zijn een vis met een delicate smaak. Ze worden zelden gevangen voor de Hollandse kusten.'

De laatste tonijn werd in 1985 uit de Noordzee gevist.

Aan de andere kant van de wereld, voor de kust van Brazilië, en in dezelfde periode gebeurde iets soortgelijks. Japanse longlineschepen hadden daar tot hun verrassing flinke scholen blauwvintonijn ontdekt. De zaken werden grondig aangepakt. Een kleine vloot van longliners viste 5000 tot 12.000 ton tonijn per jaar weg. In precies tien jaar tijd, tussen 1960 en 1970, werd zo alle blauwvintonijn uit de Braziliaanse wateren gevist. De tonijn kwam nooit meer terug. Ook dit zorgde voor geen enkele ophef, behalve misschien onder de Japanse vissers en een handjevol tonijndeskundigen.

Voor het eerst leek bewezen dat het mogelijk was om de tonijn volledig uit te roeien in bepaalde delen van de oceaan.

Het speuren naar de oorzaken van de mysterieuze verdwijning van de blauwvintonijn uit de Noordzee is uitgegroeid tot een van de grootste obsessies van tonijndeskundigen. Het zegt iets over hoe weinig we eigenlijk nog afweten van deze trekvis, die duizenden kilometers af kan leggen door de oceanen langs routes die niemand werkelijk kent.

Een oplossing van de raadsels wint bovendien aan urgentie. Want als er ooit iets terecht moet komen van een goed beheer van de tonijnvoorraad, dan kan dat alleen maar als er meer bekend is over de samenstelling en over hoe en waarom de tonijngroepen zich verplaatsen.

In 1929 werd in Middellandse Zee een tonijn gevangen met vishaken in zijn bek die werden gebruikt door vissers in het noordelijke deel van de Atlantische Oceaan. Het was het eerste bewijs van de gangbare theorie dat de tonijn in de Middellandse Zee dezelfde was die ieder voorjaar vanuit de Atlantische Oceaan de Straat van Gibraltar passeert.

De Amerikaanse tonijnonderzoeker Barbara Block stelde in haar onderzoek met radiografisch gemarkeerde tonijn in de jaren negentig van de vorige eeuw vast dat er twee tonijnpopulaties in de Atlantische Oceaan zwommen: een die in de Golf van Mexico paait en een andere die kuitschiet in de Middellandse Zee. Beide groepen komen elkaar ieder jaar tegen in de visrijke gebieden van de Atlantische Oceaan.

Op hetzelfde moment dat de tonijnpopulatie uit de Noordzee verdween, kwam er ook aanzienlijk minder tonijn de Straat van Gibraltar binnen zwemmen. De vangsten in de almadraba's daalden in de jaren zestig en zeventig drastisch en zouden nooit meer het niveau uit de eerste helft van de twintigste eeuw evenaren.

Maar de steekproeven met het markeren van tonijn blijven beperkt tot relatief kleine hoeveelheden. Het is de vraag of de uitkomsten wel representatief zijn. En de vangsten van tonijn in bepaalde delen van de Middellandse Zee bleven redelijk op peil. Het plotseling verdwijnen van de tonijn uit bepaalde gebieden lijkt er eerder op te wijzen dat de tonijnbevolking ingewikkelder in elkaar zit, met deelgroepen die hun eigen trekroutes en gedragingen kennen.

Een paar duizend kilometer ten zuiden van de Noordzee ligt de Golf van Biskaje. De zee in de driehoek gevormd tussen Spanje, Frankrijk en Engeland, is berucht om zijn stormen, maar ook vanwege zijn rijke viswater. Je treft er de bonito, de *sarda sarda*, een makreelachtige neef van de tonijn, en de albacore of witte tonijn, *Thunnus Alalunga*, het kleinere broertje van de blauwvintonijn. Zoals zijn Latijnse naam al doet vermoeden is de albacore makkelijk te herkennen aan zijn extreem lange zijvinnen, die hem in combinatie met zijn bolle lichaam iets van een pinguïn geven. Albacore en bonito zijn meestal de tonijn zoals die in blik verkocht wordt.

Voor de Basken, traditioneel een vissersvolk aan beide zijden van de Spaans-Franse grens, was de Golf van Biskaje altijd een rijke visgrond voor tonijn. Pas in de jaren veertig van de vorige eeuw ontstond er een probleem. Albert Elissalt, een reder en fabrikant van ingeblikte tonijn in het Frans-Baskische havenstadje St-Jean-de-Luz had net als veel van zijn Franse en Spaanse collega's na de Tweede Wereldoorlog veel geld verdiend met de vangst van blauwvintonijn. De vraag vanuit de conservenindustrie groeide nog steeds, maar de Baskische vissers wisten de fabrieken maar van een beperkt aanbod te voorzien. Dat was vooral een kwestie van techniek. De Basken waren al eeuwenlang fervente vissers van tonijn. Met zeilboten en desnoods met roeiboten trokken ze het water op. Ze visten met haken, gecamoufleerd in paardenhaar, stro en veren. Een tinnen blinkertje boven aan de haak moest de aandacht van de vis trekken. Er was niet veel voor nodig om de hongerige tonijn toe te laten happen.

In de twintigste eeuw hadden de Basken hun roei- en zeilboten verruild voor kleine kotters – eerst op stoom, later diesel – maar de traditionele haken in paardenhaar bleven echter ongemoeid als vismethode. Het rendement was laag, zo realiseerde de Franse tonijnreder Elissalt zich. Hij besloot in augustus 1949 naar de Verenigde Staten af te reizen om te kijken hoe de tonijnvisserij daar werd aangepakt.

Op zijn zoektocht naar betere vistechnieken belandde Elissalt aan de westkust in San Pedro, de grote vissershaven van Los Angeles. Hij trof daar een grote vissersvloot aan die de zaken compleet anders aanpakte dan de Basken in hun golf. Er werd gevist met levend aas en met hengels. Naar verluidt hadden de Amerikanen die techniek afgekeken van de Japanners en van vissers op Hawaï. Een andere ontdekking die Elissalt deed was het gebruik van moderne buidelnetten. Het was dezelfde techniek die in Noorwegen zo succesvol werd toegepast, maar die kennelijk niet was opgemerkt door de Franse en Spaanse collega's.

De vangsten waren spectaculair, 'in een trek meer dan honderd ton tonijn', zo schreef de Fransman enthousiast naar het thuisfront. Er werden ook vliegtuigjes en zelfs helikopters ingezet om de scholen vis op te sporen. Dat maakte indruk. Als deze vistechnieken in Europa werden geïntroduceerd, dan was succes verzekerd, aldus de conservenfabrikant.

Direct na terugkomst begon Elissalt de lessen uit de nieuwe wereld toe te passen op de tonijnvangst in de Golf van Biskaje. Het vissen met hengels en levend aas werd al snel enthousiast omarmd door de Franse en de Spaanse vissers. De vangstresultaten van de nieuwe techniek bleken inderdaad zodanig veel beter, dat in minder dan twee jaar tijd de hele tonijnvloot op de nieuwe vangsttechniek was overgeschakeld. De tonijn werd naar de boot gelokt met levend aas en vervolgens massaal binnengehengeld.

Vanaf 1949 was de nieuwe vismethode volop in bedrijf. Het was, gezien de vangsten, een weergaloos succes. Nog nooit werd er zo veel jonge blauwvintonijn uit het water gehengeld. Volgens tellingen van de Spaanse tonijnwetenschapper José Luis Cort werd er tussen 1949 en 1960 een ware slachting aangericht in de Golf van Biskaje en voor de kusten van Portugal en Marokko. De buit bestond vooral uit jonge, kleine tonijn, een tot vier jaar oud, minder dan 35 kilo die traditioneel in de Golf van Biskaje werd aangetroffen. Hij becijfert het aantal tonijntjes dat in die periode uit het water is gevist op 6,5 miljoen stuks.

Ligt de oplossing van het mysterie van het verdwijnen van de Noordzeetonijn misschien hier, aan de groene kusten van Spaans en Frans Baskenland? José Luis Cort denkt van wel. Als directeur van het Oceanografisch Instituut van Santander aan de Atlantische Noordkust kent hij de Golf van Biskaje goed. Tonijnveteraan Cort is specialist in jonge blauwvintonijn. Na jarenlang de trekbewegingen van de tonijn te hebben bestudeerd, ontwikkelde hij de theorie dat jonge larven afkomstig van de paaigronden rond Sicilië en de Balearen in de Golf van Biskaje opgroeien tot geslachtsrijpe tonijn. Eenmaal volwassen trok deze groep in de zomer de Noordzee in op zoek naar voedsel. Omdat de jonge tonijn tussen 1949 en 1960 in extreem grote hoeveelheden werd weggevist uit de Golf van Biskaje, ontstond in de jaren daarop een oplopend tekort in de opgroeiende jaarklassen. Het duurde daarbij enkele jaren voordat de effecten ook merkbaar werden in de populatie. Steeds minder tonijn werd groot genoeg om de tocht naar het noorden te volbrengen en terug te komen om kuit te schieten. In 1963 was het verval zo groot, dat de voorraad Noordzeetonijn definitief in elkaar klapte.

Lessen van de haring

De vis wordt duur betaald. Kniertje wist het, toneelschrijver Herman Heijermans wist het. Een vissersvrouw die haar man verliest op een vissersboot verzucht het in zijn toneelstuk *Op hoop van zegen* uit 1900. Haringvisser Floor Kuijt weet er ook alles van. Niet op de manier van Kniertje, want de wereld is veranderd en dus weer op een andere manier meedogenloos. Maar de zee blijft wispelturig, de vis onvoorspelbaar en de vissers dachten dat ze eindeloos door konden gaan.

Nederlanders hebben met tonijn gemeen dat ze dol zijn op haring. De haring heeft voor de Nederlanders de status van culinair erfgoed. Dat is uitzonderlijk, want Hollanders zijn geen grote viseters. Vis eten was hooguit vulling, en minder een lekkernij.

Met de haring was dat aanvankelijk niet anders. De vis was tot aan het eind van de negentiende eeuw belangrijk en goedkoop volksvoedsel in de vorm van bokking, de variant van gerookte haring die het voordeel had dat hij enkele maanden lang goed gehouden kon worden. In de twintigste eeuw was het de maatjesharing – gevangen vanaf mei, met een minimaal vetpercentage van 16, gefileerd, gekaakt, gezouten en gerijpt – die behalve voedsel gaandeweg ook werd gezien als een deel van de nationale identiteit. Nederlanders pakken de 'rauwe' vis bij de staart, halen hem door de uitjes, leggen het hoofd in de nek en laten hem tussen hun wijd opengesperde kaken naar binnen glijden. Dat is een bron van onderscheid en trots. Voordat de Japanners bekend werden met hun sashimi, konden de Nederlanders pochen dat zij uniek waren in het eten van rauwe vis.

Floor Kuijt is net opgehouden met zijn werk als kapitein. Maar het zou je niet verbazen als hij midden in het gesprek van de tafel op zou opstaan, de deur van zijn huis uit zou lopen, het pleintje over, naar boven over de boulevard naar het strand, om daar even met zijn stevige handen een net met haring binnen te trekken. Kuijt is een geboren en getogen visser. Zijn familie met alle zijtakken hoort bij Katwijk als de duinen, het strand en de gereformeerde kerk. Generatie op generatie visten ze eeuwenlang haring

Kuijt begon zijn vissersloopbaan op een vleetlogger die viste op Engelse walharing. Vleetloggers bedreven passieve visserij: de bootjes lieten hun netten als drie meter diepe gordijnen in het water zakken. 's Nachts, als de haring in de netten was gezwommen, werd de vangst binnengehaald.

Tot het begin van de jaren zestig waren de haringvangsten min of meer stabiel rond de 650.000 ton haring per jaar. Maar uit onderzoek bleek dat de haringpopulatie snel verminderde. De vissers uit Nederland, Denemarken, Noorwegen en Engeland brachten de gebieden op de Noordzee steeds beter in kaart waar de vis naartoe kwam om zich voort te planten. Ook de vistechnieken veranderden. De schepen gingen actief achter de haring aan met trawlers met span- en sleepnetten. De capaciteit van de boten groeide snel en de gebruikte apparatuur werd steeds efficiënter. In 1965 werd een recordvangst van een miljoen ton haring genoteerd. 80 procent was jonge haring.

Uit onderzoek bleek dat de haringvoorraad snel verminderde. Omdat de haring steeds jonger en steeds efficiënter werd weggevangen, liep ook het aantal volwassen exemplaren dat voor de voortplanting zorgde snel terug.

Direct na het jaar met de recordvangst aan haring kwam de grote klap. De populatie van Noordzeeharing stortte in een moordend tempo in elkaar en in 1975 waren de vangsten teruggelopen tot 300.000 ton. De vis bevond zich volgens de haringdeskundigen op de rand van uitsterven. Onder druk van de omstandigheden werd besloten tot een unieke stap: een absoluut visverbod op haring. Het moratorium duurde van 1977 tot en met 1980.

Kuijt kan zich de haringstop nog goed herinneren. Hij was er toen, net als de andere vissers, bepaald geen voorstander van. De haringvissers waren boos. Er heerste vooral onvrede over ongelijke behandeling. 'Ze hadden de hele Noordzee dicht moeten gooien, maar in het Skagerrak mocht wel gevist worden,' zegt hij nu. De Denen bleven tussen Jutland en Noorwegen gewoon doorgaan met de haringvangst. Dat zette kwaad bloed. Kuijt besloot aanvankelijk het verbod aan zijn laars te lappen. 'Ik was jong,' verontschuldigt hij zich alsnog voor het doorbreken van het moratorium. Toen hij de tweede keer wilde uitvaren, was het definitief afgelopen. De marine lag voor de haven van IJmuiden. Het moratorium werd nu effectief afgedwongen. Niettemin verdiende Kuijt dat jaar goed aan de haring. Door de haringstop waren de prijzen enorm gestegen, maar er kon nog gevist worden voor de Ierse kust, die viel buiten het moratorium. Kuijt had geluk met een mooie vangst: in de meimaand van 1977 wist hij flink wat van de 'laatste' haring binnen te halen.

Achteraf bezien markeerde de haringstop het einde van een tijdperk, denkt Kuijt. De haringvisserij had zijn beste tijd gehad. Toen de vissers na enkele jaren de vangst in de Noordzee hervatten bleek er inderdaad sprake geweest te zijn van een herstel. 'Maar toch niet zoals we verwacht hadden,' zegt Kuijt. Er werd vooral veel kleine haring gevangen. Het moratorium had de haring van de ondergang gered, maar de populatie bleek zich toch ingewikkelder voort te planten dan aanvankelijk was aangenomen.

Er bestaan nog steeds veel onbeantwoorde vragen bij de visserijbiologen die de haring in de gaten houden. 'Onderzoekers komen altijd met duidelijke antwoorden. Maar de wind hoeft maar even uit een andere hoek te waaien en de zaken liggen weer heel anders,' aldus Kuijt.

'Natuurlijk helpt het om de boel dicht te gooien, maar de voorraad vis herstelt zich pas goed als je een sterke jaarklasse hebt,' legt Kuijt uit.

Waarom weet de haring zich het ene jaar veel beter voort te planten dan het andere?

Kuijt houdt het op omstandigheden die niemand nog begrijpt, laat staan kan beïnvloeden: het aantal vislarven in het jaar van voortplanting, de voedselomstandigheden in de jaren erna. Kuijt heeft wel zo zijn theorieën. Strenge winters helpen, zegt de haringvisser. Dat had hij trouwens al meegekregen van zijn vader Dirk, en die wist het weer van zijn grootvader Floor. Er is ook een logische verklaring voor, denkt Kuijt. Als de depressies zuidelijker over de Noordzee komen te liggen dan normaal, veranderen de stromingen in het water en de lucht. Het voorjaar brengt heldere, zonrijke dagen.

'En dan gebeurt er iets vreemds,' zegt Kuijt. Het zonlicht zorgt voor een explosie van 'meet', zoals de vissers het oranjegekleurde plankton noemen. Een overvloed aan meet betekent een overvloed aan voedsel voor de haring, die daardoor sneller vet wordt. 'Dan heb je halverwege mei al een haring die lekker van vreten is,' aldus Kuijt.

Een nieuwe tijd brak aan voor de haringconsumptie. 'Haring werd een beetje oubollig,' constateert Kuijt. 'Het edele product had geen glans meer.' De maatjes bleven, maar al die andere haring die eeuwenlang volksvoedsel was geweest, verdween uit de Nederlandse keukens. Het was definitief gedaan met de spekbokking – koudgerookte haring – en de stoombokking, zijn warmgerookte broertje. Weg waren de zure haring en de rolmops. De groene haring, aan boord gezouten en kort gerijpt – eigenlijk verboden vanwege het risico van de haringworm – had al eerder het veld geruimd.

De techniek bleef zich echter onveranderd doorontwikkelen. De vleetloggers waarmee haring werd gevist waren vervangen door de grotere trawlers, met krachtiger motoren. Die werden weer vervangen door nog grotere vriestrawlers met nog meer paardenkrachten.

Het vissen werd een steeds snellere race van schaalvergroting in de vorm van meer vriescapaciteit in grotere schepen met zwaardere motoren en steeds betere navigatie- en visapparatuur. Grotere schaal betekende lagere kosten per gevangen vis. Maar ook steeds hogere uitgaven aan brandstof en oplopende investeringen in de schepen. Om die te dekken moest er meer gevist worden. Een vicieuze cirkel.

In de jaren dat Floor Kuijt als visser begon was een kantje – honderd kilo haring – per visser per dag voldoende om een goede boterham te verdienen. Toen hij er ruim veertig jaar later mee ophield moest de bemanning van vijftien vissers dagelijks zo'n 2800 pak van 25 kilo haring vangen om aan een normaal salaris te komen. Dat is per visser ruim 45 maal zoveel.

Natuurlijk, Nederland is rijker, de vissers werden veeleisender. 'Vroeger bad je voor eten, nu voor een Mercedes,' zegt Kuijt. Maar het waren vooral de grotere energiebehoeften en afschrijvingen van de boten waar de kosten in gingen zitten. Grotere boten, meer energieverbruik, grotere behoeften, alles werkte eraan mee de vangsten nog groter te maken.

Voor Floor Kuijt is er een duidelijke conclusie te trekken: 'Nieuwe technieken die benne altijd niet goed.' Het is een denkfout die in de visserij volgens hem keer op keer gemaakt wordt. Als de vangsten hun economische plafond dreigen te bereiken worden nieuwe methoden en schaalvergrotingen ontwikkeld om exponentieel meer te gaan vangen. De vis past zich aanvankelijk aan na een nieuwe aanslag op de populatie, maar de opbrengst wordt uiteindelijk minder. 'Die effectiviteit die je invoert, gaat tegen je werken,' weet Kuijt. 'Hoe groter de capaciteit, hoe groter de druk wordt om die ook volop te benutten. Zo is de grotere omvang van je schip uiteindelijk eerder een teken hoe slecht je het doet.'

Explosieve schaalvergroting leidt tot kaalslag. 'Je verjaagt de vis of je maakt er een kerkhof van,' zo vat Kuijt de tendens in de visserij samen. 'We kunnen geen evenwicht vinden tussen welzijn en hebzucht.' Een andere aanpak is nodig, bijvoorbeeld door het uitgeven van visgebieden die door de vissers zelf beheerd moeten worden, in combinatie met vangstquota. 'Geef de vissers een eigen stukje zee, als een boer die zijn eigen land moet ploegen.'

Er moet creatiever worden nagedacht, vindt Kuijt. Door mazen te ontwikkelen die de bijvangst verder beperken. Of door de aandacht te richten op het energieverbruik van de schepen. Door nieuwe methoden te ontwikkelen waardoor sleepnetten de bodem van de paaigronden ongemoeid te laten. Door selectief de grotere vis uit visscholen te vangen.

De visstand staat wereldwijd onder druk en wat Kuijt werkelijk zorgen baart, is dat de visserij zich steeds meer richt op de vissen die lager in de voedselketen staan als alternatief voor de traditionele overbeviste soorten. 'Er wordt gerommeld in de voedselketen,' zegt Kuijt.

De laatste plannen zijn om krill te gaan vissen, de kleine garnalen die deel uitmaken van het zoöplankton. Vooral in de zuidelijke Pacific komt krill in enorme hoeveelheden voor en dient dit als basisvoedsel voor walvissen, vissen en inktvissen, pinguïns en zeehonden. De Nederlandse vissersvloot onderzoekt nu of het interessant is om krill met trawlers op grote schaal uit de zee te zuigen. De garnaaltjes kunnen dan net als wijting worden vermalen en geperst tot eiwitblokken voor viskwekerijen.

De Japanse en Russische vissersvloot zijn al begonnen met de vangst van krill. Het lijkt een kwestie van tijd of ook de andere vissersvloten zullen volgen. Hoewel het gaat om een relatief klein percentage van de biomassa aan krill, is de zaak controversieel. Ook binnen de visserijgemeenschap zelf. Het instellen van quota voor krill kan niet voorkomen dat gebieden met grote krillconcentraties plotseling worden leeggevist. Dat kan ingrijpende gevolgen hebben voor het plaatselijke zeemilieu.

Vissen op krill, is vissen op de eerste schakel in de voedselketen in de zee. 'Dat is het einde,' zegt Kuijt.

Nu hij gepensioneerd is, gaat hij met het Nederlandse onderzoeksschip de Trident de zee op om mee te helpen met het ontwikkelen van betere netten en andere methoden die bijdragen aan een selectievere, duurzamere visserij. De vissers moeten volgens Kuijt hun verantwoordelijkheid nemen. 'We moeten met de billen bloot. We hebben voor de overbevissing van de Noordzee gezorgd. Nu zullen we moeten helpen om het probleem op te lossen.'

De eeuw van de tonijn

Before you finish eating breakfast this morning, you've depended on
more than half the world. This is the way our universe is structured...
we aren't going to have peace on earth until we recognize this basic fact
of the interrelated structure of reality.

MARTIN LUTHER KING JR.

De eeuw van de mondialisering begon met een vliegende start. Ook
voor de tonijn. Hij trok door heel Europa. Niet als mojama, ingezouten tonijn of garum die door de soldaten in hun bepakking werd mee-
gedragen. Het conservenblik had Europa veroverd. En de Grote Oorlog van 1914-1918 maakte er dankbaar gebruik van. Hoewel Spanje zelf
uit het strijdgewoel was gebleven, was tonijn in blik in andere landen
een praktische manier geworden om voedzame vis te bewaren voor
onzekere tijden. De tonijnvissers aan de Atlantische kusten van Andalusië hadden het in tijden niet zo goed gehad. De export richting Italië bloeide.

De natuur hielp ook een handje mee. Of het nu aan de malaise in
de tonijnvisserij van de negentiende eeuw lag of niet: de tonijnpopulatie leek aan het begin van de twintigste eeuw goed hersteld.

De almadraba's vingen in het beginjaar van de oorlog 90.000 tonijnen en bereikten in 1918 zelfs een vangst van 100.000 tonijnen. Dat
waren cijfers die konden tippen aan de gouden jaren van het tonijn-

imperium van de hertogen van Medina Sidonia. De sombere voorspellingen van de monnik Martín Sarmiento leken achterhaald.

Na het vertrek van de hertogen uit de tonijnvangst waren de almadraba's in de negentiende eeuw nog maar een schaduw van hun gloriedagen. Alles zat tegen: tonijn werd goedkoop uit Portugal geïmporteerd, er was steeds minder vraag naar gezouten vis en de opbrengsten van de vangsten daalden. Dat laatste veranderde toen in 1879 de eerste Italiaanse zakenmannen af kwamen reizen naar de Zuid-Spaanse kustprovincies om iets nieuws op te zetten: fabrieken voor het inblikken van vis. Het conservenblik was een Franse uitvinding om voedsel goed te houden die dateerde uit de napoleontische oorlogen. De techniek had in de negentiende eeuw snel terrein gewonnen als een betrouwbare manier om voedsel te bewaren.

Andalusië was laat met vis in blik: de visrijke Spaanse regio's als Galicië en Cantabrië blikten al dertig jaar vis in. De Italianen introduceerden de blikjes nu ook voor het bewaren van tonijn. Een nieuwe methode in een bedrijfstak waarin de vis al duizenden jaren voornamelijk werd ingezouten. Voortaan zou de tonijn worden gekookt of gebakken en vervolgens onder een laag olijfolie gezet en ingeblikt. De uitvinding gaf een belangrijke impuls aan een visserij die in de rode cijfers zat. De Italiaanse markt bleek een uitkomst, zeker in de tijden van de eerste wereldoorlog. Het aantal Spaanse almadraba's verdubbelde tot rond de twintig en de reders van de tonijnvisserij kwamen als rijke mannen de oorlog uit.

Ook na afloop van de Grote Oorlog bleek de tonijnexport richting Italië aan te houden. De vissers van de almadraba profiteerden daar overigens maar gedeeltelijk van. Met de toename van de hoeveelheid in blik daalde de prijs. De markt werd overstroomd door tonijn en de machtige Italiaanse handelshuizen spanden samen om al aan het begin van de tonijncampagne een lage aankoopprijs af te dwingen.

Handel en distributie waren de achillespees van Spanje. Het leek of het land de klap van het verdrijven van zijn joodse en de Moorse handelselites in de zestiende eeuw nooit te boven was gekomen. Het waren nu de Italiaanse en Franse tussenhandelaren die de grootste handelsmarges op de tonijn binnenhaalden. De Italianen kochten de grote blikken van vijf en tien kilo van de Spanjaarden, stopten de tonijn in kleinere blikjes met etiketten van hun eigen Italiaanse merk en verkochten dezelfde tonijn tegen een aanzienlijk hogere prijs. Het is een truc van alle tijden. Al sinds de Oudheid wordt olijfolie door Italianen uit Spanje geïmporteerd, overgebotteld in een fraai flesje en aanzienlijk duurder verkocht. Met de tonijn ging het niet anders. De Spanjaarden zelf kwamen nauwelijks de grens over en hadden geen internationale kantoren met eigen handelsagenten.

Het was niet alleen de onmacht om een goede prijs voor hun tonijn te krijgen die de Spanjaarden begon op te breken. De Verenigde Staten en Japan waren al vanaf 1918 bezig hun eigen tonijnvloten en conservenindustrie op te zetten. Wereldwijd begon de tonijn zijn opmars als vis in blik.

De markt groeide, maar was niet minder speculatief geworden. De vangst van de grote vis vergde nog steeds grote investeringen. De enorme netten met hun zware ankers, het personeel en de boten: er moest flink worden geïnvesteerd. De jaarlijkse afdrachten om in Spanje tonijn te mogen vangen waren een hoge kostenpost, nog voordat er ook maar een tonijn in de netten zat. Omdat het erop begon te lijken dat de vangsten van de almadraba's terugliepen, werden ook in Noord-Marokko, dat nu onder Spaans protectoraat stond, almadraba's gestart op de plekken die ooit nog door de Feniciërs en Romeinen waren gebruikt. Trawlers trokken naar de Canarische Eilanden om tonijn te vissen. De opbrengsten bleven bescheiden.

Hoge kosten, Italiaanse inkopers die de prijs drukten, onzekere vangsten: alles werkte mee om de Spaanse almadrabareders te laten doen wat alle bedrijven doen als de druk op de sector wordt opgevoerd en de concurrentie begint te knellen. Er kwamen fusies en overnames om de schaal te vergroten. De nieuwe tonijnvennootschappen behoorden tot de grootste voedselconglomeraten die op dat moment in Spanje bestonden. Het kon altijd nog groter – maar daarvoor was een staatsgreep nodig.

De negentiende eeuw was voor Spanje niet alleen een verloren eeuw geweest als het ging om de blauwvintonijn. Het land bevond zich in een vrijwel permanente staat van politieke crisis en vernedering. Binnenlands volgden militaire opstanden en regeringen elkaar in snel tempo op. De laatste koloniën, Cuba en de Filippijnen, waren in een desastreuze oorlog tegen de Verenigde Staten in 1898 verloren. De twintigste eeuw begon al niet veel beter. Onder de persoonlijke leiding van koning Alfonso XIII – de laatste in een lange reeks van incompetente vorsten – was het Spaanse leger in 1921 in het Marokkaanse Rifgebergte door het Berberleger van Abd-el-Krim in de pan gehakt

'Spanje is vandaag eerder dan een natie een stofwolk die achterblijft nadat de grote volkeren doorgalopperen over de hoofdweg van de geschiedenis,' zo omschreef de Spaanse schrijver José Ortega y Gasset zijn land. Onder die omstandigheden greep in 1923 generaal Miguel Primo de Rivera, een Andalusische markies uit Jerez, de macht in Spanje.

Primo de Rivera zag zichzelf als redder van het vaderland. Met vaste hand zou hij zijn ambitieuze plannen kunnen uitvoeren om de puinhopen te ruimen en Spanje vernieuwd uit de as van zijn vernederingen te laten verrijzen. Critici zagen de generaal echter vooral als een niet onsympathiek maar naïef warhoofd met autoritaire trekjes, eerder een cafépoliticus dan een slagvaardige beslisser.

De generaal uit de provincie Cádiz had het tonijnprobleem hoog op de agenda staan. Vanuit Madrid was al eerder geprobeerd om orde op zaken te stellen in de visserij. Niet alleen de tonijnvangst stond onder druk: ook de belangrijke vangsten van sardines bleken drastisch terug te vallen in de jaren twintig. Een voorgenomen moratorium op sardienvisserij liep echter op niets uit. De kleine vissers in Andalusië weigerden simpelweg zich er iets van aan te trekken.

Met de aanpak van de tonijn besloot het regime echter zijn spierballen te laten zien. Het werd een zaak van nationaal belang, compleet met uitgebreide studies van het Oceanografisch Instituut en de Nationale Visserijcommissie. Besloten werd tot een drastische oplossing: een eerherstel van het oude tonijnmonopolie, dit keer niet aangevoerd door de hertogen van Medina Sidonia, maar onder leiding van de staat. Een megafusie van alle vijf grote almadraba's en de bijbehorende conservenindustrie in een staatsconsortium dat voortaan eendrachtig de scepter zou zwaaien over de tonijnvangst.

Zo werd in 1928 het Consorcio Nacional Almadrabero geboren, het Nationale Almadraba Consortium, een staatsmonopolie dat alle tonijnvangst van de almadraba's en de bijbehorende conservenindustrie in Spanje onder zijn hoede zou nemen.

Het Consortium werd een van de grootste voedselbedrijven in Spanje, een industrie met vele duizenden werknemers waar hele steden en dorpen economisch afhankelijk van waren. Een tonijnmoloch van Sovjetachtige proporties. Technisch functioneerden de almadraba's nog altijd niet veel anders dan in eeuwen ervoor. Maar nu konden de acht enorme visverwerkingsfabrieken per dag zo'n 100.000 kilo aan ingeblikte en ingezouten tonijn produceren. Er werkten gemiddeld zeshonderd mensen per almadraba. Ze vormden complete fabriekskolonies, die de vissers, de vrouwen in de conservenfabriek en hun kinderen verzorgden met eigen ziekenhuizen, bedrijfswinkels, hotels en scholen.

Bijna drie kwart van de Europese consumptie aan blauwvintonijn werd voor de Spaanse zuidkust weggevist.

Het Consortium deed goede zaken in de eerste jaren van zijn bestaan. Het staatsmonopolie bracht welvaart in de visserdorpen aan de Spaanse zuidkust. Ook bleek de Spaanse tonijnmoloch een vuist te kunnen maken tegen de ongunstige prijsafspraken van de Italiaanse handelshuizen. Er werd succesvol een eind gemaakt aan het 'omblikken' van de Spaanse tonijn in kleinere Italiaanse blikjes. De export groeide als nooit tevoren. Met een uitvoer van zeven miljoen kilogram tonijn in 1929 werd een nieuw historisch record gebroken.

Toch was er was niet veel voor nodig om het Consortium omver te duwen. Het staatsmonopolie was een reus op lemen voeten zo bleek al snel. Toen de beurscrash van 1929 de wereldeconomie in een recessie van ongekende omvang stortte, was het snel gedaan met het beetje voorspoed dat Spanje in de voorgaande jaren had opgebouwd. Het eerste slachtoffer was dictator Primo de Rivera. In 1930 werd hij door Alfonso XIII het land uitgestuurd. Al snel volgde de koning ook zelf. In 1931 werd de Tweede Republiek ingesteld, die het land zou besturen tot de legeropstand onder leiding van generaal Franco in 1936.

Het Consortium bleef niet gespaard door de crisis. De export van blauwvintonijn naar de Italiaanse markt – de enige stabiele markt voor de Spaanse blauwvintonijn – stortte vanaf 1933 in. Bovendien werd een fundamenteler probleem zichtbaar: de tonijnvangst zelf bevond zich in een crisis. Niet alleen in Italië, Portugal en Tunesië waren de vangsten drastisch verminderd, maar ook aan de Spaanse zuidkust begonnen de netten leger te raken.

Onder de snel opeenvolgende republikeinse regeringen werd het Consortium voortgezet. Het staatsmonopolie kreeg het voordeel van de twijfel vanwege de winsten die in de eerste jaren werden behaald. En het had miljoenen peseta's gekost om de almadraba's te nationaliseren. Dat geld kon niet zomaar weggegooid worden, zo was de gedachte. Maar de klad zat erin. Elf jaar later, toen de Burgeroorlog alweer achter de rug was, waren er nog maar vier almadraba's actief. De legendarische almadraba van Zahara de los Atunes was in 1935 stopgezet bij gebrek aan tonijn.

Op kleine schaal wist het Consortium, nu onder dictator Franco, zijn voortbestaan nog enkele decennia te rekken. In 1972 werd het tonijnmonopolie definitief ontbonden. De laatste jaren was er per seizoen nog geen miljoen kilogram gevist.

De Spaanse almadraba was in de twintigste eeuw nog een laatste keer opgebloeid. Alle maatregelen liepen uiteindelijk stuk op een harde waarheid: er zat steeds minder tonijn in de zee.

Het werd tijd om te zoeken naar andere middelen om de schaarse vis uit het water te halen.

De Tonijnventer

Wie hem in de jaren zestig van de vorige eeuw met zijn houten viskar tegenkwam, in de dorpen en steden aan de kust van Murcia waar hij zijn sardientjes en ingezouten tonijn verkocht, zou niet hebben gedacht dat hier een multimiljonair in wording liep. Ricardo Fuentes begon zoals het hoort bij een selfmade miljonair: als een eenvoudige straathandelaar in ingezouten vis.

Het Spanje van dictator Franco was arm en achterlijk uit de Burgeroorlog tevoorschijn gekomen, maar in de jaren zestig verbrak het land langzaam zijn isolement. Het toerisme begon op te komen, op de stranden verschenen blonde meisjes in bikini uit Zweden, Groot-Brittannië en Nederland. Spanje werd vrijer, de brute dictatuur van Franco verwaterde en de welvaart nam toe.

Ricardo Fuentes begon een eigen winkeltje in ingezouten vis op de dagmarkt van zijn geboortestad Cartagena, de stad die ooit door Hannibal was gebruikt als bruggenhoofd van Carthago in de strijd tegen Rome. Hij verkocht er de specialiteiten waar zijn streek al sinds de Feniciërs beroemd om was: kuit van de blauwvintonijn en mojama. Fuentes deed goede zaken. Hij opende een fabriekje met een magazijn op een industrieterrein buiten de stad. Samen met zijn zonen richtte hij in 1984 het bedrijf Grupo Ricardo Fuentes e Hijos op. Het werd de basis van een internationaal tonijnimperium van veertig werkmaatschappijen, tonijnboerderijen verspreid over de hele Middellandse Zee en een omzet die in 2006 zou uitgroeien tot een kwart miljard euro. Veertig jaar nadat hij met zijn viskar was begonnen, was er geen tonijnhandelaar op de Tsukiji-vismarkt van Tokio die zijn naam niet accentloos uit kon spreken.

In de jaren tachtig kreeg Fuentes in de gaten dat er zich een mogelijke markt voor de tonijn in Japan bevond. Hij kwam in contact met Japanners die in de Middellandse Zee op zoek waren naar de blauwvintonijn voor hun sashimi en sushi. In de ogen van de Spanjaarden, die jarenlang geïsoleerd onder Franco leefden, kwamen Japanners van een andere planeet. Ze aten rauwe tonijn. En er werden prijzen voor betaald waar de Spaanse vissers slechts van konden dromen.

Fuentes was in die jaren de eerste in de regio die zakendeed met Japan. De visboer rook zijn kans. Japan had geld en er was een grote markt voor tonijn.

De eerste jaren waren niet eenvoudig. De Japanners betaalden hoge prijzen voor de tonijn, maar stelden eisen die de Spanjaarden aanvankelijk niet begrepen. Ieder oneffenheidje kon de smaak beïnvloeden. Als het vlees maar een beetje donkerder was, doordat de vis niet onmiddellijk na de vangst voldoende was gekoeld, kreeg de tonijn de kwalificatie *yake*: ongeschikt voor rauwe consumptie.

Spanje sprong ruiger om met tonijn. De almadraba was een bloedbad.

Maar zelfs een kleine beschadiging en het kostbare vlees werd voor de Japanners prompt *kisu*, minder van kwaliteit. En daardoor een stuk minder waardevol. De eerste tonijn die vanuit Spanje de markt in Tokio bereikte werd door de Japanners dan ook maar nauwelijks een blik waardig gegund. Het verdween in de c-categorie, de laagste op de kwaliteitsschaal, net genoeg om niet als kattenvoer te worden aangemerkt.

Ricardo Fuentes begon snel te experimenteren met nieuwe technieken om de vis met zo min mogelijk kwaliteitsverlies naar zijn nieuwe Japanse klanten te transporteren. Er werd een nieuwe vriestunnel geïnstalleerd op zijn industrieterrein en de Japanners hielpen mee door hun geavanceerde vriestechnieken naar Cartagena te halen. Eerst alleen voor het invriezen van de *ventresca*, het vettige buikgedeelte van de tonijn. *Toro,* zoals de Japanners dit stuk tonijnbuik noemen, was het meest gevraagd in Tokio. Toen de techniek verder verbeterde, werden complete tonijnen ingevroren. Langzaam steeg zo de kwaliteit van de Spaanse tonijn die in Tokio arriveerde. De export naar Japan, aan het begin van de jaren tachtig nog maar 10 procent van de omzet van Fuentes, begon snel te groeien.

'Het grote voordeel van Ricardo Fuentes in de beginjaren,' zegt directeur David Martínez van de Fuentes Groep, 'was dat hij ook nog mojama maakte.' Alles wat door de kieskeurige Japanners werd afgewezen, vond moeiteloos zijn weg om ingezouten op de Spaanse markt te worden afgezet. De beste tonijn verdween zo naar Japan en de Spaanse markt was meer dan tevreden met de gefermenteerde resten. Voor de buitenlandse concurrentie die het moest stellen zonder zo'n stabiele afzet, was de Japanse markt op dat moment eerder een risico dan een kans.

Deze voorsprong maakte dat Fuentes lange tijd zonder al te grote concurrenten kon opereren. Wie vanuit Japan zocht naar tonijn in de Middellandse Zee, kwam al snel terecht op de bedrijfsterreinen buiten Cartagena. De zes boten voor de tonijnvangst bleken al snel onvoldoende om aan de vraag te voldoen. De Fuentes Groep begon tonijn op te kopen van Franse, Italiaanse en Tunesische vissers.

De Japanse goudvis

Sushi is minder oud dan vaak wordt gedacht. Japans succesvolste bijdrage aan de mondiale keuken is in zijn huidige vorm ergens in de negentiende eeuw uitgevonden. De Amerikaanse antropoloog en deskundige van de Tsukiji-vismarkt Theodore Bestor schrijft de uitvinding toe aan sushichef Hanaya Yohei (1799-1858). In zijn winkel in het toenmalige Edo ontwikkelde Yohei de zogenaamde *nigiri-zushi*, of 'handgeknede sushi', een hapje dat bestond uit een dun stukje vis op een blokje samengeperste, in rijstwijnazijn gedrenkte rijst.

Yohei had zich hiervoor laten inspireren door de veel oudere oersushi. Daarvan moet het ontstaan volgens kookhistorici ergens in de zevende eeuw getraceerd worden. De oersushi was een methode om vis te conserveren: zoals de Feniciërs en Romeinen zout gebruikten voor het fermentatieproces, zo gebruikten de Japanners rijst. De rijst was letterlijk een verpakking en werd bij consumptie weggegooid. Sushichef Yohei zette dit concept op zijn kop: de vis kreeg niet eens de kans te fermenteren, de azijn hield het hapje fris en voor zover er toch sprake was van beginnend bederf, werd dat wel overvleugeld door het puntje mierikswortelpasta dat onder de vis werd verborgen.

Yoheis sushi's waren een groot succes.

Samengedrukt, ongeduldig van het wachten
wrijven de klanten in hun handen
terwijl Yohei sushi's kneedt.

Aldus een populair versje. Yoheis winkel overleefde hem tot in de jaren dertig van de twintigste eeuw. Van hieruit zou de sushi de wereld veroveren. Eerst als populair straathapje in Tokio, dat in rondrijdende karretjes werd toebereid. De opkomst van de koeltechnieken gaf een nieuwe draai aan het sushigarnituur. Plotseling werd het mogelijk om ook vettere, bederfelijke vis in het hapje te verwerken. Al snel kreeg de tonijn daarbij een hoofdrol toebedeeld. En van alle tonijnsoorten wilden de Japanners vooral de blauwvintonijn in hun sushi.

Wie in Tokio het kleine museum binnen wandelt dat is gelegen in de tuinen van het keizerlijk paleis, treft in de selectie van tentoongestelde kunstwerken uit de keizerlijke collectie een Japanse pentekening aan met vissen uit de Japanse Zee. We zien een enorme octopus, een geep, een langneusrog, een koffervis en een makreel. En, direct onder de trompetvis, het onmiskenbare portret van de blauwvintonijn.

De blauwvintonijn die zwemt in de uitgestrektheid van de Stille Oceaan en de Indische Oceaan wordt beschouwd als een aparte subgroep naast zijn familie in de Atlantische Oceaan. Voor zover bekend leven beide groepen los van elkaar, maar zijn verder grotendeels identiek. Voor de Japanners was de blauwvintonijn uit de Stille Oceaan een oude bekende. Hoe ver de Japanse visserij van tonijn teruggaat is onduidelijk. De Japanse tonijnhistoricus Fumihito Muto vond documenten van de reders uit de Edo-periode (1603-1867) en overheidsregisters uit de Meijirestauratie (1868-1912) waaruit duidelijk wordt dat er door de eeuwen heen op grote schaal tonijn werd gevist aan de Japanse oostkust. In plaats van de lange verticale netten van de almadraba's gebruikten de Japanners ronde netten, een soort voorlopers van de buidelnetten, maar dan gemaakt van stro.

De grote tonijnvangst kwam in Japan op gang aan de het begin van de twintigste eeuw. Met de introductie van gemotoriseerde boten begon de Japanse tonijnvloot steeds verder uit de kustwateren te trekken op zoek naar tonijn. De vangsten stegen van 1000 tot 5000 ton aan het begin van de eeuw tot jaarlijks bijna 20.000 ton in 1930. Eind jaren dertig werden er zelfs recordvangsten van 47.000 ton aan wal gebracht.

De Tweede Wereldoorlog, gevolgd door de bezetting door de Amerikaanse troepen, legde de tonijnvisserij nagenoeg stil. Maar vanaf 1952, nadat generaal Douglas MacArthur als opperbevelhebber van de geallieerde strijdkrachten in Japan het verbod ophief om buiten de territoriale wateren te vissen, ontwikkelde Japan zich in snel tempo tot een vissersnatie van belang.

De oude kennis van het vissen, gecombineerd met grote economische ambities en technologisch vernuft, zorgde voor een industrialisering van de visserij die zijn gelijke niet kende. De Japanse longliners waren in staat om vislijnen van dertig mijl lang voort te slepen, waaraan duizenden vishaken gekoppeld waren. De grote schepen fungeerden als drijvende fabrieken, waar de gevangen vis direct werd schoongemaakt en ingevroren. Dankzij steeds verder geperfectioneerde vriestechnieken werd de vis op den duur vrijwel onbeperkt houdbaar, en de actieradius van de vloot grenzeloos.

Steeds verder voeren de Japanse longliners de Stille Oceaan op. In 1954 bevond een van de Japanse tonijnvissersboten zich bij het Bikiniatol toen de Amerikanen er hun experimentele waterstofbom tot ont-

ploffing brachten. De 23 opvarenden van de boot werden ernstig ziek van de straling naar Japan overgebracht. Het incident veroorzaakte een maandenlange crisis op de tonijnmarkt. Gevreesd werd voor radioactieve tonijn.

Zo diep zat de angst dat het ongeval met de tonijnvissers leidde tot de geestelijke geboorte van Godzilla, het Japanse diepzeemonster dat gold als het antwoord op King Kong. Godzilla, zo wilde het filmscript, was door de Amerikaanse nucleaire testbommen uit zijn winterslaap gewekt, zwom naar de kust en trok de steden binnen om daar de bevolking te terroriseren.

Maar de werkelijke Godzilla kwam het water niet uit. Hij doorkruiste de wereldzeeën om zijn grote honger naar tonijn te stillen.

Het inzouten stelde de Feniciërs en later de Romeinen in staat om tonijn van de kusten aan de Middellandse Zee te vervoeren tot in de uithoeken van de toen bekende wereld. De uitvinding van het metalen conservenblik in 1810 maakte de weg vrij voor een grote industrie aan ingeblikte tonijn die begin twintigste eeuw van de grond kwam.

Door de uitvinding van de koelschepen eind negentiende eeuw, gevolgd door de vriesschepen, veranderden de vissersschepen in varende visfabrieken. De vissersvloten uit landen als Spanje, Japan, Rusland, Zuid-Korea en Taiwan konden nu vrijwel zonder tijdslimiet en overal ter wereld vissen en zoeken naar visgronden en nieuwe soorten vis.

Voor de blauwvintonijn kwam de omwenteling in de vorm van de perfectionering van de vriestechnieken. In de jaren zeventig slaagden de Japanners erin koelschepen te bouwen waar de vis op een temperatuur van min 70 graden Celsius werd diepgevroren. Het proces van ontbinding werd hiermee vrijwel volledig stopgezet. De vis had niet langer een uiterste consumptiedatum.

Het karakter van de tonijn veranderde daarmee definitief: de tonijn was een 'commodity' geworden. Een grondstof, net als cacao, graan, olie, tin, goud en diamanten. Een onmisbaar basisingrediënt in de sushi, een hapje dat vanuit Japan de eettafels over de hele wereld veroverde, van San Francisco tot Amsterdam, van Johannesburg tot Peking en van Sydney tot Rio de Janeiro.

In de jaren dat Ricardo Fuentes met zijn gezouten vis door de straten van Cartagena liep, was Japan al jaren druk op zoek naar meer tonijn voor zijn vloot van vriesschepen. Terwijl de blauwvintonijn in de Japanse kustwateren steeds zeldzamer werd, had de markt voor sashimi tot een nieuwe groeiende vraag geleid. De Japanse longliners hadden inmiddels de Stille Oceaan verlaten. Er was tonijn ontdekt in de Atlantische Oceaan voor de kust van Brazilië en ook, verder naar het noorden, aan de oostkust van de Verenigde Staten en Canada bleek blauwvintonijn te zwemmen. Net als bij hun collega's in Noorwegen had de grote vis hier geen beste naam. De vissers beschouwden de vis als een plaag die hun netten kapotzwom en bovendien niets waard was. Alleen onder sportvissers aan de oostkust was de blauwvintonijn een gewilde prooi. Ze lieten zich graag fotograferen naast zo'n gevangen reus.

De zeehaven van het Amerikaanse Gloucester was door de nabijheid van de rijke visgronden van de Georges Bank en de kustgebieden van Nova Scotia en Newfoundland een ideale uitvalsbasis voor de Japanners om lokale vissers te zoeken die hun tonijn konden leveren. Gloucester was in de twintigste eeuw een belangrijke haven voor de vangst op kabeljauw. De grote voorraad kabeljauw in de wateren voor de Amerikaanse en Canadese westkust werd vanuit Gloucester zodanig overbevist dat deze reserve in de jaren tachtig van de vorige eeuw ineen zou storten. Het was ook een van de havens waar in de negentiende eeuw de purse seine-visserij was ontwikkeld die later zo'n succes zou hebben in Noorwegen en de Middellandse Zee. De Japanse markt bleek al snel onverwachte mogelijkheden te bieden voor de Amerikaanse vissers. Avonturiers ontdekten de tonijnvisserij. De Japanse luchtvaartmaatschappij JAL begon met regelmatige vluchten waarin de in ijs verpakte tonijn zo snel mogelijk richting Tsukijimarkt werd gevlogen. Van onpopulaire nettenvernieler was de tonijn plotseling veranderd in een goudvis.

De Japanse economie groeide spectaculair, de prijzen van de blauwvintonijn schoten de lucht in. Daar kwam in 1991 plotseling een einde aan. In Japan had zich een speculatieve onroerendgoedbubbel gevormd met spectaculair oplopende grondprijzen. Toen de financiële luchtbel barstte werd Japan ondergedompeld in een recessie die het land tien jaar lang in zijn greep zou houden. Dat betekende ook een klap voor de tonijnprijs.

De jaren van overvloed hadden ervoor gezorgd dat de zee voor de Amerikaanse oostkust in korte tijd flink was leeggevist. Wilde de Japanse markt voldoende tonijn hebben voor zijn aanhoudende vraag uit de suhsimarkt, dan moest worden gezocht naar andere visgronden waar de tonijn goedkoper vandaan gehaald kon worden.

In de jaren zestig en zeventig, toen de Japanse vloot zich geleidelijk aan verspreidde over de wereldzeeën, waren de longliners ook terechtgekomen in Australië, voor de kust van Port Lincoln. Ze visten er op de zuidelijke blauwvintonijn, de Pacifische broer van de Atlantische blauwvintonijn. Port Lincoln stond bekend als de tonijnhaven van Australië, met een bloeiende conservenindustrie.

Vanaf begin jaren zeventig begon Toyo Reizo, het dochterbedrijf van Mitsubishi Corporation dat handelde in tonijn, de vis op te kopen van lokale vissers. De tonijn werd op ijs ingescheept richting Tokio. Het was een mooie uitkomst voor de vissers in Port Lincoln: tonijn werd schaarser en de visserij was te duur geworden om de vis in te blikken. De Japanners boden uitkomst.

Het gevolg was dat de voorraad zuidelijk blauwvintonijn nog sneller decimeerde dan hij al deed. In 1984 zag de Australische regering zich genoodzaakt een strikte vangstbeperking in te stellen om de soort van de ondergang te redden.

Eind jaren tachtig ontstond binnen de Japanse visserijcoöperaties een idee om de teruglopende vangsten te compenseren. Was het mogelijk om de tonijn, net als de zalm en de forel, te gaan kweken?

Het plan ontmoette veel scepsis, maar het onderzoek ging niettemin van start. Port Lincoln, nog altijd de tonijnhaven bij uitstek, werd
gekozen als de plek om met Japanse hulp de eerste tonijnboerderij op
te zetten. De grootste lokale tonijnrederij, in handen van een Italiaanse immigrant, besloot aan het project mee te werken. Het ging technisch gesproken niet om een echte kwekerij, maar om een vetmesterij. Wild gevangen jonge, kleine tonijn werd levend in de kooinetten
gestopt en maandenlang vis gevoerd. Het idee bleek te werken: je
stopte er een tonijn van een kilo of twintig in en wat er na een aantal
maanden voeden uitkwam was twee keer zo groot en twee keer zo dik.
Goed, de kwaliteit was niet zo hoog als de Atlantische blauwvintonijn,
maar voldoende om in de groeiende vraag te voorzien van het Japanse publiek dat liever iets minder betaalde voor zijn vis. De boerderijtonijn werd de Ford Fiësta onder de tonijnen. Een middle-of-the-
roadtonijn, niet de beste kwaliteit, maar betrouwbaar en betaalbaar.
Het was precies de tonijn voor de bulkmarkt van sashimi en sushi
waar de Japanse consument op dat moment behoefte aan had.

Gurume Bumu

Iedereen wil lekker eten. In de economie van overvloed van de laatste
decennia in de twintigste eeuw nam de eetcultuur wereldwijd een
groeiende plaats in. Parallel ontwikkelden zich verschillende voedsel-
culturen die elkaar wederzijds beïnvloedden. Aan de ene kant veroverde fastfood, de snelle vette hap, culinair terrein. Aan de andere
kant werd ook de hogere eetcultuur gedemocratiseerd. Net als bij de
haute couture werden de muren rond de haute cuisine afgebroken.
Een brede middenklasse bleek producten aan te willen schaffen die
voorheen werden aangemerkt als luxegoederen voor de happy few.
Het was vaak eerder een kwestie van status dan van smaak, maar dat
maakte niets uit: iedereen had recht om zijn status te laten zien, ook
in de keuken en op tafel. Exclusieve producten als kaviaar, foie gras en
truffels waren niet langer het voorrecht van een geprivilegieerde elite.
De Japanners noemen deze culinaire democratisering de *gurume*

bumu, de 'gourmetboom'. Het verschijnsel deed zich overal voor: iedereen, overal ter wereld, kreeg opeens de mogelijkheid mee te genieten van Japanse sushi's met een exclusieve kwaliteitsvis.

Tegelijkertijd begon Japan op zijn beurt het eetpatroon aan te passen aan de rest van de wereld. Fastfood rukte op. Wie door Tokio liep viel het snel op: McDonald's en Kentucky Fried Chicken veroverden hun plaats in de grote steden, net als de ketens van pizzeria's. De middenklasse at liever snel en goedkoop in restaurants buiten de deur dan thuis aan de keukentafel. Wie wel thuis at, kreeg steeds vaker kant-en-klare maaltijden opgediend, met steeds vaker vlees in plaats van vis.

Wat er aan vis gegeten werd veranderde van karakter. Met de gestegen welvaart in het naoorlogse Japan deed ook de vetzucht zijn intrede. De vette tonijnbuik of toro, ooit een afvalproduct dat werd gebruikt als kattenvoer, werd nu de ultieme sushivis.

Vetter, sneller, makkelijker. 'De Japanse keuken werd geïndustrialiseerd,' zegt antropoloog Ted Bestor. Met nieuwe vormen van massadistributie en grootschalige productietechnieken werd de voedselvoorziening gestandaardiseerd. Kant-en-klare sushi's op een plastic serveerschaaltje in de supermarkt, geleverd en geproduceerd door de grote bedrijven die ook de schepen, de visboerderijen, de opslag en distributie in handen hadden.

De onroerendgoedcrisis had ook invloed op de eetcultuur. Er was minder geld, maar de Japanners wilden de status van het eten van sushi niet opgeven. De oplossing werd gezocht in restaurants voor het grote publiek, die erop waren gericht vooral betaalbare sushi's te leveren van een redelijke en betrouwbare kwaliteit.

De boerderijtonijn uit Australië was het logische antwoord geworden op de geïndustrialiseerde sushimarkt. Port Lincoln was welvarender dan ooit tevoren. Een groot deel van de veertienduizend inwoners vond werk in de tonijnindustrie, De tonijnboerderijen waren grotendeels in handen van vrije jongens, avonturiers onder de immigranten, die in korte tijd konden uitgroeien tot miljonairs en de nieuwe rijken van de stad. Er werd gesproken van een 'gold rush' op tonijn.

Een van de 'tonijncowboys' die zich op de lucratieve vetmesterij

hadden gestort was Dinko Lukin, een immigrant uit Kroatië. Lukin bedacht iets waar nog niemand eerder op was gekomen. In plaats van de tonijn met haken op te vissen uit het water, was het veel beter de vis te vangen met purse seine- ofwel buidelnetten.

De voordelen van zo'n buidelnet waren legio. Je had in één klap een hele school te pakken, de tonijn bleef ongeschonden en kon bovendien in het water blijven om in één keer naar de kooien van de boerderij getransporteerd te worden. Dat scheelde een hoop stress bij deze van nature zenuwachtige vis. En door middel van een vliegtuigje was het mogelijk snel de grote scholen te ontdekken.

Binnen een paar maanden had heel Port Lincoln de nieuwe vangstmethode overgenomen van de Kroatische immigrant.

De tonijnboerderijen in Port Lincoln zetten de Japanners en hun zakenpartners in de Middellandse Zee aan het denken. Waarom zou de aanpak niet ook werken bij de visserij op de Atlantische blauwvintonijn? Er waren plekken aan de kust die zich uitstekend leenden voor het opzetten van de vaste, cirkelvormige kooinetten. Ricardo Fuentes besloot de gok te wagen.

In 1996 begon Fuentes met het oprichten van drie joint ventures voor tonijnboerderijen. De grote spelers op de Japanse tonijnmarkt werden zo gekoppeld aan de grote spelers op de mediterrane markt: Tuna Graso werd een joint venture met Mitsui, Viveratún ging in zee met de Maruha Corporation en enkele jaren later werd samen met Mitsubishi Corporation Atunes de Levante opgericht.

'Typisch Fuentes,' zeggen de tonijnvissers en handelaren in Spanje. Door zich niet uit te leveren aan één enkele afnemer, behield hij de mogelijkheid om de grote Japanse tonijnimporteurs tegen elkaar uit te spelen. Fuentes hield daarbij zelf 51 procent van de joint ventures in eigen handen. Iedere tonijnboerderij kende zijn vaste Japanse vertegenwoordiger van de grote drie importeurs en Fuentes kopieerde de aanpak van de Kroatische tonijncowboys in Port Lincoln.

Dit was de nieuwe wereldeconomie: een Spaanse vishandelaar begon met zijn Japanse partners een tonijnboerderij volgens het concept dat was ontwikkeld door een Italiaan en een Kroaat in Australië. Alleen de blauwvintonijn was mondiaal dezelfde vis. Overal – van de Middellandse Zee tot in Australië – werd hij nu opgespoord met vliegtuigjes en weggevist met purse seine-netten. Een paar maanden tot een halfjaar bleef de tonijn vervolgens in de netten van de kwekerijen en werd gevoerd met haring, sardien en inktvis. Als de vis een voldoende vetgehalte had bereikt, werd hij geslacht, ingevroren en naar Japan gevaren.

Het initiatief van Ricardo Fuentes kreeg snel navolging. Eerst in Spanje en Kroatië, vervolgens Italië, verder oostwaarts en voor de kust van de Noord-Afrikaanse landen, verschenen de ronde netten van de tonijnboerderijen. De Fuentes Groep hield zelf het voortouw en verspreidde zich over de hele Middellandse Zee met dochterondernemingen in Kroatië, op Sicilië, in Tunesië, op Cyprus en op Malta. In minder dan tien jaar tijd vestigde de visventer uit Cartagena het grootste tonijnimperium dat ooit in de Middellandse Zee had bestaan. Behalve tonijnboerderijen bezat Fuentes ook purse seineboten voor de vangst, vliegtuigjes om de tonijn op te sporen, sleepboten voor het vervoer, vriesinstallaties, koelhuizen en vrachtwagens. De jaarlijkse productie steeg tot vele duizenden tonnen blauwvintonijn. 80 procent daarvan was bestemd voor de Japanse markt. Wie niet beter wist zou denken dat de blauwvintonijn tot het einde der dagen uit de zee gevist kon worden en vetgemest in de tonijnboerderijen van de Middellandse Zee.

Voortekens

'Slapjes dit jaar,' zegt Diego Crespo op de vraag hoe de almadraba erbij staat. Wie de traditionele almadrabavissers vraagt naar de cijfers krijgt steevast sombere antwoorden. Ongeveer 1200 ton werd er in de campagne van 2008 opgevist door de vier almadraba's aan de zuidkust. In 2007 was dat 1350 ton.

Diego Crespo (43) is directeur van de almadraba van Zahara de los Atunes en tevens president van de vereniging waar de vier laatste nog werkende almadraba's aan de Spaanse zuidkust in zijn ondergebracht. 'Natuurlijk,' zegt hij, 'met tonijn weet je het maar nooit. Het ene jaar zwemt hij dichter langs de kust dan het andere. Er zijn sterkere en zwakkere jaarklassen. De vangst kan afhangen van de helderheid van het water, de temperatuur en de sterkte van de stromingen.' Maar alles bij elkaar baart de trend in de vangsten zorgen. Er komt steeds minder blauwvintonijn in de netten van de almadraba.

Waar de rivier de Barbate uitloopt in zee, op de plek waar de Romeinen ooit hun haven hadden om de tonijn in te schepen, houdt Crespo kantoor. Een poort geeft toegang tot een ruim bemeten patio met daaromheen grotendeels leegstaande, vervallen hallen en gebouwen. Van de jaren dertig tot aan het begin van de jaren zeventig van de vorige eeuw was dit het hoofdgebouw van het Consortium. Waar nu de verf afbladdert en ruitjes zijn gesprongen zinderde het ooit van bedrijvigheid.

Almadraba-ankers in de haven van Barbate

Het organiseren van de almadraba was al van meet af aan een strijd voor de Crespo's. Het Zuid-Spaanse vissersstadje Barbate was in de jaren zeventig gesplitst in twee kampen. De Crespo's aan de ene kant en aan de andere kant de clan van Ramírez. Wie werk wilde hebben bij de almadraba moest bij een van de twee aankloppen. In de San Paulinokerk tegenover het stadhuis waren de eerste rijen van de kerkbanken gereserveerd voor leden van de twee clans, die elkaar niet aankeken tijdens de mis. Bij het feest van de Virgen del Carmen, als het beeld van de beschermvrouwe van de vissers uit de kerk werd getild voor haar jaarlijkse processie op een boot door de haven, zorgden de families ervoor dat ze zo ver mogelijk van elkaar vandaan bleven. Onverzoenlijk waren de Crespo's en de Ramírez', zoals de Montescos en de Capuletos uit *Romeo en Julia*.

De vete draaide natuurlijk om tonijn.

De Crespo's waren in 1943 naar Marokko getrokken om in Larache een almadraba op te zetten. Thuis in Barbate was dat niet mogelijk vanwege het staatsmonopolie van het Consortium. Met het eind van het Spaanse protectoraat in Noord-Marokko keerde de familie terug.

Begin jaren zeventig kwam er een nieuwe kans toen het staatsmonopolie werd opgeheven. De Crespo's en de Ramírez' waren beiden in de race voor de concessie op de almadraba van Barbate. Diego Crespo – vader van de huidige Diego Crespo – wist samen met zijn vier broers de Ramírez' af te troeven met een beter bod. Twee jaar later sloeg de familie Ramírez terug. Via hun goede relaties binnen het ministerie voor Visserij legden ze alsnog een claim op de concessie. Er werden harde woorden gesproken. De vete verdiepte.

Uiteindelijk won de rede: het werd een compromis. De Crespo's lieten de concessie voor de almadraba van Barbate aan de Ramírez' en namen zelf genoegen met de almadraba tegenover het strand van Zahara de los Atunes. Die werd al sinds 1936 niet meer gebruikt, maar diende nu als een goed alternatief.

'Al ons geld zat in de almadraba en we konden ons niet permitteren om naar de rechter te stappen,' zegt Diego Crespo.

De familie Crespo, kinderen van de oprichters, beheert nog steeds de almadraba van Zahara, maar is ook aandeelhouder in de almadraba's van Tarifa en Conil. De almadraba van Barbate werd na de eeuwwisseling verkocht door de familie Ramírez. Onder de nieuwe eigenaren bevindt zich nu de familie van Ricardo Fuentes uit Cartagena. Zijn zoon Paco en diens broers besloten zich de laatste jaren ook in te kopen in een aantal andere almadraba's. Aan de overkant, in Marokko, runt de Fuentes Groep vier almadraba's, inclusief die van Larache waar Crespo ooit de scepter zwaaide.

Diego Crespo herinnert zich dat de jaren zeventig niet gemakkelijk waren voor zijn familie. De organisatie van de almadraba was in vergelijking met het Consortium een stuk afgeslankt en efficiënter, maar daar stond tegenover dat de markt voor visconserven bepaald niet floreerde. Er werden slechte prijzen voor de blauwvintonijn betaald en het bedrijf draaide de eerste jaren met verlies of speelde hooguit quitte. De Crespo's, die hun hele spaargeld in de almadraba hadden geïnvesteerd, konden niet meer terug.

Toen verschenen Japanse vissersboten aan de kust, die op zoek waren naar de blauwvintonijn in de Middellandse Zee. In 1978 werd voor het eerst wat blauwvintonijn aan de Japanners verkocht. Het jaar erop lukte dat niet, maar vanaf 1980 brak de Japanse markt open voor de Crespo's.

In de loop van de jaren tachtig groeide de export verder. De Japanse vriesschepen werden een vertrouwd verschijnsel in de haven van Barbate. Japanners trokken mee op de schepen van de almadraba om de vissers te vertellen hoe ze hun tonijn moesten behandelen. Het was afgelopen met ontspannen sigaretjes roken als de buit was binnengehaald. 'Vooral snelheid, daar ging het ze om,' herinnert Crespo zich.

De Japanse handel bracht nieuw leven in de visserij. De oude boten van de almadraba werden vervangen door nieuwere modellen en uitgerust met tanks waar de versgevangen tonijn in ijswater werd gedompeld. 'Als we daar niet aan voldeden werd de tonijn eenvoudig niet gekocht,' zegt Crespo. Het was al moeilijk genoeg om de Japanners, die tonijn uit een stuk gewend waren, te laten wennen aan gevierendeelde moten om in te vriezen. Door zijn omvang – gemiddeld 250 kilo, maar soms zelfs 400 kilo – maar ook omdat de tonijn vaak met tientallen tegelijk werd binnengebracht, was de vriescapaciteit van het koelhuis in Barbate niet groot genoeg om de tonijn snel tot in de kern te bevriezen.

De almadraba is duur. Er werkt al snel een honderdtal vissers aan mee. Ieder jaar moet een kwart tot een derde van het materiaal van netten en kabels worden vervangen. Alleen de hoge prijzen die in Japan worden betaald voor de exclusieve, 'wilde' tonijn kunnen deze ambachtelijke vangst in stand houden.

Uiteindelijk werd de oudste vistechniek van het westen gered van de ondergang door het oosten. 'Zonder Japan,' zegt Diego Crespo, 'was de almadraba al lang verdwenen.'

Toch is Japan zowel de redding als de ondergang van de traditionele visserij. Naast het ondersteunen van de almadraba, die nu door de vissers wordt aangeprezen als duurzaam en kleinschalig, zijn de Japanners ook de motor achter het massale wegvissen bestemd voor de tonijnboerderijen en de Japanse massamarkt voor sushi.

Voor Crespo is er geen twijfel: de invoering van de purse seine-netten en de tonijnboerderijen geeft de tonijn de nekslag. De vangstcapaciteit is exponentieel vergroot. Vroeger verliet een vissersboot de haven, moest de tonijn opsporen, vissen en weer terug naar de haven om de tonijn uit te laden. Daar gingen dagen overheen. Met de boerderijen is het veel simpeler: je vangt de complete school in een buidelnet, zet ze over in een verplaatsbaar net en brengt ze naar de boerderij. De vissersboot zelf is binnen een halfuur weer klaar om verder te vissen. Een vergroting van tien, twintig, vijftig keer de viscapaciteit.

Als voorzitter van de vereniging van almadraba's bepleit Crespo de terugkeer naar de kleinschalige visserij om de tonijn te redden. En dus ook het inperken van de tonijnboerderijen, waar de familie Fuentes zo'n prominente rol in speelt. Crespo ontmoet Paco Fuentes de laatste jaren regelmatig in Barbate. Nu de Fuentes Groep deelneemt in de almadraba is hij lid van de vereniging almadraba's. De kwestie wordt zorgvuldig ontweken als de heren elkaar weer eens tegen het lijf lopen. 'Zolang ze maar de eisen van de almadraba's steunen als het gaat om de redding van de blauwvintonijn,' zegt Diego Crespo.

De visserij in het zuiden van Spanje bevindt zich sinds de jaren tachtig van de vorige eeuw in een crisis. Barbate, een stad met drieëntwintigduizend inwoners in de provincie Cádiz, gold ooit als uitvalshaven voor de Atlantische vissersvloot van Andalusië. Vis was de kurk waar de lokale economie op dreef. De vloot viste eerst de eigen kustwateren leeg en trok vervolgens door naar de Marokkaanse kust op zoek naar inktvis, sardien en ansjovis. Marokko zegde in 1999 het visserijakkoord met de Europese Unie op. De klap kwam hard aan in Barbate. De vloot kwam grotendeels stil te liggen. Een nieuw akkoord kwam tot stand na moeizame onderhandelingen, maar het werd niet meer wat het ooit geweest was. Veel vissers hielden het voor gezien. Hun schepen werden met Europese gelden weggesaneerd, zelf gingen ze met vervroegd pensioen. De bouwspeculatie die Spanje in zijn greep kreeg, leek nieuwe kansen op werk te bieden, maar toen de huizenbel in 2008 barstte bleek het slechts klatergoud. 40 procent van de bevolking zit nu zonder werk.

De Andalusiërs blijven grote viseters, maar de voortdurende saneringen van de vissersvloot zorgden ervoor dat ze niet langer in hun consumptie kunnen voorzien en hun vis moeten importeren. Aan het einde van het eerste decennium van de eenentwintigste eeuw telt het gebied officieel nog maar 10.000 vissers, van wie de helft op ambachtelijke schaal hun kostje bij elkaar vangt.

Het feest van de Virgen del Carmen, de beschermvrouwe van de vloot, dreigt te verworden tot een toeristische attractie. De vervallen hallen rond de havens, de verweerde installaties op de kades vormen steeds meer overblijfselen uit een recent verleden dat voor de nieuwe generaties bijna even onbegrijpelijk is als de resten uit de tijden van de Feniciërs en de Romeinen.

Sociaal slaat de werkloosheid hard toe. Veel jongeren in Barbate zoeken hun heil in de smokkel, die een lange traditie kent hier aan de rand van Europa. *Chocolate*, zoals de hasj wordt genoemd, wordt in snelle rubberen bootjes vanuit Marokko aangevoerd, op de stranden gedumpt en daar op snelle quads afgevoerd. Het 'makkelijke geld', *dinero facil,* werd een begrip: waar hun vaders vroeger een maand voor moesten werken, verdienen de jongens op een avond. Ze geven het uit aan snelle auto's en rijden met hun dreunende geluidsinstallaties op topvolume door de smalle straten van het dorp.

Aan de haven, naast de visafslag en ijsfabriek van Barbate, liggen honderden roestige ankers van de almadrabanetten als stille getuigen van wat er rest aan ambachtelijke tonijnvisserij. Tegenover de kades ligt het 'museum' van de tonijn, waar een lokale fabrikant van visconserven wat foto's en maquettes heeft verzameld van de tonijnvisserij in zijn gloriedagen. Je kan er duur een stukje mojama of een potje met in olijfolie ingemaakte blauwvintonijn kopen. Wie meer wil weten over de almadraba kan terecht in een gebouwtje naast de jachthaven. Daar heeft de regioregering een kleine tentoonstelling ingericht. Er zijn plannen om in het almadrabaseizoen hier een boot te laten vertrekken voor een route op zee langs de almadraba's. De tonijnvisserij als openluchtmuseum.

Het grote geld van de sushi-economie trekt hier voorbij. Wat er nog aan tonijn wordt gevist met de ambachtelijke almadraba's verdwijnt in de vriesschepen richting Japan, om daar verder te worden verwerkt. Hoe lang nog is de vraag. 'De wetenschappers hebben de alarmklok geluid,' zegt Diego Crespo. 'Onze visserij verdwijnt als het op deze manier doorgaat. Het moet anders.'

Hart voor tonijn

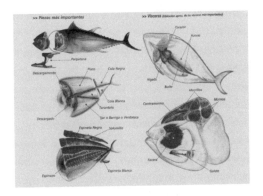

Al sinds de Romeinen is het hier bekend: vrijwel alles aan de tonijn kan worden opgegeten. In het restaurant El Campero, een krappe honderd meter van de haven van Barbate, wordt geen onderdeel van de blauwvintonijn weggegooid. Er is *ventresca*, het vette stukje buik, of er is *morillo*, *mormo* en *contramormo*, delen van de kop die smelten op de tong. Er zijn tonijneitjes, er is staartstuk en er zijn tonijnhaasjes. De kaart met tapas bevat gerookte en gestoofde tonijn, tonijnworst, tempura van tonijn en een tonijncarpaccio. Zelfs tonijnhart, in kleine zwarte stukjes sierlijk opgediend op een wit schaaltje met een beetje olie en een rode zoete peper, wordt hier geserveerd als hapje. Ook de sushi en sashimi ontbreken niet op de kaart. 'Alles uitsluitend van de blauwvintonijn van de almadraba,' vertelt de trotse kok en eigenaar José Melero Sánchez. In de keuken is hij net bezig met een nieuw experiment: gazpacho met tonijn. 'Onze blauwvintonijn is de beste ter wereld, het Juweel van de Straat van Gibraltar,' zegt hij.

El Campero groeide sinds de opening in 1994 uit tot een culinair referentiepunt voor de blauwvintonijn van de almadraba. In de jaren zeventig leerde Melero Sánchez het vak in de kleine tonijnkiosk die zijn familie in Barbate dreef. Andere tijden waren dat: ze verkochten aan de dorpelingen de traditionele, goedkope hapjes van tonijn. Gezouten tonijn, tonijnkuit, gebakken ingewanden en gestoofde tonijn met uitjes. De morillo, nu een van de duurste stukken vis, werd vanwege de vettige kwaliteit cadeau gegeven aan de klanten.

Met El Campero kwam de tonijn in een culinaire stroomversnelling. De Japanse koks van de vriesschepen die de haven van Barbate hadden ontdekt om de tonijn op te kopen, kwamen ook een kijkje nemen in de Andalusische keuken van Melero. Het was – voor beide partijen – even wennen. De Japanners zagen vol afschuw hoe de dure vis in enorme lappen werd gaar gebakken. De Andalusiërs gruwden van de rauwe tonijn die de Japanners aten. 'We waren geschokt,' kan Melero zich herinneren. Maar de nieuwsgierigheid overwon al snel. De Japanners leerden hem hun speciale snijtechnieken. Op zijn beurt leerde Melero hun de traditionele Spaanse recepten van ingezouten tonijn. Er ontstonden fusiegerechten: sashimi dippen in een saus van sherry, zout en olijfolie in plaats van sojasaus en wasabi.

Melero Sánchez maakt zich net als de almadrabavissers zorgen over de toekomst van de blauwvintonijn. De vetgemeste boerderijtonijn zal je niet aantreffen in El Campero. Uit principe, maar ook vanwege de smaak. 'Ik heb klanten die het geprobeerd hebben. De hele avond hadden ze last van vette oprispingen,' zegt Melero met een vies gezicht. En dan nog die medicijnen en de groeimiddelen die ze die beesten geven. 'De kleur, de smaak, het vet: tussen de almadrabatonijn en de boerderijtonijn ligt een afgrond aan kwaliteitsverschil.'

Misaki, een havenstadje op vijftig kilometer ten zuiden van Tokio, zou je met een beetje goede wil het Barbate van Japan kunnen noemen. Wie in Japan Misaki zegt, zegt tonijn. De haven aan de ingang van de baai is vanouds de basis waar de Japanse tonijnvloot aanlandt om zijn lading te lossen. De visafslag van Misaki geniet bekendheid onder de bewoners van Tokio als een toeristisch dagtripje. Je kan in de haven kijken naar de rondcirkelende visarenden, genieten van het uitzicht op de Fujiberg, eten in de lokale visrestaurants en met de boot een tripje maken naar het eiland dat voor het stadje in de baai ligt. In de markthal aan de haven kunnen de bezoekers terecht om tonijn te kopen.

Beneden in de hal van de visafslag van Misaki wordt gesleept met bevroren tonijn. Er is grootoogtonijn van voor de kusten van India en China, bonito en geelvintonijn. Maar ook blauwvintonijn: een exemplaar uit zuidelijke Pacific en zowaar een paar diepgevroren moten van de almadraba van Zahara en Conil. De vis wordt met een heftruck naar binnen gereden en op de natte glansbetonnen vloer met haken naar de pallets gesleept waar ze in lange rijen ter inspectie worden uitgesteld. De veiling van tonijn in Misaki kan beginnen.

Hoe lang nog, vraagt veilingdirecteur Yamamoto Takaichi zich af. 'Als u mij vraagt of onze markt over een maand nog bestaat zou ik daar geen antwoord op kunnen geven,' sombert hij. In zijn kantoor boven de grote veilinghal vertelt Takaichi dat het een moeilijke zomer is geweest voor de Japanse vissersvloot. De schepen hadden in juli een symbolische staking van een dag gehouden om aandacht te vragen voor hun problemen. Tweehonderdduizend boten, van de kleinste visserssloepen tot de grote vriesschepen, gooiden hun netten niet uit. Vierhonderdduizend werknemers in de visserij staakten. Ze waarschuwden dat de hoge olieprijzen de vloot in een bankroet dreigen te slepen. De overheid werd gevraagd om hulp in de vorm van belastingmaatregelen. De prijzen die de Japanners bereid zijn te betalen voor hun vis zijn te laag om de kosten te dekken, de vissers hadden de grens van hun kunnen bereikt.

Yamamoto Takaichi kan het alleen maar bevestigen. De handel gelooft niet dat de consument bereid is een prijs te betalen die de markt rendabel houdt. 'De jongere generatie is opgegroeid met hamburgers en vlees,' zucht Takaichi. 'Ze willen vette vis, als zalm, of vetgemeste blauwvintonijn.'

Takaichi probeert nu met speciale marketingacties Misaki een grotere naamsbekendheid te geven als de beste plaats om tonijn te eten en te kopen. Er is een speciaal tonijnfestival in de zomer. Er zijn educatieve tours naar de veiling. Op galerij met uitzicht op de handelsvloer kijkt een schoolklas muisstil toe hoe de juf op een opengewerkte tonijnmaquette aanwijst waar zich de lekkerste stukjes bevinden. In de grote markthal naast de haven kunnen de bezoekers terecht voor ingevroren tonijn. Ook zijn er plastic tonijntjes te koop om aan je mobiele telefoon te hangen of een kinderslabbetje van Kitty, de Japanse variant van Nijntje, die met een grote tonijnkop speelt. Gebakken tonijnkop is de lokale specialiteit van Misaki.

Marketing en promotie van tonijn, daar moeten de vishandelaren het van hebben, zegt veilingdirecteur Takaichi. 'Anders verandert Misaki definitief in een openluchtmuseum.'

Een wandeling door de uitgestorven straten van het stadje maakt duidelijk dat de jeugd al grotendeels vertrokken is uit Misaki. De gemeente heeft alle hoop gericht op het tonijntoerisme. Misschien dat er dan ook voldoende geld binnenkomt om het stadje van een riolering te voorzien.

Vishandelaar Nobu is die ochtend samen met zijn zoon op de veiling op zoek naar tonijn. Met zijn vishaak peutert hij geroutineerd een stukje tonijnvlees uit een losgezaagd staartstuk. De visboer draait het stukje even in zijn handen om het op de juiste temperatuur te brengen, neemt een stukje in de mond en gooit de rest op de betonnen vloer. Deze tonijn is te mager voor zijn klanten in Misaki. Nee, dan de tonijn van de Spaanse almadraba, dat was een ander verhaal. Het was de beste van de markt die ochtend.

Rond de lege hoofdstraat liggen de restaurants met tonijnspecialiteiten. Ook de complete tonijnkop staat op het menu. Naast de vishandel van Nobu liggen de gefileerde vissen op rekken te drogen in de lucht. Nobu-san is beroemd: vanuit Tokio komen schrijvers en intellectuelen speciaal naar de twee restaurants die hij naast zijn vishandel is begonnen. We eten er een sashimischotel van twee soorten toro, het vette vlees uit de tonijnbuik en *akami*, een magerder, roder stukje tonijn afkomstig van de zijkant van de vis. In Misaki kan je terecht voor tonijn. De vraag is hoe lang nog.

In de tempel hebben de handelaren uit het dorp een reusachtige afbeelding opgehangen van de god die waakt over het wel en wee van de inwoners. Aan zijn voeten liggen grote rapen, meloenen en de andere producten van het land. Maar bijna de helft van de plaats wordt in beslag genomen door een enorme tonijn die aan de goddelijke voeten ligt. Zal deze tonijngod Misaki kunnen redden?

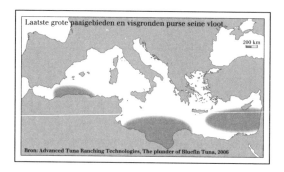

Laatste grote paaigebieden en visgronden purse seine vloot

200 km

Bron: Advanced Tuna Ranching Technologies, The plunder of Bluefin Tuna, 2006

De laatste jacht

Zoek de vis van vlees en bloed, anders sterf je van honger en van gouden dromen.

THEOCRITUS, *DE VISSERS*

I'll make him an offer he can't refuse.

VITO CORLEONE, *THE GODFATHER*

Het is een draaikolk, een maalstroom van giganten. De school blauwvintonijn zwemt in het diepblauw van het water langzaam rond een
onzichtbare spil ergens midden in de kooi van ronde netten. Honderden moeten het er zijn, in een tientallen meters diepe tornado van vis
die reikt tot aan de bodem van de zee. Traag zwemmen ze voort, hun
staartvin majestueus door het water zwiepend. De statige rust verdwijnt prompt op het moment dat de motor hoorbaar wordt van de
boot met verse vis. Zodra de sardien, haring en inktvis over de opstaande rand wordt gekieperd waarmee de netten van de ronde kooi
drijvende worden gehouden, verandert de oppervlakte van het water
in een kolkende massa van rugvinnen, opspattend zeeschuim en ge-
opende bekken waarin de vis verdwijnt. Voedertijd in de tonijnboerderij.

Als ze een paar maanden in de kooien zitten gaat de opwinding er
wel vanaf, zeggen de mannen die de vis naar binnen scheppen. De to-

212

nijn wordt dikker, trager en wijzer. De ervaring heeft ze geleerd dat er voedsel genoeg is, en dus zwemmen ze loom voort en laten de langzaam naar beneden zakkende vis in hun bek vallen.

De slachttijd begint vanaf oktober of november al naar gelang de stand van de markt in Tokio. Dan dalen duikers af om met een welgemikt schot van een onderwaterharpoen de vis te doden. In andere boerderijen worden de vissen afgeschoten met een geweer. Snel en efficiënt, zonder dat er adrenaline in de vis vrijkomt die het vlees doet verkleuren. De tonijn wordt uit het water getakeld, schoongemaakt en diepgevroren voor vervoer. De beste exemplaren worden in ijs verpakt overgevlogen naar de Narita-luchthaven van Tokio en vanaf daar zo snel mogelijk vervoerd naar de Tsukiji-markt.

De tonijnboerderijen van Ricardo Fuentes en zijn zonen liggen voor de droge, woestijnachtige kusten rond Cartagena. In de stad herinnert de naam van het hooggelegen fort El Atalaya nog aan de oude uitkijkposten voor de almadraba van de tonijn. De toeristische trekpleisters zijn hier het oude Romeinse theater, wat torens en oude forten. Er is geen tonijnmuseum en er zijn geen tripjes met een boot langs de plekken waar de almadraba's liggen zoals in Barbate.

De handel in tonijn is hier nog in volle gang en zeker geen museum. Ricardo Fuentes weet het: zijn boerderijimperium worstelt met een niet al te best imago. In de Spaanse pers verschijnt af en toe een bloedige reportage over hoe de blauwvintonijn met Remington-geweren wordt afgeslacht. De laatste jaren nemen de protesten toe. Greenpeace heeft al eens drijvende witte kruisjes in het water van de kooinetten gegooid zodat zijn boerderij letterlijk veranderde in een kerkhof voor de blauwvintonijn. Ook de tonijnwetenschappers steken de beschuldigende vinger uit naar de boerderijen die volgens hen de voornaamste oorzaak zijn dat de tonijnstand in tien jaar tijd op de rand van de ondergang balanceert.

Ricardo Fuentes hield al nooit van publiciteit. Nu hij een stapje terug heeft gedaan uit het actieve zakenbestaan en de leiding van zijn tonijnimperium uit handen heeft gegeven aan zijn zoon Paco, voelt hij nog minder aandrang om in het voetlicht te treden.

Directeur David Martínez van de Ricardo Fuentes Groep wil wel praten met buitenstaanders. 'De situatie rond de tonijn is moeilijk,' zegt hij. Het is oorlog op de tonijnmarkt: ieder voor zich. En de tonijn voor ons allen. 'Ik weet dat wij altijd de schuld krijgen,' zegt de directeur. Toch ligt het volgens Martínez niet zozeer aan Fuentes dat de tonijnstand hard achteruitloopt. De zaken liggen ingewikkelder. Het probleem is niet het boerderijimperium van Fuentes, maar de overcapaciteit van de purse seine-schepen die op tonijn vissen in de Middellandse Zee. 'Daar zou het mes in moeten,' zegt Martínez. 'Maar geen enkel land wil de eerste stap zetten.'

De jaren negentig waren de gouden tijden. 'Toen is goed geld verdiend in de boerderijtonijn', de directeur erkent het grif. 'Nu wordt het steeds moeilijker om het hoofd boven water te houden.' Na de millenniumwisseling begon de marktsituatie voor de boerderijtonijn te kenteren, legt Martínez uit. Doordat de yen vanaf 2002 aanhoudend daalde, werden de marges krapper. De Japanse consumenten die de kweektonijn kopen zijn niet bereid meer voor hun vis te betalen.

'Dat is het probleem van de tonijnboerderij,' zegt Martínez. De bedrijfstak gaat aan zijn eigen succes ten onder. De goedkope tonijn heeft een enorme markt gecreëerd, die echter kampt met een consument die slechts bereid is een relatief lage prijs te betalen voor zijn sashimi en sushi. Bij stijgende kosten – de vis die dient als voedsel wordt alleen maar duurder – kan de productie alleen winstgevend gehouden worden door schaalvergroting. En dat betekent nog grotere vangsten in nog grotere tonijnboerderijen.

En afgezien daarvan faalt het internationale beheer van de tonijnvoorraad op grootse wijze, klaagt Martínez. De illegale vangsten in de Middellandse Zee verstoren de markt. Nog steeds krijgen nieuwe tonijnboerderijen vergunningen. Nog steeds groeit het aantal schepen dat op tonijn vist.

Zelfs de dure, ambachtelijke almadraba's zijn inmiddels rendabeler geworden dan het vetmesten in de boerderij, zegt Martínez. 'Wilde' tonijn kan nu eenmaal voor een veel hogere prijs op de markt worden verkocht. Daarom is Fuentes in 2001 weer in de almadraba's gestapt.

De Fuentes Groep heeft zich ingekocht in de almadraba in Barbate en er liggen zestien licenties voor almadraba's in Marokko. Vier daarvan worden nu gebruikt, allen in de buurt van Larache. Het oude Lixus wordt zo weer in ere hersteld.

Diversificatie is het toverwoord. Vanaf 2004 is de Fuentes Groep begonnen om ook andere zeevissen te kweken: de dorade en zeebaars. Voor het geval dat de markt voor de tonijn definitief in de problemen komt.

Een totaal vangstverbod voor blauwvintonijn vindt Martínez geen goed idee. Een paar jaar geen tonijn en de boerderijen kunnen definitief opgedoekt worden. De oplossing zou beter gezocht moeten worden in een drastische vermindering van de tonijnvissersvloot in de Middellandse Zee. Wat Martínez betreft zou de vloot met de helft van de bestaande omvang kunnen worden ingekrompen. En als vervolgens alle landen zich aan hun vangstquota houden, dan zijn we al een stap verder, denkt hij. Maar iedereen probeert door te vissen. 'Wat heeft het voor zin om te stoppen met het vissen van blauwvintonijn als andere kapers op de kust gewoon doorgaan?'

Martínez hoopt dat de Europese onderzoeksprojecten om de blauwvintonijn in gevangenschap te kweken resultaten zullen opleveren. Tuna Graso, de tonijnboerderij die Fuentes samen met het Japanse Mitsui heeft, participeert ook in het onderzoek. De Europese Unie financiert mee. Volledig gekweekte tonijn, vanaf het eitje in gevangenschap verkregen. Net als bij de dorade of zeebaars. 'Dat moet de toekomst worden.'

De kwekers

Een oud probleem. De tonijn wordt niet duur betaald. De enige manier om de vangst rendabel te houden is te grijpen naar steeds grootschaliger middelen om de kosten van de vangst te drukken. De Feniciërs en Romeinen, de hertogen van Medina Sidonia en het Consortium deden niet anders, net als de Japanse vloot van longliners en drijfnetten. De overtreffende trap was het buidelnet en de tonijn-

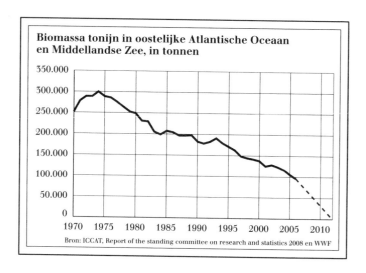

Biomassa tonijn in oostelijke Atlantische Oceaan en Middellandse Zee, in tonnen

Bron: ICCAT, Report of the standing committee on research and statistics 2008 en WWF

boerderij. De blauwvintonijn werd de batterijkip van de sushi-industrie.

Het sein staat op rood. De biomassa van blauwvintonijn die zich kan voortplanten was in de westelijke Atlantische Oceaan aan het begin van de eenentwintigste eeuw nog maar 10 procent van die aan het begin van de jaren zeventig van de twintigste eeuw. De oostelijke Atlantische blauwvintonijn, inclusief die in de Middellandse Zee, is tien keer zo groot, maar nam in dezelfde periode bijna met tweederde af. Wie de lijn van de statistieken doortrekt komt ergens rond 2012 op het absolute nulpunt voor de tonijn.

Tonijn kweken, van het eitje tot volwassen exemplaren, is de grote hoop van de tonijnindustrie. Het kunstmatig kweken van vis is niet nieuw. Azië kent een lange traditie van karperkwekerijen. Al in de negentiende eeuw kweekte Europa op grote schaal forel. De moderne kwekerijen ontstonden in de jaren zestig van de twintigste eeuw nadat Noorwegen zalmkwekerijen ontwikkelde in zijn fjorden. Het leek de ideale oplossing om te voorzien in een groeiende visconsumptie zonder de bestaande voorraden wilde vis uit te putten. Een gouden toekomst leek gegarandeerd.

De Wereldorganisatie voor voedsel en Agricultuur, de FAO onderstreepte het nog eens in een rapportage uit 2006: de meeste visgronden hebben hun maximale capaciteit bereikt of worden overbevist. Met een groeiende vraag naar vis, is de vangst van 'wilde' vis voor de toekomst geen optie voor een voldoende aanbod. En dus vormen kwekerijen de belofte.

De wereldwijde groeicijfers van de aquacultuur zijn dan ook indrukwekkend. Van een miljoen ton vis in 1950 groeide de productie van de kwekerijen tot bijna 60 miljoen ton in 2004. De FAO schat dat de helft van de totale visconsumptie aan het begin van de eenentwintigste eeuw gekweekt is. Bij de huidige bevolkingstoename moet de productie in de komende twintig jaar nog eens met 40 miljoen ton groeien, wil de visconsumptie per hoofd van de wereldbevolking op hetzelfde niveau blijven. Karpers in centraal Europa, oesters in Azië, zeewolf in de Verenigde staten, zalm in Canada, garnalen in Latijns-Amerika en de Caraïben: de kwekerijen verspreiden zich als nooit tevoren.

Toch zat er al snel een luchtje aan gekweekte vis. Veel Europese zalmkwekers weken uit naar British Columbia nadat ze in Europa te maken kregen met steeds scherpere regelgeving die de vervuiling van het zeemilieu moesten tegengaan. Alaska verbood de zalmkwekerijen op voorhand. De concentratie van een grote hoeveelheid vis in de vaste netten zorgt voor een opeenhoping van uitwerpselen, voedselresten en pesticiden. Een rapport van de Universiteit van Victoria schatte eind jaren negentig dat de afvalstoffen van alle zalmkwekerijen in British Colombia overeenkwamen met de rioolproductie van een stad van een half miljoen inwoners. Grote delen van de Latijns-Amerikaanse kusten worden volgebouwd met grootschalige garnalenkwekerijen die de vervuiling concentreren in het kwetsbare kustmilieu.

Er zijn meer nadelen. Dicht op elkaar gepakt zijn vissen extra gevoelig voor parasieten en ziektes. Dat wordt tegengegaan door antibiotica in het voer te mengen, waarvan resten weer in het menselijke lichaam terechtkomen met alle mogelijke resistentie-effecten voor bacteriën.

Ook wordt uit kostenbesparende overwegingen gerommeld met voedsel van onduidelijke herkomst. Dat verklaart volgens sommige voedselspecialisten de hoge concentraties schadelijke stoffen die terug te vinden zijn in de kweekzalm. Veel goede omega 3-vetten voor hart en vaten, maar ook veel pcb's en andere organische chloorverbindingen die kanker veroorzaken: je vindt het allemaal terug in de boerderijzalm.

Omdat het oog ook wat wil, krijgt de kweekzalm kleurstoffen gevoerd om te voorkomen dat de vis zijn roze kleur verliest door gebrek aan garnalen in zijn voer.

En dan is er nog het probleem van de genetische oorlog die woedt in de kustwateren rondom de zalmboerderijen. Gekweekte vissen kunnen natuurlijk ook ontsnappen en zo de wilde soort aantasten door ze genetisch te verzwakken of te besmetten met zich snel verspreidende ziektes. Het gaat hierbij niet om kleine getallen. Alleen al voor de Noord-Amerikaanse Westkust ontsnapten in de jaren negentig een half miljoen gekweekte zalmen, vaak als gevolg van stormen die de kooien vernielen. Volgens een onderzoek zou inmiddels 40 procent van de 'wilde' zalm in de Noord-Atlantische Oceaan genetisch gesproken behoren tot de boerderijzalm. De oorspronkelijke vis wordt zo alsnog gedecimeerd door een soort met heel nieuwe eigenschappen.

Veel van de problemen worden met strengere regelgeving aangepakt. Zo heeft de ontwikkeling van visvaccins het gebruik van antibiotica teruggedrongen. Maar op de grote mondiale markten, waar consumenten eerder zijn geïnteresseerd in een lage prijs dan in een duurzaam stukje vis, zoeken producenten naar de mazen in de wet. Door uit te wijken naar landen waar de regels niet gelden, kan de zalm aanzienlijk goedkoper geproduceerd worden. Een land als Chili kon zo een enorme zalmproductie opbouwen en door een agressieve prijspolitiek de concurrentie elders uit de markt drukken.

Het werkt. Terwijl in 1980 nog maar 3 procent van de wereldwijde zalmproductie uit de kwekerijen kwam, was dit twintig jaar later gestegen tot 65 procent. De consument ligt er niet wakker van. Niemand hoeft de kosten af te rekenen.

De boerderijtonijn wordt nog niet gekweekt, maar enkel vetgemest. Zelfs voor wie niet onmiddellijk meevoelt met de tonijn, is het geen prettig gezicht om te zien hoe een levende torpedo die gewend is duizenden kilometers door de zeeën af te leggen wordt opgesloten in een net van enkele tientallen meters doorsnee waar hij alleen rondjes kan zwemmen. Het lijkt op de wildebeestenafdeling van een ouderwetse dierentuin, met tijgers en leeuwen in een te krappe kooi.

De tragiek van de tonijn: het is geen zeehondenbaby: Brigitte Bardot met een tonijn in haar armen werkt niet. Een tonijn is geen dolfijn die altijd lacht of een pinguïn die zo grappig over het ijs waggelt. Een tonijn huilt niet en maakt geen knorrende geluidjes zoals een walvis. De tonijn zwijgt en kwispelt hooguit wat met zijn staartvin om vooruit te komen. Daar win je het grote publiek niet mee.

Voor de viskwekers zijn de problemen van de vetmestboerijen van een heel andere aard: vis kost vis. De vis die dient als voedsel voor de tonijn wordt steeds schaarser en dus duurder. Tijdens het verblijf van drie tot zes maanden in de boerderij moet er voor duizenden tonnen aan vis worden aangesleept.

Tonijnboerderij in Malta

En dan is er nog de duurzaamheid, die term die in de afgelopen jaren zo snel is opgekomen zonder dat de betekenis altijd in de gaten wordt gehouden. Uit oogpunt van voedingsefficiëntie zijn de tonijnboerderijen een verliesgevende aanslag op de bestaande biomassa. Grote vis eet kleine vis. Een zalm eet drie kilo vis om een kilo aan te komen, iedere kabeljauw vijf kilo. Maar voor iedere kilo gewichtstoename van een tonijn is al snel twintig kilo aan gevoerde vis nodig. De tonijn is daarmee de Hummer onder de vissen: in termen van voedingsenergie is hij uiterst inefficiënt.

Het moest ook anders kunnen. Professor Hidema Kumai had sinds 1970 een droom. Tonijn kweken. Niet vetmesten, maar echt kunstmatig kweken. Meer dan dertig jaar lang zette het hoofd visserijonderzoek van de Kinki Universiteit in Higashi-Osaka alles in het werk om de blauwvintonijn in gevangenschap te verwekken. Dat maakt in één klap een eind aan het belangrijkste bezwaar dat de boerderijtonijn nu kent: het wegvissen van de tonijn voor dat deze zich voort kan planten. Wie erin zou slagen al die miljoenen tonijneitjes per tonijn te bevruchten en de larven in een beschermde omgeving op laten groeien, had de toekomst van de blauwvintonijn in handen.

Kumais experimenten hadden aanvankelijk weinig succes. De jonge tonijn probeerde uit de netten te breken door er op volle vaart tegen aan te zwemmen en brak zo zijn nek. Grotere exemplaren aten de kleinere op.

Grootste probleem waar het experiment tegen aanliep was echter het kunstmatig aanzetten van tonijn tot kuitschieten. De blauwvintonijn bleek alleen onder zeer speciale omstandigheden en bij bepaalde temperaturen rijpe eitjes te kunnen produceren.

Pas in 2002 slaagde de Japanse wetenschapper in zijn opzet: met juiste voeding en watertemperatuur werden de eerste tonijnen gekweekt, van het eitje tot volwassen exemplaren. *Kindai* werd de vis gedoopt, naar de nieuwe naam van de Kinki Universiteit. Twee jaar later, in 2004, verscheen het eerste volwassen exemplaar op de markt. De Japanse Maruha Group, een grote speler in de tonijnmarkt, werd de hoofddistributeur van de vis.

Kindai is een hype onder tonijnspecialisten. Het zou immers een belangrijke stap kunnen zijn in de richting van de oplossing van het tonijnprobleem: de eerste 'duurzame' blauwvintonijn die de bestaande populatie 'wilde tonijn' ongemoeid laat en de soort voor uitsterven behoedt.

Nu ook de Chinese markt de sushi heeft ontdekt, en China's nieuwe rijken alleen maar sushi met blauwvintonijn willen hebben, zal de druk op de markt de komende jaren alleen maar groter worden. Kindai-tonijn wordt vanuit Japan naar de Verenigde Staten geëxporteerd als exclusief hapje in de restaurants van tophotels in New York en San Francisco. De prijzen zijn vergelijkbaar met die van de 'wilde' tonijn uit de almadraba. Toch is het de bedoeling dat de kweektonijn juist een lage prijs moet krijgen die kan concurreren met de tonijn die in gevangenschap wordt vetgemest.

De Japanse acceptatie van de kweektonijn van de Kinki Universiteit is vooralsnog gemengd. Sommige sushichefs zouden zich walgend hebben afgekeerd van de 'ranzige' smaak van de vis, andere culinaire meesters roemen juist de excellente kwaliteit van de Kindai omdat hij niet van wilde tonijn te onderscheiden valt. Kindai heeft de toekomst, zegt vader Hidema Kumai over zijn geesteskind. Grootschalige tonijnfarms, gesteund door de Japanse overheid, moeten de drijvende stallen gaan vormen waar Japans toekomstige blauwvintonijn zal worden grootgebracht.

De race voor de kweektonijn is inmiddels in volle gang. De Stehr Group, een van de grootste visboerderijen van Australië, is zijn eigen project voor het kweken van zuidelijke blauwvintonijn gestart met hulp van de Australische regering. Een ploeg Europese onderzoekers onder leiding van de Spaanse tonijndeskundige Fernando de la Gánderia werkt met Europese subsidies en hulp van de Tuna Graso-boerderijen van de Fuentes Group in Cartagena aan het zogenaamde Selfdott-project. Met hulp van het implanteren van hormonen wordt geprobeerd bevruchte tonijneitjes te verkrijgen. Het andere deel van het onderzoek bestaat uit het ontwikkelen van een nieuw dieet voor de opgroeiende tonijn dat in plaats van vis bestaat uit vegetarische extracten en algen. De vegetarische kweektonijn moet economischer gevoed worden en op die manier minder belastend zijn voor het milieu. 'We hopen hiermee de kleinere vissen te sparen die nu als voer worden gebruikt. Vis als voedsel is moeilijk verteerbaar en brengt veel fosfor in het zeemilieu,' legt Gánderia uit.

Het tonijnhuis Sojitz helpt de Kinki Universiteit inmiddels mee te financieren voor hun Kindai-project. De eerste generatie kweektonijn was misschien niet goed van smaak, maar de vis wordt ieder jaar beter eetbaar door een verbetering van de voedertechnieken, aldus Sojitz. Mitsubishi Corporation, de grootmacht onder de blauwvintonijnhandelaren, heeft zich ook in het onderzoek gestort. Met partners zowel in Japan als in het buitenland wordt aan het kweekproject gewerkt.

De resultaten lijken op korte termijn nog niet hoopvol. Tonijn groeit relatief langzaam, de voederkosten blijven hoog liggen en de speciale condities om bevruchte tonijneitjes te verkrijgen zijn complex. Volgens sommige schattingen kan het nog wel een jaar of tien duren voordat de kweektonijn daadwerkelijk op grote schaal verhandeld kan worden.

Het complot

Gemma Parkes bewaart geen prettige herinneringen aan Dubrovnik. De kustplaats in Kroatië wordt vanwege zijn fraaie ligging aan de azuurblauwe zee ook wel 'de parel van de Adriatische Zee' genoemd. In de jaren negentig had Kroatië zich ontwikkeld als een van de eerste landen aan de Middellandse Zee met tonijnboerderijen en dus was het toepasselijk dat hier in november 2006 de jaarlijkse vergadering van de Internationale Commissie van de Atlantische Tonijn (ICCAT) werd georganiseerd.

Als woordvoerder van de natuurbeschermingsorganisatie World Wide Fund for Nature (WWF, in Nederland bekend als het Wereld Natuur Fonds, WNF) was Parkes van de partij bij de discussie over het vaststellen van de quota en vangstregels voor de blauwvintonijn voor het vangstseizoen 2007. Het WWF had eerder dat jaar een stevig onderzoeksrapport gepubliceerd over de stand van zaken van de voorraad blauwvintonijn in de Middellandse Zee. Samensteller was Roberto Mielgo, een deskundige tonijnkenner die jaren werkzaam was geweest in het opzetten van tonijnboerderijen, en die nu door het WWF was ingehuurd om het onderzoek te verrichten.

Het rapport las als de apocalyps van de blauwvintonijn. De vangsten van de vier almadraba's in Spanje waren in drie jaar tijd 80 procent gedaald. Er werd in het zwarte circuit minstens 40 procent meer aan Atlantische blauwvintonijn weggevist dan officieel was toegestaan. Nu de westelijke Middellandse Zee praktisch was leeggevist, had de vloot van purse seine-vissers zich steeds meer richting Libië en de Levant Zee verscheept waar zich de laatste grote zones bevonden waar de blauwvintonijn zich vrijelijk kon voortplanten.

De blauwvintonijn was verworden tot een handel waar honderden miljoenen euro's mee waren gemoeid, maar de greep op reders, boerderijeigenaren en corrupte mediterrane regimes ontbrak volledig. Bovendien werd er op grote schaal gefraudeerd met de vangstcijfers: de handel in 'zwarte tonijn' floreerde. De beschermingsmaatregelen van de ICCAT waren al tien jaar lang een lachertje waar niemand zich wat van aantrok. Als er niet drastisch werd ingegrepen, zou de complete voorraad blauwvintonijn binnen korte tijd uit de zee zijn verdwenen.

Het rapport beschreef een grabbelton aan fraude en bedrog. De vangstcijfers die aan de ICCAT werden gemeld waren zwaar geflatteerd. Sommige landen namen nauwelijks de moeite om dat te verhullen. Frankrijk meldde in 2004 aan het statistische bureau van de Europese Unie (Eurostat) vangstcijfers die 25 procent hoger waren dan de cijfers die het land aan de ICCAT meldde. En dat cijfer lag weer 50 procent boven de toegestane quota.

Libië, het land onder leiding van kolonel Muhammar Khaddafi, was met een vijftigtal moderne purse seine-vissersboten actief met illegale en ongerapporteerde vangsten, die bijna drie keer zoveel bedroegen dan was toegestaan. Samen met Malta, Cyprus en Libië was het in 2004 verantwoordelijk voor bijna 8000 ton aan illegaal gevangen blauwvintonijn.

Ook de vangsten van de Italiaanse purse seine-vloot bevonden zich ruim boven de toegewezen quota. De Japanners lieten voor de Algerijnse kust longlineboten rondvaren die volgens de schattingen drie keer zoveel aan tonijn wegvingen als officieel werd aangegeven. Exportdata voor tonijn uit Algerije ontbraken in het geheel. Uit de handelscijfers tussen Spanje en Tunesië bleek dat 530 ton tonijn min of meer zoek was in de vangststatistieken. Korea meldde helemaal niets over de vangsten van zijn longliners die nog steeds actief waren in de Middellandse Zee.

Ook gastland Kroatië bleek op grote schaal te rommelen met de officiële vangstcijfers en liet duizenden tonnen tonijn uit zijn vetmestboerderijen onvermeld. Turkije viste in 2005 flink op tonijn zonder dat het land überhaupt iets van quota toegewezen kreeg. Het land was bezig een vloot van 240 purse seine-schepen op te bouwen.

De situatie van het wegvangen van de tonijn werd omschreven als een 'nachtmerrie van Darwin'.

In de vergaderzaal van de ICCAT in Dubrovnik bleek dat het rapport serieus werd genomen. Iemand had bloemen voor Parkes achtergelaten op de tafel waar de stoeltjes voor het WWF waren gereserveerd. Het was een bloemstuk van witte lelies en chrysanten. Een grafkrans. De klassieke manier van de maffia om nog een laatste keer te waarschuwen voordat het menens werd.

'Ons rapport raakte kennelijk een gevoelige snaar bij sommige deelnemers in de tonijnvisserij,' concludeert Parkes naar aanleiding van haar grafkrans. Ze was niet de enige die te maken kreeg met bedreigingen. Enkele medewerkers aan het WWF-rapport kregen een envelop met een kogel toegestuurd. Sommige journalisten die de bijeenkomst in Dubrovnik bijwoonden werden telefonisch bedreigd. De blauwvintonijn is aan het begin van de eenentwintigste eeuw big business. Een zaak waarbij geen lastige pottenkijkers worden geduld.

De tonijn wordt wereldwijd in de gaten gehouden. Al jaren. Vijf internationale organisaties proberen al decennialang om de verschillende tonijnsoorten van de ondergang te redden. De organisaties hebben indrukwekkende namen en afkortingen. In 1969, toen de internationale conservenindustrie in volle bloei was, werd door zeventien landen de ICCAT opgericht. Doel was het managen en in stand houden van tonijnsoorten en tonijnachtigen als zwaardvis door middel van het instellen van de totaal toegestane vangst, verdeeld over quota voor de verschillende landen. Broederorganisaties met een soortgelijke opdracht zijn de Inter-American Tropical Tuna Commission (IATTC) voor de oostkant van de Stille Oceaan, de Commission for the Conservation of the Southern Bluefin Tuna (CCSBT) die de zuidelijke kant van de Stille Oceaan in de gaten houdt en de Indian Ocean Tuna Commission (IOTC) die de Indische Oceaan onder haar hoede heeft.

Hoewel de internationale tonijnorganisaties veelal buiten de algemene belangstelling van het grote publiek opereren, treedt soms plotseling een van de commissies in de schijnwerpers. Zo behaalde de IATTC in 1995 een succes met de ondertekening van de Panama-verklaring: twaalf betrokken landen – met uitzondering van Japan – verplichtten zich aan de wettelijk verbindende overeenkomst om de dolfijn te beschermen. Dit nadat de drijfnetten in de tonijnvisserij voor een slachting onder de dolfijnen in de Stille Oceaan hadden gezorgd. Voor het eerst werd de bijvangst van de tonijnvisserij de kop in gedrukt en werden de vissers betrokken bij een meer duurzame vorm van het natuurbeheer op zee.

Aan de westkant van de Atlantische Oceaan lijkt de vangt van de blauwvintonijn – in de jaren negentig beperkt tot een jaarlijks vangstquotum van 2000 tot 3000 ton – redelijk onder controle. Maar aan de oostkant, in het bijzonder in de Middellandse Zee waar verreweg de meeste blauwvintonijn wordt gevist, wordt de tonijn nog steeds in historisch ongekende hoeveelheden uit de zee gehaald. Zesenveertig landen en de Europese Unie zijn inmiddels lid van ICCAT, waaronder de VS, Canada, Japan, Korea, Rusland en een reeks mediterrane Zuid- en Midden-Amerikaanse landen. Dit indrukwekkende gezelschap komt al decennia bijeen om de tonijn van de ondergang te redden.

Het doel van de ICCAT is mooi, maar een slagvaardige internationale organisatie kun je haar moeilijk noemen. De organisatie leek van meet af aan eerder een speelbal van de enorme geldbelangen van de visserijsector. De 'International Conspiracy to Catch All Tuna' geldt inmiddels als de alombekende spotnaam voor de organisatie. Het grapje begint gaandeweg een steeds grimmiger ondertoon te krijgen.

Het wetenschappelijke comité van de ICCAT waarschuwde al in 1981 dat de westelijk Atlantische tonijnpopulatie voor de Amerikaanse kusten gevaarlijk dicht het nulpunt was genaderd. In de Middellandse Zee ging het niet veel beter. Begin 1994 kwam ICCAT overeen om de longlinevisserij in de Middellandse Zee te verbieden in de maanden juni en juli, de paringsperiode van de tonijn, maar omdat de aangesloten landen nauwelijks controleerden en de ICCAT niet beschikte over een eigen kustwacht, waren er weinig middelen om de bepalingen af te dwingen. De Middellandse Zee zou dan ook nog jarenlang bezocht worden door longlineboten die onder exotische vlag, of gewoon zonder enige vlag, zich niets van het vangstverbod aantrokken. De landen die wel deel uitmaakten van de overeenkomst trokken zich vaak evenmin iets aan van de bepalingen. Zo bleek dat Spanje tot aan het eind van de jaren negentig nog steeds veel tonijn aan wal bracht die niet voldeed aan de minimale omvang.

Jaar in, jaar uit adviseerden de tonijndeskundigen van de ICCAT om de totale vangst aan tonijn terug te brengen, zodat de soort zich weer enigszins kon herstellen. Jaar in, jaar uit moest vervolgens geconstateerd worden dat het effect precies omgekeerd was: er werd juist meer blauwvintonijn gevangen. Van 1,7 miljoen exemplaren in 1969 daalde de voorraad tot 900.000 begin jaren tachtig. Na een kleine opleving kelderde de voorraad in de loop van de jaren negentig verder naar beneden.

In 2008 kwamen een honderdtal tonijnwetenschappers van de ICCAT-landen bijeen in het Gran Hotel Velázquez gelegen in Madrid. In de vergaderzaal met zijn ietwat versleten chic van de houten lambrisering en de marmeren pilaren in de lobby, werd de laatste stand van zaken doorgenomen rondom de blauwvintonijn. Er waren tonijnveteranen als José Luis Cort uit Spanje en Makoto Miyake uit Japan, en de nieuwe generatie tonijnenspecialisten zoals de maritiem bioloog Fransman Jean-Marc Fromentin van het Franse visserijinstituut.

Het rapport dat deze elite aan tonijndeskundigen uitbracht las als een doodsbericht voor de blauwvintonijn. Tussen de regels van het droge wetenschappelijke proza valt de wanhoop af te lezen over de vangstbeperkingen die sinds 1998 werden ingevoerd. Al die jaren was er een substantieel deel van de vangsten niet gerapporteerd, concludeerden de wetenschappers. Hoe substantieel wist niemand, omdat de officiële data over de tonijnvangst van 'matige kwaliteit waren'.

Van de blauwvintonijn in de Middellandse Zee en de oostelijke Atlantische Oceaan wordt op dit moment 80 tot 85 procent weggevist met de purse seine-netten. De vissers op deze boten werken niet goed mee aan de dataverzameling. Bepaalde tellingen waren zo onbetrouwbaar dat ze door de wanhopige wetenschappers maar waren gestopt. Nog moeilijker lag het bij de tonijnboerderijen, waar de controle op wat er aan tonijn wordt ontvangen en wat eruit komt, vaak aan alle kanten rammelde. De andere maatregelen ter bescherming van de tonijn werden ondermijnd door corruptie, ontduiking of simpelweg negeren. De controle op het sluiten van de visgronden en het verbod op de opsporingsvliegtuigjes zou 'meer aandacht moeten krijgen' aldus de wetenschappers.

Het was een diplomatieke manier om te zeggen dat er niets van de beschermingsmaatregelen terecht was gekomen.

De vangsten in de Middellandse Zee en de oostelijke Atlantische Oceaan werden in 2007 door de wetenschappers van de ICCAT geschat op 61.000 ton. Dat was meer dan drie keer zoveel als het niveau dat werd aanbevolen om de bevissing ook voor de toekomst te garanderen.

De Amerikaanse zee-ecoloog Carl Safina vatte de situatie aldus samen: 'In het geval van de blauwvintonijn zien we de gevolgen van de tirannie van de hebzucht voor de natuur, de politiek en de wetenschap.'

Zo beweegt de ICCAT zich voort van machteloos besluit naar machteloos besluit, als een logge, tandeloze reus, links en rechts ingehaald door de machtige tonijneconomie van het snelle geld.

De tonijnspion en het Fort Knox

Geheel in stijl is de afspraak op een spionnenlocatie: een anoniem koffieterras op het Atocha-treinstation in Madrid. Geen verdachte toehoorders in de buurt, veel storend achtergrondgeluid dat afluisteren bij voorbaat onmogelijk maakt en genoeg vluchtwegen om ons uit de voeten te maken mocht dat nodig zijn. Roberto Mielgo is de directeur van Advanced Tuna Ranching Technologies. Zelf noemt hij zich het liefst 'technisch consulent'. Maar je zou hem ook tonijnspion kunnen noemen, erkent hij lachend.

Mielgo – eind in de veertig, goedgevuld postuur en een wakkere blik achter brillenglazen – is net met de hogesnelheidstrein uit Barcelona gearriveerd en moet straks weer door naar een volgende afspraak. 'Het zijn drukke tijden,' zegt hij en steekt een sigaret op. Sinds het geruchtmakende rapport dat Mielgo in 2006 voor het WWF schreef is hij een veel geraadpleegd man. Iedereen wil weten waar de tonijn vandaan komt, wie ze wegvangt, op welke farms ze worden vetgemest en waar de vis uiteindelijk terechtkomt. En Mielgo, met zijn brede netwerk van medewerkers, vliegtuigspotters, informanten, spionnen en dubbelspionnen, kent de routes van de tonijn. Jaren was hij zelf werkzaam in de tonijnboerderijen, toen de bedrijfstak nog in de kinderschoenen stond.

Nu werkt hij voor zichzelf. Als onafhankelijk adviseur van ngo's. Maar ook regeringen en tonijnboeren op de Middellandse Zee maken gebruik van zijn diensten. Hij verdient er goed aan, geeft Mielgo toe, maar hij doet zijn werk ook uit overtuiging. 'Het gaat niet alleen om het redden van de vis, maar ook om de visserij. De exploitatie van de blauwvintonijn in de laatste twintig jaar heeft een proces in werking gezet dat een visserijtraditie van duizenden jaren in de Middellandse Zee met de ondergang bedreigt. Dat moet voorkomen worden.'

Het vergaren van tonijninformatie is niet zonder risico, zegt Mielgo. Er zijn grote belangen met de wereldhandel in tonijn gemoeid. En niemand houdt van speurders die in kaart proberen te brengen welke route de tonijn aflegt van het moment dat hij gevangen wordt tot waar hij uiteindelijk terechtkomt op de markt. Het is een verraderlijke wereld, compleet met dubbelinformanten die verkeerde informatie proberen te slijten en bedreigingen uit de hoek van de illegale tonijnvissers. De tonijnmaffia in Tunez bedreigde zijn medewerkers met de dood, zegt Mielgo. Zelf kreeg hij ook dreigtelefoontjes. Sicilië en Malta, waar de zwarte handel in tonijn floreert, zijn ook plekken waar je op je tellen moet passen. Libië heeft geen beste naam. Mielgo is erop voorbereid. Als hem iets ernstigs overkomt, dan ligt er bij een notaris een envelop klaar met foto's en ander belastend materiaal. Mogelijke daders zijn gewaarschuwd.

Mielgo maakte aan den lijve mee hoe de tonijnvisserij in minder dan tien jaar tijd verloederde. Als ervaren duiker raakte hij in de jaren negentig betrokken bij de tonijnboerderijen in de buurt van Cartagena. Ricardo Fuentes kreeg snel navolging nadat hij er zijn eerste boerderijen had gevestigd. Mielgo hielp met het inrichten van de kooinetten, het transport van de gevangen tonijn en het schieten en slachten van de beesten. Met zijn ervaring begon hij als zelfstandig adviseur mee te helpen met het opzetten van boerderijen die vanuit Spanje en Kroatië al snel de rest van de Middellandse Zee veroverden.

Mielgo is geen natuurbeschermer, maar wat hij zag begon hem steeds meer tegen te staan. De wildgroei aan tonijnboerderijen, gecombineerd met de druk uit de Japanse markt om de prijzen laag te houden kreeg het karakter van ordinaire plundering. En naarmate de tonijnboerderijen zich dieper in de Middellandse Zee verplaatsten, werd de geur van corruptie en zwarte handel steeds sterker.

Veel geld, weinig controle. Tonijn is ideaal voor zwarte handel, zegt Mielgo. Hij steekt nog een sigaret op. Leningen bij het opzetten van boerderijen en voorfinancieren van de vangst zijn ideaal om zwart geld wit te wassen. De maffia in Sicilië zit in de tonijn. Regimes in landen als Tunesië en Libië staan erom bekend dat ze voor de juiste hoeveelheid steekpenningen tonijnboerderijen ruim baan geven. Op Malta wordt illegaal gevangen tonijn witgewassen.

In zijn WWF-rapport uit 2006 meldde Mielgo hoe Libië en Tunesië in 2005 hun exclusieve visserijzone op zee flink uitbreidden. Ook voor de zones, waarin zich de laatste grote paringsgebieden bevinden van de blauwvintonijn, werden contracten gesloten met de 'Fuentes Groep en de grote Japanse blauwvintonijnimporteurs en -handelaren'. Deze contacten hadden een 'semimonopolistisch karakter', aldus het rapport. Vrij vertaald: de tonijndeals staan onder directe controle van de familieclan van de Libische dictator Khaddafi en de almachtige Tunesische zakenfamilie Trabelsi die gelieerd is aan 'president voor het leven' Ben Ali. Libië meldde zijn vangsten vanaf 2004 niet meer aan bij de ICCAT. De meldingen van Tunesië zijn volgens de analyse van Mielgo aantoonbaar veel te laag. Hij schat dat beide landen in 2005 zo'n 9000 ton aan tonijn wegvingen, tweeënhalf keer zoveel als hun toegewezen quota.

Ook de Europese Unie hielp op een opmerkelijke manier een handje mee aan de illegale tonijnvisserij. Met behulp van Europese miljoenensubsidies werden de Franse, Italiaanse en Spaanse purse seine-schepen vanaf eind jaren negentig compleet vernieuwd. Nieuwe, efficiëntere scheepsmodellen met betere motoren, uitgerust met state-of-the-art-radar- en sonartechnologie gecombineerd met chlorofyl- en zoöplanktonmeters zorgden voor een vangstcapaciteit die in geen enkele verhouding stond tot de officieel toegestane vangstquota voor blauwvintonijn.

Het gevolg was dat de Europese Unie opnieuw subsidies ging betalen, ditmaal om de schepen juist uit de vaart te nemen. Dat verhinderde niet dat veel Franse purse seine-schepen simpelweg onder Libische vlag gingen vissen. Op papier waren de schepen die met Europese gelden waren gebouwd verdwenen. In werkelijkheid visten ze gewoon door, met dezelfde bemanning en voor dezelfde tonijnboerderijen. Alleen de vlag veranderde.

'Het draait om pure hebzucht.' Mielgo steekt nog een sigaret op. 'En om macht.' Diepgevroren blauwvintonijn is vrijwel zonder beperking te bewaren. Wie de aanvoer van deze grondstof in handen heeft, bezit de sleutel van een markt waar vele honderden miljoenen euro's in om gaan. Wie beschikt over voldoende diepvrieshuizen kan voorraden aanleggen en de prijzen opdrijven in tijden van schaarste. Voor wie groot en machtig is en de mogelijkheid heeft voor massale opslag, heeft het creëren van een tekort zelfs een direct belang.

Toen de tonijn veranderde van een vis in een grondstof, besloten de grote Japanse spelers om hun greep te versterken op alle schakels in de productie- en distributieketen, van het moment dat de tonijn wordt gevangen totdat het eindproduct wordt afgeleverd bij de consument. Roberto Mielgo zag dit proces van dichtbij gebeuren. De Japanse handelsreuzen in de tonijnmarkt – Mitsubishi, Mitsui, Sojitz en Maruha – doken steeds meer op in vooruitgeschoven posten aan de Middellandse Zee. Ze stuurden inkopers eropuit om de tonijn rechtstreeks op te kopen bij de almadraba's in Zuid-Spanje. Ze verkregen een stevige greep op de tonijnboerderijen. 'Uiteindelijk zijn het de Japanse bedrijven die in de tonijnmarkt aan de touwtjes trekken,' zegt Mielgo. 'Als de grote opkopers bepalen zij de markt en de prijzen die er voor de tonijn betaald worden. Andere grote afnemers zijn er niet.' Het riekt volgens hem naar een kartel met afspraken over prijzen, marktverdeling en aanbod.

'De Japanners,' zegt Mielgo met nauwelijks verholen weerzin, 'hebben de vis in handen. Ze kopen een luxeproduct tegen afbraakprijzen. En ze heersen over de tonijn uit onze zee. Wij hebben ons met huid en haar verkocht als een stel lakeien.'

'Het verhaal gaat nog een stap verder,' zegt Mielgo en steekt nog een sigaret op. 'De Japanners bouwen in hun vrieshuizen aan een strategische voorraad blauwvintonijn.' Terwijl de voorraad in de zee afstevent op een biologische ineenstorting, staat in Japan een Fort Knox van blauwvintonijn.

Net zoals de Verenigde Staten zijn goudvoorraad heeft om de waarde van de dollar te kunnen garanderen, zo heeft Japan zijn voorraad ingevroren tonijn om het aanbod van sushi's te kunnen waarborgen. Japans nationale strategische tonijnvoorraad beslaat zo'n 20.000 ton blauwvintonijn, zegt Mielgo. Hij vermoedt bovendien dat er in koelhuizen buiten de Japanse grens – in China, Vietnam, Thailand en de Filippijnen – nog eens een dergelijke hoeveelheid ligt. De werkelijke strategische voorraad zou wel eens het dubbele kunnen zijn.

Een enorme voorraad tonijn die bij 70 graden Celsius onder nul geduldig ligt te wachten om bij de juiste prijzen ontdooid te worden. De theorie van Mielgo wordt bij de Japanse tonijnhuizen krachtig ontkend. Er wordt gewezen op de vrieskosten die na verloop van tijd hoog oplopen. Maar Mielgo gaat nog een stap verder: een belangrijk deel van de strategische voorraad beweegt zich volgens hem in het grijze circuit. De grote vrieshuizen die buiten Japan worden neergezet, worden benut om de zwarte tonijn afkomstig uit de Middellandse Zee door te sluizen. De tonijn uit de koelhuizen krijgt een herkomststempeltje mee van het land waar het koelhuis staat. Zo kan de illegaal gevangen tonijn na een tussenstop toch de Japanse grens overkomen. Op deze manier kent het Verre Oosten zijn 'tuna laundering', zegt Mielgo.

'De tonijn is het voorbeeld van een visserij waarin alles wat verkeerd kon gaan ook verkeerd is gegaan,' zucht Roberto Mielgo. De techniek, de handelsmacht en de fraude werken de uitputting van de voorraad in de hand. Er is sprake van een systematische overbevissing ondanks, of beter gezegd dankzij de lage prijzen die de bulk van de Japanse sashimimarkt afdwingt. De vloot van purse seine-schepen in de Middellandse Zee wordt ondanks de bestaande overcapaciteit nog steeds systematisch uitgebreid. Turkije wist in enkele jaren tijd een vloot uit de grond te stampen die in 2008 bestond uit 200 purse seine-schepen. Dat was genoeg om de 15.000 ton blauwvintonijn voor hun rekening te nemen, die volgens de wetenschappers van de ICCAT de complete maximale duurzame vangst mag uitmaken.

De nieuwe, moderne purse seine-schepen hebben per schip grotere vangsten nodig om uit de kosten te komen. Het break-evenpoint voor de Franse vloot ging in enkele jaren van 72 naar 120 ton blauwvintonijn, de subsidies van de Europese Unie meegerekend.

'Niemand vist meer uit liefde voor het vak,' zegt Mielgo en steekt nog een sigaret op. 'Het is een genadeloze run geworden om de laatste blauwvintonijn weg te vissen. De visserijvariant van een wapenwedloop. Maar uiteindelijk bijt de vis in zijn eigen staart.' Wat hem betreft is er nog maar één middel om de Atlantische blauwvintonijn voor uitroeiing te behoeden: een totale stop op de visserij in de Middellandse Zee en de Atlantische Oceaan. Afgedwongen met militaire middelen. 'Zet de NATO-vloot in om jacht te maken op de overtreders. Dat zal ze leren.'

Fort Knox

De wolkenkrabber waar het hoofdkwartier van de Mitsubishi Corporation in is gehuisvest oogt met de grote hijskranen op het dak, als een grijze, ongenaakbare reus. Een reusachtig fort dat zijn schaduw werpt op de slotgracht van het park met het keizerlijk paleis en de Marunouchi Naka-dori, Tokio's Fifth Avenue. Hier doet de zakelijke elite na afloop van het werk zijn inkopen bij Tiffany, Bottega Veneta en Armani. Auto's met chauffeur met witte handschoenen rijden af en aan, in de enorme glazen lobby op de begane grond snellen geüniformeerde hostesses de bezoekers glimlachend tegemoet. Mitsubishi Corporation is Japans grootste bedrijvenconglomeraat. Een industriële en financiële moloch van wereldformaat waarin de grootste bank en het grootste handelshuis van Japan verenigd zijn. Mitsubishi Corporation produceert en verhandelt een brede staalkaart van producten en diensten: niet alleen auto's, schepen en motoren, maar ook elektrische systemen, transport en liften. Olie, kolen, petrochemie, vloeibaar gas, chemische producten, synthetische vezels en metalen. Zelfs voedingsmiddelen en kleding behoren tot het Mitsubishi-imperium. En tonijn.

Mitsubishi Corporation geldt als het powerhouse in blauwvintonijn. Naar schatting de helft van de jaarlijkse Japanse consumptie van tonijn loopt via dit conglomeraat. Mitsubishi Corporation beschikt over een eigen tonijnvissersvloot, heeft aandelen in tonijnboerderijen, koopt 'wilde' tonijn op van longline-, purse seine- en traditionele almadrabavissers en levert tonijn aan de grote winkelbedrijven in Japan. Mitsubishi Corporation beschikt over een onbekende voorraad blauwvintonijn in zijn vrieshuizen. Het Fort Knox van Roberto Mielgo.

Over deze Japanse reus kijk je niet makkelijk heen. Het conglomeraat is een dankbaar doelwit voor natuurbewegingen die zich inzetten om de blauwvintonijn van de ondergang te redden. De overbevissing is een rechtstreeks gevolg van de sashimiboom en Mitsubishi Corporation is een drijvende kracht achter de handel.

In tijden waarin 'duurzaam ondernemen' een onvermijdelijk deel uitmaakt van het imago van bedrijven die zichzelf serieus nemen is dat een ongemakkelijke zaak. En Mitsubishi Corporation neemt zichzelf serieus.

Aan de wanden van het hoofdgebouw hangen posters met foto's van koraal en teksten over het belang van duurzaamheid. De officiële bedrijfsfilosofie ligt netjes vastgelegd in drie principes. 'Shoji Komei', wat zoveel betekent als eerlijk en doorzichtig handelen. 'Ritsugyo Boeki', wat staat voor groei van de handel op wereldwijde schaal. En 'Shoki Hoko', wat slaat op de verantwoordelijkheden van het bedrijf ten aanzien van de samenleving. Uit de gepubliceerde beleidsprincipes van de Mitsubishi Corporation: 'Het streven naar een hogere welvaart voor de samenleving, zowel materieel als geestelijk, terwijl een bijdrage wordt geleverd aan het behoud van het wereldwijde milieu.' Punt twee op de ranglijst van de richtlijnen, direct na het respect voor de mensenrechten: 'Zakendoen moet plaatsvinden op een manier die het milieu op duurzame manier in stand houdt.' Met een beetje interpretatie zou je er de rechten van de tonijn in kunnen ontdekken.

In de vergaderruimte blijkt zich een klein peloton te hebben verzameld om uit te leggen hoe het zit met Mitsubishi's betrokkenheid in de handel van blauwvintonijn. Drie medewerkers van de tonijndivisie, een woordvoerster van Mitsubishi Japan, de woordvoerster van het kantoor in Londen, twee leden van een extern Brits public-relationsbureau en een vertaler zijn aangetreden.

'We zijn een simpel onderdeel van de toevoerlijn van tonijn,' zegt Akihiko Soga, manager van het tonijnteam van de afdeling zeeproducten van de voedseldivisie. Gedisciplineerd licht hij de rol van zijn onderneming toe. Mitsubishi Corporation is slechts een schakel in een lange keten. Soga legt uit hoe de onderneming verzeild raakte in de blauwvintonijn. In 1971 begon het dochterbedrijf Toyo Reizo de handel in tonijn, die toen nog grotendeels gevangen werd door de longlineschepen. De tonijnboerderijen die in de jaren negentig werden gestart voor de kust van Australië en in de Middellandse Zee waren de grote doorbraak voor de handel.

In de eerste jaren van de eenentwintigste eeuw begon de hoeveelheid van de door de boerderijen afgeleverde tonijn te stagneren. De productietrend is nu dalend, zegt Soga. Mitsubishi Corporation maakt geen details openbaar van de hoeveelheid tonijn die jaarlijks wordt verhandeld. Maar van de import van blauwvintonijn heeft het bedrijf rond de 40 procent in handen. Mitsubishi Corporation participeert volgens Soga maar in twee boerderijbedrijven: één in Spanje sinds 1999 en één in Kroatië sinds 2002. Supermarkten zijn de belangrijkste afnemers. Het gaat om het 'minder dure deel van de markt'. Mitsubishi Corporation is daarnaast actief op Tsukiji, waar de duurdere vis van de hand gaat.

Om de toevoer aan de klanten te garanderen is natuurlijk een flinke voorraad blauwvintonijn nodig, zo geeft Soga toe. Over de omvang van de voorraad kan hij niets zeggen, daarover doet Mitsubishi Corporation geen mededelingen. Maar de geruchten van het aanhouden van een grote, speculatieve voorraad blauwvintonijn worden ontkend.

'Zoals bekend gaat het hier om een jaarlijkse cyclus in de markt. De vangst in de Middellandse Zee vindt plaats van mei tot juli, de tonijn wordt drie tot zes maanden vetgemest. In de laatste maanden van het jaar wordt de vis geslacht, ingevroren en naar Japan verscheept. De tonijn voor een heel jaar komt in februari en maart aan en wordt vervolgens op de markt gebracht,' zegt Soga. 'Een heel eenvoudige voorraadsituatie.'

Mitsubishi Corporation is niet meer dan een handelsorganisatie in een complexe wereld. Het beleid wordt niet door de onderneming gemaakt, Mitsubishi Corporation kan de situatie voor de tonijn niet veranderen, zegt Soga. Dat is het werk van politici en internationale organisaties. 'Wij geloven dat om de tonijnpopulatie in stand te houden het nodig is dat organisaties als ICCAT maatregelen treffen op basis van de wetenschappelijk adviezen over de periode van het visseizoen en de quota,' zegt Soga. Als de ICCAT beslist dat de visserij moet worden stopgezet in het voortplantingsseizoen en de quota teruggebracht moeten worden, zal Mitsubishi Corporation daar geen bezwaar tegen maken. 'Integendeel, wij zouden de maatregelen ondersteunen,' zegt Soa, 'als er een consensus is tussen de wetenschappers en alle betrokken partijen en als de regels internationaal worden toegepast en eerlijk, effectief en uitvoerbaar zijn.'

De tonijnprincipes van Mitsubishi Corporation werden eind 2008 via een persbericht bekendgemaakt:

Als het duidelijk is dat de aanvoer van blauwvintonijn niet langer uitgevoerd kan worden op een duurzame basis voor de bedrijfstak – bescherming van zowel de voorraad vis als de vissers en hun families wier inkomens ervan afhankelijk zijn – dan zullen we onze betrokkenheid in deze handel heroverwegen.

Een paar kilometer verderop in de hoofdstad, in de zaken-en-diplomatenwijk Akasaka zetelt Mitsubishi's concurrent op de markt van blauwvintonijn, de Sojitz Corporation. Het hoofdgebouw van Sojitz is duidelijk van bescheidener proporties dan dat van Mitsubishi. Maar ook hier kan men terecht voor olie, gas en kolen, ijzer en staal, elektronica, cosmetica, kunststoffen en kunstmest, machines, vliegtuigbouw, voedingsmiddelen en textiel. Sojitz handelt ook in tonijn, tonijnproducten, garnalen, haring en makreel. En ook hier wordt gewerkt aan het imago.

Het hoofdkantoor blijkt volgehangen met de officiële bedrijfsslogan: 'Nieuwe wegen, nieuwe waarden' ('New ways, new values'). In de Sojitz Group Statement is een stevig hoofdstuk ingeruimd voor het milieubeleid.

Nu milieuproblemen dringende kwesties zijn geworden (…) wordt milieubescherming door Sojitz beschouwd als een van zijn belangrijkste managementuitdagingen. In het streven naar een wereld die ook de komende generaties van voldoende producten moet voorzien, doet de Sojitz Group (…) zijn uiterste best om een duurzame groei te bewerkstelligen waarbij economische ontwikkelingen en milieubehoud hand in hand gaan.

Natuurlijk zijn er voorraden ingevroren blauwvintonijn, erkent manager Masami Ueda van de afdeling 1, marketing van zeeproducten, Voedselunit in de Consumer Lifestyle Business Division. Maar met speculatie en witwassen heeft dat niets te maken. Als groothandelaar moet je een flinke voorraad blauwvintonijn aanhouden.

Sojitz doet vanzelfsprekend niet in zwarte tonijn.

'Wij krijgen bij import officiële documenten van herkomst die we overleggen ter bevestiging aan het Japanse Visserij Agentschap. De boerderijen maken die documenten op onder toezicht van de regeringen van de landen waar de farms gevestigd zijn. Daar gaat een handtekening en een stempel op en dat wordt bij ICCAT geregistreerd,' zegt Ueda.

Sojitz ziet dat de situatie waarin de blauwvintonijn terecht is gekomen zorgelijk is, maar het idee van een moratorium in het voortplantingsseizoen, zoals de natuur- en milieuorganisaties en steeds meer wetenschappers bepleiten, gaat Ueda te ver.

'De illegale overschrijding van de quota zoals die door de ICCAT worden vast gesteld, daar zouden ze iets aan moeten doen. Misschien dat we redelijke quota kunnen vaststellen, gecombineerd met een strikte controle. Bij de illegale vangst zijn de vissers, de boerderijen en de kopers niet gediend. Daar ligt het belangrijkste probleem,' aldus Ueda.

Nee, de toekomst voor de blauwvintonijn zal niet makkelijk zijn, erkent de tonijnhandelaar. De winsten in de handel zijn de laatste jaren gering. Het is een moeilijke periode. Lage prijzen, te veel aanbod van tonijn en te veel concurrentie. Maar de markt voor sushi groeit wereldwijd. China is economisch in opkomst. Daar liggen mogelijkheden. 'Wij hebben de knowhow in de markt voor diepgevroren tonijn. Dat biedt kansen in de toekomst,' meent Ueda optimistisch.

Maar wat als de wetenschappers gelijk krijgen en de blauwvintonijn het helemaal niet zal overleven? Dan blijft er weinig over om te handelen. Tonijnmanager Ueda moet er even over nadenken, een vraag die duidelijk niet behoort tot de dagelijkse routine. 'Als de voorraad wilde tonijn terugloopt, dan zal de gekweekte blauwvintonijn het moeten overnemen,' antwoordt hij. Met zalm is dat tenslotte ook gelukt. 'Met vijf, zes jaar zal de Kinki-technologie een stuk verder zijn. Waarschijnlijk hebben we dan 100 procent in de boerderij gereproduceerde en gefokte blauwvintonijn van goede kwaliteit.'

Masanori Miyahara weet dat zijn land geen beste naam heeft in de wereld van blauwvintonijn. De hoofdadviseur op het Japanse Visserij

Agentschap schuift al sinds de eeuwwisseling aan bij de onderhandelingen van ICCAT over de hoeveelheid tonijn die uit de Middellandse Zee gevist mag worden. Miyahara houdt kantoor in het gebouw van het machtige Japanse ministerie van Landbouw, Bosbouw en Visserij, een lompe betonkolos van Oostblokachtige proporties op loopafstand van de Tsukiji-markt.

'U moet weten dat de Japanse visserij in crisis is,' legt Miyahara uit. De vissersvloot is al jarenlang in een staat van sanering en herstructurering. En dat valt niet mee in de sector die traditioneel zo'n grote rol in het land heeft gespeeld.

'We zullen de structuur van onze visserij moeten heroverwegen. En dat betekent misschien het afbouwen van onze langeafstandvloot, efficiëntere aanpak, inkrimping van het aantal schepen en meer buitenlandse thuishavens in plaats van Japan als uitvalsbasis.' Vis was altijd een nationaal belang van Japan, het Visserij Agentschap een machtig orgaan. Met een jaarlijkse omzet van 450.000 ton tonijn is Japan nog altijd veruit de grootste tonijnmarkt ter wereld. De blauwvintonijn neemt daarvan officieel 30.000 tot 40.000 ton voor zijn rekening.

Met wat voor maatregelen denkt het Visserij Agentschap het uitsterven van de blauwvintonijn te voorkomen? 'Ons standpunt is eenvoudig: wetenschappelijk advies moet gerespecteerd worden,' zegt Miyahara. 'En om goed advies te krijgen moeten de wetenschappers over voldoende data van de tonijn beschikken.' En daar schort het aan, aan betrouwbare data, want de lidstaten van ICCAT maken er een rommeltje van. Europese landen als Frankrijk en Italië blijven in gebreke, sommige landen als Libië hebben zelfs helemaal geen data vrijgegeven. 'Zeer jammer,' zegt hoofdadviseur Miyahara. 'We hebben dus geen goede wetenschappelijke data, dus dat moet eerst worden opgelost.'

De tijd begint te dringen. Zou het daarom zekerheidshalve misschien geen goed idee zijn de vangst van tonijn in de voortplantingsperiode te verbieden? 'Dat is natuurlijk een idee,' erkent de Japanse onderhandelaar, 'maar voor de purse seine-vissers is het moment van het kuitschieten ideaal. De vissen komen bij elkaar in een klein gebied en zijn dan makkelijk te vissen. Zo'n kans laten de vissers niet graag schieten.' En dan nog is het een zaak die Europa meer aangaat dan Japan, zegt Miyahara. Europa levert tenslotte het grootste deel van de purse seine-schepen. En de Europese partners lijken niet erg bereid hun purse seine-visserij aan te pakken, zo merkt de Japanse onderhandelaar fijntjes op. 'We zullen nog veel overleg moeten plegen met sommige landen van de Europese Unie.'

Japan doet zijn best. Alle blauwvintonijn die wordt geïmporteerd moet voorzien zijn van een vangstcertificaat dat de herkomst aangeeft. Dat systeem is in 2008 geïntroduceerd. En als het goed werkt, zal alle illegaal gevangen tonijn van de Japanse markt verdwijnen. De grote Japanse bedrijven zijn bezorgd over de publiciteit rond de blauwvintonijn. 'Wij adviseren onze tonijnbedrijven dat ze moeten luisteren naar de klachten van internationale natuur- en milieuorganisaties. Maar er is veel concurrentie in de markt. Alle bedrijven zijn

Tonijnkop in Misaki

op jacht naar een groter marktaandeel,' aldus Miyahara.

Het is een fenomeen van de laatste tien jaar; de Japanse tonijn-onderhandelaar vraagt zich af hoe de toekomst zal uitpakken. De regering werkt samen met de universiteiten en privébedrijven aan de ontwikkeling van kweektonijn. Een van de ideeën is om kunstmatig verwekte tonijnlarven weer los te laten in de oceaan. Dat zou moeten leiden tot sterke jaarklassen. 'Als we slagen in onze opzet, gaat de tonijn een mooie toekomst tegemoet.'

'In de wereldmarkt voor blauwvintonijn is bijna alles mogelijk,' glimlacht professor Makoto Miyake. De nestor onder de tonijnwetenschappers (1933) is eigenlijk gepensioneerd, maar actiever dan ooit. Al bijna een halve eeuw bestudeert hij de blauwvintonijn. Geen tonijn-conferentie op de wereld, of Miyake is meer dan aanwezig met zijn stevige postuur en natuurlijke autoriteit. Zoals de Japanse vlootadmiraal Isoroku Yamamoto in de film *Tora! Tora! Tora!* waarschuwde voor de aanval op de Verenigde Staten ('Ik ben bang dat we een reus gewekt hebben…'), zo waarschuwt Miyake dat de industrialisering van de visserij een monster van mondiale omvang heeft geschapen.

In Tokio, op het hoofdkantoor van de Vereniging van Japanse Tonijnvissers, die hij van zijn adviezen voorziet, beschrijft Miyake hoe de handel in tonijn uit de hand is gelopen. Sinds kort zijn op de verpakking van de sushi en sashimi in de supermarkt stickers geplakt met het land van herkomst van de tonijn en de zee waarin de vis gevangen is. 'In Taiwan en China moeten ze verklaren dat de vis uit de Indische Oceaan komt, dat soort informatie,' zegt Miyake.

Het systeem zou meer controle en overzicht moeten geven op de vangsten, maar het rammelt aan alle kanten. De controle op de vangst van blauwvintonijn in de Middellandse Zee is zo mogelijk nog minder te vertrouwen. 'Malta is bijvoorbeeld een heel opmerkelijk land,' glimlacht professor Miyake. 'Eerst vangen ze hun tonijnquota vol en verkopen deze aan Japan als wilde tonijn. En dan kopen ze de tonijn van de andere Europese purse seiners op en stoppen die in hun boerderijen om vet te mesten. De vis wordt dan na een aantal maanden verkocht als vetgemeste tonijn.'

Vooral de tonijnboerderijen vormen een belemmering voor een goede controle. 'We weten ongeveer wat eruit komt, maar niet wat erin gaat,' zegt de tonijnprofessor. Miyake schat dat er in 2007 tussen de 40.000 tot 45.000 ton Atlantische blauwvintonijn werd gevangen. Dat is minder dan de door de wetenschappelijke commissie van ICCAT geschatte 61.000 ton, maar nog altijd ruim meer dan de 29.000 ton die gold als de totale toegestane vangst.

De meeste Japanse tonijnvissers zijn inmiddels failliet, zoveel is duidelijk. In de jaren tachtig van de vorige eeuw waren er meer dan duizend Japanse longliners die op tonijn visten. Nu zijn dat er nog maar 200. Hoge arbeidskosten en olieprijzen zijn hiervan de oorzaak, maar ook de lage tonijnprijzen in de supermarkten. De prijs voor blauwvintonijn lag in 2008 al jaren rond de 3500 yen per kilo, wat opmerkelijk is voor een vis waar het voortbestaan van op het spel staat. Omgerekend in euro's is de prijs zelfs fors gedaald. Japanners willen niet veel uitgeven voor hun tonijn, zo simpel ligt dat.

Terwijl de blauwvintonijn bedreigd wordt, puilen de voorraden in de vrieshuizen uit. Niemand weet hoeveel er precies ligt ingevroren in het Fort Knox van de blauwvintonijn. 'De grote bedrijven als Mitsubishi houden hun boeken gesloten,' zegt Miyake. Hij gelooft niet dat de toekomst van de blauwvintonijn ze veel kan schelen. Het zou de tonijnprofessor niet verbazen als er in 2008 zeker voor 40.000 ton aan blauwvintonijn ingevroren op voorraad ligt.

Volgens Miyake is er maar één oplossing: 'De aanpak van vangstquota werkt niet meer. Als wetenschapper zeg ik: verbiedt het vissen tijdens de paringsperiode van mei tot en juli op plekken in de Middellandse Zee waar de voortplanting plaatsvindt. Dat is makkelijk te controleren. Arresteer de purse seine-vissers die het gebod overtreden. Maar goed: als de Europese landen niet in staat zijn dergelijke beloftes overeen te komen, dan houdt het op.' Boerderijtonijn. Miyake moet er niets van hebben. Het woord alleen al. 'Tonijn is een vis die vrij moet zwemmen. Ik eet geen boerderijtonijn. Ik eet verse vis.'

De tonijnpolitie

We achtervolgen de Europese tonijnvloot. Het brede computer-scherm wordt eerst gevuld met de kaart van de Middellandse Zee en vervolgens met puntjes en lijnen in verschillende kleuren die een koers door het water trekken: blauw voor de Franse, rood voor de Spaanse en groen voor de Italiaanse purse seine-schepen. Het zijn de bewegingen van de Europese vloot voor blauwvintonijn. Midden in het korte, hectische vangstseizoen van de blauwvintonijn komen de strepen samen in de gebieden waar de tonijn aan het kuitschieten is. Harry Koster, directeur van het Europese Visserij Controle Agent-schap, zoomt in op de kusten van Noord-Afrika, Sicilië en bij de Ba-learen. 'Kijk, dit schip drijft wat rond, en heeft dus tonijn in zijn net-ten en wacht op een sleepboot voor het vervoer naar de visfarm.'

De kust wordt verder afgespeurd in oostelijke richting. Een blauwe lijn eindigt vlak voor de kust van Egypte. 'Kijk, en dit,' zegt Koster ter-wijl hij met zijn pen op het scherm tikt, 'is een illegale transfer van een Frans schip met ongedeclareerde tonijn.' Een tipgever had hem al ge-waarschuwd dat het gerucht de ronde deed dat er zwarte tonijn werd overgeladen buitengaats de haven van Port Saïd. 'En hier zie je het ge-beuren: drie uur lang op *low speed* vlak voor de haven. Dan weet je wel hoe laat het is.'

Hij wordt wel de 'Eliot Ness van de tonijn' genoemd. De Nederlan-der Harry Koster, die in september 2006 werd benoemd als directeur van het Controle Agentschap van de Europese Unie, coördineert van-uit zijn kantoor in de Noord-Spaanse havenstad Vigo, de strijd tegen het geknoei met vangstcertificaten, de inzet van de verboden verken-ningsvliegtuigjes en de handel in zwarte tonijn. Koster legt uit hoe aan de hand van het bewegingspatroon en de snelheid van de schepen op het scherm de activiteit is af te leiden. Lange rechte lijnen vanuit de haven: op weg naar de visgrond. Spiraalvormige lijnen: op zoek naar de blauwvintonijn. Pas op de plaats: aan het vissen. Lange rechte lijn vanuit de haven gevolgd door een plotselinge pas op de plaats: vissen met behulp van de aanwijzing van een illegaal vliegtuigje. Langzaam wegdobberend patroon: slapen.

De Europese variant van een controlerende kustwacht die de visserijbeperkingen in de gaten moet houden, dat is iets nieuws. Dat de controle de vangst van blauwvintonijn betreft is wat ze in Amerika 'een uitdaging' noemen. Toen Koster zijn baan als hoofd van de controle-unit van het directoraat-generaal visserij bij de Europese Commissie in Brussel verruilde voor het agentschap werden door sommige collega's de wenkbrauwen opgetrokken. Met een budget van vijf miljoen euro en nauwelijks eigen middelen leek de controle van meer dan duizend schepen – buidelnetten, longliners, sleepboten en vriesschepen – een onbegonnen zaak. Een krachtige kustwacht naar Amerikaans model kan het agentschap immers nooit worden. Wettelijke regels, ook die van de vangstbeperkingen, worden afgedwongen op nationaal niveau. Rechtstreekse inspectie is een mandaat van de lidstaat. Het agentschap heeft geen eigen schepen. 'Ze lachten me uit toen ik met een lijstje kwam van de middelen die we wilden inzetten voor controle,' kan Koster zich herinneren.

Dat lachen is de collega's – en een groeiend deel van de tonijnvloot in de Middellandse Zee – inmiddels wel vergaan. In de korte tijd van zijn bestaan heeft het agentschap binnen de visserij, belangenorganisaties en betrokken ngo's een gedegen reputatie weten op te bouwen.

Door de coördinatie op zich te nemen van alle controlemiddelen van de afzonderlijke lidstaten bleek Koster opeens te beschikken over een onverwacht groot apparaat. Voor zijn tonijncampagne in 2008 had hij een vloot van 53 patrouilleschepen, 16 vliegtuigen en een troepenmacht van bijna 150 inspecteurs beschikbaar. De koppeling van de databestanden waarmee de verschillende lidstaten hun vissersschepen volgen, heeft gezorgd voor een redelijk compleet overzicht van de vlootbewegingen in de Middellandse Zee. Op aanwijzing van het agentschap worden ter plekke controles uitgevoerd. Lidstaten die zelf over onvoldoende controleurs beschikken krijgen op eigen verzoek hulp. Op Malta zijn het Spaanse en Italiaanse inspecteurs die de aanvoer van tonijn voor de tonijnboerderijen in de gaten houden. 'Wij controleren de richtlijnen en sturen waarnemers mee op de nationale inspecties. Wij zijn de controleurs van de controleurs,' aldus Koster.

Tonijn vormt verreweg de belangrijkste activiteit van het agentschap. Het agentschap werd opgericht na de hervormingen van het Europese visserijbeleid. De grap doet de ronde dat iedereen in de visserijindustrie van de lidstaten erop zat te wachten. De ene helft van de vissers had er genoeg van dat hun collega's de quota en vangstbeperkingen ongestraft konden negeren. De ander helft dacht dat een agentschap van de Europese Unie de beste garantie was dat er nooit iets terecht zou komen van een efficiënte controle.

De eerste campagne betrof de kabeljauwvangst in de Noordzee. In 2002 werd de vangst gesloten bij gebrek aan vis. 'Maar de vissers hadden zo de gewoonte het toch te proberen,' zegt Koster. Dat was snel afgelopen. Door middel van de inzet van de controleteams van de betrokken lidstaten, een vliegtuig en een paar hoge boetes was het gedaan met de overtredingen. De activiteiten van het agentschap werden uitgebreid naar de vangstbeperkingen van kabeljauw in de Oostzee en zwarte heilbot voor de kust van Canada.

De blauwvintonijn was een ander verhaal. De zaken waren daar 'een beetje uit de hand gelopen', zoals Koster het uitdrukt. De Middellandse Zee was het wilde Westen van de tonijn geworden, een gebied waar niemand zich veel hoefde aan te trekken van wet noch gebod. 'Het was hier veel ernstiger dan met de kabeljauw,' concludeert Koster.

Controletechnisch is de tonijnvisserij niet gemakkelijk in de gaten te houden. Grote scholen blauwvintonijn worden gevist, weggesleept, vetgemest en afgevoerd. Vangstcertificaten die worden gebruikt om de herkomst en de quota te controleren passeren verschillende personen in verschillende landen. Sleepboten met hun vangst aan tonijn wisselen ongezien voorraden uit, de verboden vliegtuigjes om de scholen tonijn te traceren kunnen met tientallen tegelijk ongestoord over de paringsgebieden trekken. In de tonijnboerderijen worden op de valreep van het officiële seizoen vangsten geregistreerd die pas veel later in de netten arriveren. De tonijnvisserij is een broeinest voor geknoei, omkoping en falsificaties.

De conclusies van het eerste jaar tonijncontrole, die Koster eind 2008 naar de visserijcommissie van het Europese parlement stuurde, logen er niet om. Ondanks alle overleg met de vissers in de Europese commissie en de lidstaten 'is het geen prioriteit van de meeste deelnemers in de visserij om de wettelijke vereisten van de ICCAT na te komen', zo concludeerde Koster droogjes in zijn rapportage. Het geknoei met de vangstdocumenten en het onklaar maken van de satellietcontrole-apparatuur op de schepen was 'aanzienlijk' aldus het rapport. De illegale vangsten in de race naar de blauwvintonijn liep zo uit de hand dat de Europese Commissie op aanwijzing van het agentschap het seizoen al op 16 juni sloot, twee weken voor het officiële eind. 'Ik denk dat dat net op tijd was,' zegt Koster.

Tonijnprofessor Makoto Miyake heeft gelijk. In de wereldmarkt voor tonijn is alles mogelijk. Dezelfde Europese Commissie die in de zomer van 2008 het vangstseizoen voortijdig sloot, omdat de fraude de spuigaten uitliep, speelde een paar maanden later een heel andere rol. In november 2008 werd de jaarlijkse ICCAT-vergadering voor het vaststellen van de vangstbeperkingen. Ditmaal trok de vergadering naar Marrakech in Marokko. 'Marrakech' zou de geschiedenis ingaan als het grootste debacle dat de ICCAT tot dan toe had vertoond. De vergadering besloot de totale toegestane vangst voor 2009 vast te stellen op 22.000 ton. Daarmee sloeg de vergadering het dringende advies van zijn eigen commissie van wetenschappers in de wind om de vangst tot 15.000 ton te beperken. Dat was volgens hen het maximum dat nog verantwoordelijk was om een duurzame voorraad blauwvintonijn in stand te houden.

Het was onder druk van de vertegenwoordiging van de Europese Unie dat de ICCAT dit besluit nam.

Woedend keerden de natuur- en milieuorganisaties de ICCAT hun rug toe. Sebastian Losada, de tonijnspecialist van Greenpeace: 'De laatste kans om de blauwvintonijn van de totale ondergang te redden is gemist. Het management van ICCAT is een bewezen farce.' Sergi Tudela van het WWF concludeerde: 'Dit is geen beslissing, maar een schande.' Er was geen tonijnwetenschapper te vinden die nog een goed woord over had voor de organisatie. Zelfs de tonijnhandel sprak schande over de ICCAT. Mitsubishi Corporation was 'uiterst teleurgesteld' in de uitkomst van Marrakech. De handelskolos liet weten dat zij samen met de andere grote Japanse handelshuizen bij hoofdadviseur Masanori Miyahara van het Japans Visserij Agentschap erop hadden aangedrongen om de ICCAT de aanbevelingen van de wetenschappers over te laten nemen. 'Mitsubishi Corporation gelooft dat de mediterrane blauwvintonijn wordt overbevist en nu er geen effectieve controle of management is ingesteld zal de situatie verergeren,' aldus een officiële verklaring.

Mitsubishi bleef overigens wel gewoon doorhandelen in blauwvintonijn, volgens eigen zeggen om zo in samenwerking met alle betrokken partijen door te kunnen blijven werken aan het duurzaam in stand houden van de blauwvintonijn. 'Maar als de wereldgemeenschap in consensus besluit (…) dat het nodig is om regels in te voeren die verder gaan dan de huidige aanbevelingen van de wetenschappelijke commissie, of een volledig visserijmoratorium of zelfs een complete stopzetting van de commerciële handel in blauwvintonijn vereist, dat zal Mitsubishi Corporation deze consensus volledig steunen (…).'

Mitsubishi en de andere Japanse handelshuizen met hun pakhuizen vol ingevroren tonijn, konden hun handen in onschuld wassen. Aan hen had het niet gelegen. Het probleem lag in Europa.

WWF en Greenpeace waren aan de vooravond van 'Marrakech' nog optimistisch gestemd dat er stevige beschermingsmaatregelen voor de tonijn zouden komen. Al maanden gonsde het gerucht van een mogelijk moratorium in de wandelgangen. Maar ze hadden er geen rekening mee gehouden dat er in de Europese delegatie nog wat oude rekeningen vereffend moesten worden.

Frankrijk, dat jarenlang een loopje had genomen met de controle van quota en ondermaatse vis, voelde zich onheus behandeld. In 2006 was het gevoelig op de vingers getikt met een boete van bijna 58 miljoen euro wegens onvoldoende controle op ondermaatse heek in de jaren negentig. Frankrijk besloot in 2007 de quota van de blauwvintonijn streng te controleren. De quota bleken rijkelijk overschreden, waarvoor Frankrijk voor drie jaar werd gestraft met een korting op hun quota voor de blauwvintonijn. Het was duidelijk dat ook Italië in hetzelfde jaar zijn quota voor blauwvintonijn flink had overschreden, maar dat land weigerde schuld te erkennen of een betere controle uit te voeren. Dat zette kwaad bloed bij de Franse tonijnvissers, die vanouds een stevige positie hebben in de Franse politiek.

Onbegrijpelijk was de Franse ergernis niet. Een woordvoerder van het Italiaanse ministerie van Visserij verklaarde in 2007 tegenover een Britse krant dat zijn land een zero-tolerancebeleid hanteerde en 'strikte regels' toepaste bij het vervolgen van illegale visserij die het voortbestaan van de blauwvintonijn in gevaar bracht. Een speciaal onderzoeksrapport van EU-accountants in 2007 bracht de Italiaanse controle en 'zero tolerance' in kaart: er ontbrak een goede database, lokale havenautoriteiten wisten niets af van de hoeveelheid aangelande tonijn en er was geen gecentraliseerd systeem van inspectierapporten.

Ook een van de rapporten die Roberto Mielgo maakte voor het WWF liet weinig heel van de tonijncontrole in Italië. De Italiaanse overheid verdeelde zijn toegewezen tonijnvisquota over regionale visverenigingen en coöperaties die even later niet meer bestonden. Er was een levendige handel in vergunningen om op tonijn te vissen. Vooral de vismarkten waar de lokale maffiaclans hun afpersingspraktijken hebben, leverden cijfers van de verhandelde blauwvintonijn die niets met de werkelijkheid te maken hadden. Sommige vismarkten in de traditionele tonijnregio's verhandelden volgens hun eigen cijfers nog geen kilo tonijn. De natuurbeschermingsorganisatie Oceana trof in 2007 meer dan tachtig vissersboten aan die gebruikmaakten van drijfnetten die sinds 2002 in de Middellandse Zee verboden zijn. Het WWF-rapport schatte dat de Italiaanse vissers in 2007 een vangst hadden die bijna 40 procent boven de toegewezen quota lag. De Italianen kwamen er gewoon mee weg.

Om zijn tonijnvissers tevreden te stellen gebruikte Frankrijk Marrakech om er een hogere totale vangst doorheen te drukken. Het moment was ideaal: de Franse president Sarkozy had het voorzitterschap van de Europese Unie met geroutineerde flair naar zijn hand gezet. Als geoefende speler in de machtsdiplomatie drukte Frankrijk zijn stempel op de Europese Commissie. De vangst lag boven de wetenschappelijke aanbevelingen, maar met de strengere controlemaatregelen zou de schade per saldo meer dan goed gemaakt worden, aldus het argument.

Het bleek te werken, alle lidstaten gingen akkoord, een woordvoerder van de Europese Commissie toonde zich na afloop 'zeer tevreden met de bereikte consensus'.

Kort na Marrakech werd het nog eens herhaald door de Europese Commissaris van visserij Joe Borg, de man die formeel verantwoordelijk was voor het debacle van Marrakech: 'Controle en het afdwingen van de vangstbeperkingen moet de hoeksteen van de gemeenschappelijke visserijpolitiek worden.'

Maar de controle op de vangst van blauwvintonijn in de Middellandse Zee is niet eenvoudig. 'Het probleem is de bewijsvoering,' zegt agentschapdirecteur Koster. 'Met onze onderzoeksmethodes en satellietcontrole kunnen we wel bewijzen wat ze níet hebben gedaan, maar niet wat ze wél hebben gedaan.' Voor dat laatste is fysieke controle nodig, inspecteurs ter plekke, of een duidelijke fraude in de vangstpapieren.

Neem Malta, het land van visserijcommissaris Joe Borg, en een van de landen waar de tonijnboerderijen zich in bijzondere belangstelling van de controleurs mogen verheugen. In Marrakech werd een speciaal onderzoek gelast naar de administratie van de tonijnboerderijen op het eiland. Een partij mogelijk illegaal gevangen tonijn van 25 miljoen euro zou via Malta het legale circuit binnen zijn geloodst.

Volgens de officiële vangstcijfers van Malta zou in totaal 1350 ton tonijn gevangen in 2007 zijn overgeheveld naar 2008. De tonijn zou zich op het moment van de jaarwisseling nog in de netten van vier vetmestboerderijen bevinden. Een berekening van tonijnspion Roberto Mielgo wees uit dat de capaciteit van de kooinetten van de vier betrokken boerderijen ruimschoots te klein was om de opgegeven hoeveelheid tonijn te bevatten. In sommige gevallen paste er zelfs maar de helft van de tonijn in die was opgegeven. De vangsten werden bovendien toegeschreven aan boten die volgens Mielgo helemaal niet waren uitgerust voor tonijnvangst.

De zaak rond Malta is illustratief voor de complexe problemen die komen kijken bij een goede controle. De aanwijzingen zijn duidelijk, maar de aangedragen berekeningen zijn geen sluitend bewijsmateriaal. 'Er is altijd wel een expert te vinden die bereid is te verklaren dat er zich wel veel meer vis in de netten kan bevinden,' zegt agentschapdirecteur Koster. Zijn agentschap probeert overtreders op heterdaad te betrappen.

2009 zou het jaar van de controle moeten worden, aldus Koster. Het draaide niet alleen om de geloofwaardigheid van het agentschap. Het voortbestaan van de blauwvintonijn stond op het spel.

De satellietdetectiesystemen vanuit de lidstaten en van ICCAT, die via een zender op de schepen alle bewegingen kunnen volgen, zullen hun data sneller en meer gestandaardiseerd moeten leveren. Gedacht wordt aan een automatisch alarmsysteem dat begint te piepen zodra schepen verdachte manoeuvres uitvoeren. Ook worden inmiddels satellietfoto's van schepen gemaakt. Iedere middag moet er op basis van actuele data een schema de deur uit voor de patrouilleboten en de inspecteurs ter plekke.

James Bond in Vigo: het ideaal van het controlecentrum van het agentschap. Compleet met een onlineverbonden beamer die de kaart van de Middellandse Zee en alle scheepsbewegingen manshoog op een van de muren projecteert.

Nawoord

MARLIN: I can't read human.
DORY: Then we need to find a fish that can read this. Hey look! Sharks!

MARLIN: Now what's the one thing we have to remember about the ocean?
NEMO: It's not safe.
MARLIN: That's my boy.
  FINDING NEMO (2003)

In de tuin van een hotel aan een drukke uitvalsweg in Barcelona zitten de tonijnexperts aan tafel. Even verderop, lager in de stad, zet de milde winterzon de oude haven met het houten model van de Ictíneo II in een warme gloed. Ik ben te gast bij de Seafood Summit georganiseerd door de Seafood Choices Alliance, een van oorsprong Amerikaanse organisatie die is opgericht om iedereen die betrokken is bij de visserij, van de vissers tot de viseters, te helpen bij het invoeren van een economisch duurzame vangst. Het is een bijeenkomst van pragmatische visliefhebbers in de beste betekenis van het woord. Gezonde oceanen zijn van essentieel belang voor het menselijk bestaan, vindt de Seafood Choices Alliance. Geen wonder dus dat de blauwvintonijn uitgebreid op het programma staat. Want de problematiek van *Thunnus Thynnus* is de visvariant van de 'perfecte storm': een opeenstape-

ling van omstandigheden die leiden tot een allesvernietigende or-
kaan. Een draaikolk van economische schaalvergroting, miljoenenbelangen, corruptie, onverschilligheid, politieke koehandel en tech-
nologische hoogstandjes waarin een complete soort dreigt te worden
weggezogen.

De stemming onder het groepje internationale tonijnexperts is be-
drukt. De blauwvintonijn is een icoon, vindt zeebioloog Sergi Tudela.
Een symbool voor het menselijk onvermogen om op een duurzame
manier de vispopulaties in de oceanen te beheren. Tudela is hoofd van
het visserijprogramma van het in Barcelona gevestigde mediterrane
kantoor van het wereldnatuurfonds WWF. Het WWF timmert flink
aan de weg voor het behoud van de blauwvintonijn. 'Het lot van de
tonijn staat voor het lot van het internationale visserijbeleid. De redding van de tonijn is een mondiale kwestie geworden,' zegt Tudela. Als
het met zo'n enorme en bijzondere vis niet lukt, wat zijn dan de kansen van al die andere soorten die op de nominatie staan voor uitsterven?

Je kunt de mensheid niet van alles de schuld geven. De tonijn heeft
het ook aan zichzelf te wijten, grapt de Franse tonijnwetenschapper
Alain Fonteneau. 'De blauwvintonijn is een erg domme vis: hij plant
zich al millennia voort op dezelfde plek. En daar wordt hij opgewacht
en weggevist.' Fonteneau publiceerde een atlas over de vangsten en
migratieroutes van de tonijnsoorten in de drie grote oceanen. Alleen
de blauwvintonijn komt altijd terug op dezelfde plek. De geelvintonijn en de bonito: geen andere tonijnsoort maakt deze fout. Fonteneau, nu serieus: 'Er is geen twijfel over dat de blauwvintonijn bezig is
te verdwijnen. We weten alleen niet wanneer het definitief zal plaatsvinden.'

Alles draait om sushi, zegt Fonteneau. 'Alleen als de Japanners hun
sushi en sashimi aan de kant zetten kan het herstel van de voorraad
blauwvintonijn plaatsvinden.'

Maar volgens de bebaarde antropoloog van de Harvard University
Ted Bestor zien de Japanners hun sushi als een verworven recht dat ze
zich niet snel af zullen laten nemen. De tonijnconsumptie is in Japan

een cultureel bepaalde zaak, wie aan de sushi komt, komt aan Japan. Met voeding heeft het steeds minder te maken, het is ook lifestyle, entertainment. Japan kent zelfs een soapserie gesitueerd rond de tonijnvissers. Bestor: 'Steeds minder consumenten maken onderscheid tussen de tonijn die ze eten. Wat je eet is onbelangrijk, wat je denkt dat je eet des te belangrijker.' Blauwvintonijn is status.

'Ik ben werkelijk beschaamd,' zegt de Japanse tonijnexpert Makoto Miyake. Zijn ondertoon is ironie, maar het zit hem zichtbaar niet lekker, die eenzijdige kritiek op zijn landgenoten. Het zijn de tonijnboerderijen die het probleem vormen, vindt Miyake. Met hun constante aanvoer hebben ze de markt overvoerd en de vraag naar blauwvintonijn opgeklopt. Europa mag ook best een toontje lager zingen vanwege de enorme overcapaciteit van hun vissersvloten. Met hun buidelnetten tekenen ze het doodvonnis van de *Thunnus Thynnus*.

Miyake probeert de moed erin te houden. De tonijnkweek heeft de vis gedemocratiseerd, zegt hij. Maar misschien dat er in Japan iets begint te groeien van een bewustzijn dat het slecht is om boerderijtonijn te eten. Op de labels kunnen de consumenten lezen waar hun vis vandaan komt.

En je hebt nog altijd de wetten van de markt. De productiekosten voor de blauwvintonijn beginnen steeds meer het punt te naderen waarbij de massahandel niet langer loont. De concurrentie is moordend.

En dan is er nog de ICCAT. Ach ja, de ICCAT. Het groepje haalt collectief de schouders op en doet er verder het zwijgen toe.

Hoe zal het gaan? De aanwezigen houden het op een plotselinge implosie. Een 'onomkeerbare ineenstorting', waarbij de vis lijkt te worden opgeslokt door een zwart gat. Het gevolg: een lege zee, op wat kleine verloren tonijnnomaden na. Zoiets als in de Noordzee is gebeurd. Vrijwel van het ene op het andere jaar is het afgelopen met de blauwvintonijn.

Een computersimulatie van de wetenschappers MacKenzie, Mosegaard en Rosenberg laat zien dat de Atlantische populatie blauwvin-tonijn in 2011 nog maar een kwart is van die in 2005. Bij onveranderd beleid staat de tonijn aan de rand van zijn ineenstorting.

'Ergens tussen 2013 en 2018,' schat Fonteneau. 'Misschien al eerder tussen 2010 en 2013,' gokt Miyake. De Chinezen zijn de markt binnen-gestapt. Dan gaat het hard.

Jacques Cousteau moest aan het einde van zijn leven verbitterd con-stateren dat zijn stille onderwaterwereld onder het oog van zijn ca-mera's verschrompelde. Zoals dat vaker gaat met fervente natuurlief-hebbers trok hij partij voor de zee. Een drastische vermindering van de menselijke bevolking zou uit oogpunt van het zeemilieu nog niet zo'n gek idee zijn, had Cousteau bedacht. Je kreeg het gevoel dat hij er desnoods wel een handje bij wilde helpen.

Dat laatste is misschien niet eens nodig als je de natuurrampen ziet die ons door sommigen worden voorgespiegeld. Net als met de tonijn is je eerste gedachte: het zal zo'n vaart niet lopen.

Critici van milieubewegingen en het concept van global warming wijzen erop dat het idee dat ons zeemilieu eeuwig in evenwicht zou moeten zijn, belachelijk is. Ze hebben daarin vermoedelijk gelijk, maar toch het is minstens zo belachelijk om de ogen te sluiten voor de ingrijpende veranderingen die op ons afkomen. Wat er aan gegevens over onze oceanen binnen komt is misschien niet altijd even goed te duiden in langetermijneffecten, maar het potentiële risico dat er iets danig aan het ontsporen is, begint een ongemakkelijke vorm aan te nemen.

De wereldwijde druk op de oceanen en zeeën is omvangrijk en veelzijdig. Het speelt zich grotendeels onder water af, maar valt toch op. Want het eerste wat van de kaart wordt geveegd, is het hoogst ont-wikkelde zeeleven en dat zie je niet makkelijk over het hoofd. De com-plexe blauwvintonijn is daarvan bij uitstek een icoon. In de sushi's veroverde hij de wereld. En nu gaat deze 'vis zonder vaderland' ten onder in een grenzeloze handel.

Het kan altijd meer. Grotere markten, grotere afzet, scherpere concurrentie, grotere schepen, nog efficiëntere vangstmethoden. En vervolgens geeft iedereen elkaar de schuld. De vissers wijzen naar de Japanners die alle tonijn opkopen, de Japanners beschuldigen de Europeanen dat ze gemeenschappelijke maatregelen ter bescherming van tonijn torpederen vanwege hun vissers. Onderling ruziën de Europeanen over wie het meest met de cijfers knoeit.

De tonijn wordt duur betaald. Met Europese subsidies wordt eerst een enorme overcapaciteit aan tonijnschepen opgebouwd, vervolgens worden Europese subsidies uitgekeerd om de vloot te saneren. Dezelfde schepen vissen intussen gewoon door voor dezelfde tonijnboerderijen, met dezelfde opkopers en dezelfde consumenten. Het enige wat verandert is de vlag.

Nu het ernaar uitziet dat de plundering van de laatste tonijn onverminderd verdergaat, heeft de tonijnindustrie alle hoop gevestigd op een kweektonijn. Maar omdat die tonijn misschien wel veel te duur is of halverwege in de reageerbuis blijft steken, wordt al vast gekeken naar andere vis. Tonijn is tenslotte een lastig product en op termijn hoogst onbetrouwbaar.

Minder tonijn: het heeft nu al vervelende gevolgen. Kwallenbeten bijvoorbeeld. In de Middellandse Zee worden badgasten de laatste jaren steeds vaker het water uitgejaagd door enorme kwallenplagen. Blauwvintonijn is een grote kwalleneter. Net als de zeeschildpad. Naarmate zijn natuurlijke vijanden verdwijnen en de watertemperatuur steeds hoger wordt, kan de kwal zich ongeremd voortplanten, zeggen biologen. Als oplossing zou het vissen van kwal natuurlijk gestimuleerd kunnen worden, in het oosten staat kwal al op het menu, maar een echt grote markt voor kwalsalade en kwalsushi is nog niet van de grond gekomen.

Het past in het sombere beeld van de toekomst dat de Amerikaanse wetenschapsjournalist Kenneth Weiss beschrijft in zijn artikel 'The Rise of Slime'. De oceanen zijn daarin verworden tot een opgewarmde zuurzoute soep waar alleen simpele bacteriën en micro-organismen weten te overleven tussen enorme plagen van poliepen, algen en kwallen.

Wat te denken van de plotseling opduikende plaag van het 'vuur-wier' ofwel *Lyngbya majuscula*, die Weiss beschrijft: een uitbarsting van een uiterst giftige, miljarden jaren oude, primitieve cyanobacte-rie? Vissers in Australië zitten na aanraking met het spul onder de zwerende blaren. Iedere zomer verandert deze plaag delen van de Bal-tische Zee in een stinkende, slijmerige geelbruine soep.

Je hoopt dat Weiss overdrijft. De schrijver Nassim Nicholas Taleb noemt een gebeurtenis die we voor ondenkbaar houden en desnoods wegredeneren als een 'Zwarte Zwaan'. Het is als de verrassing dat er zwarte zwanen bestonden toen Australië werd ontdekt. Of, minder positief, zoals de verrassing van de kerstkalkoen die vlak voor kerst tot de ontdekking komt dat dezelfde hand die hem wekenlang trouw ge-voed heeft, nu plotseling klaarstaat met een slagersmes. De blauwvin-tonijn is zo'n kerstkalkoen. Wijzelf zijn zo'n kerstkalkoen.

Als je sommige wetenschappers mag geloven is de kans dat er zich in de zee een ramp voltrekt het stadium van de Zwarte Zwaan al voor-bij. Als we de smeltende poolkappen, de verzuring en de snel verdwij-nende koraalriffen, de hogere watertemperaturen en de immense ver-vuiling door plastic en chemicaliën even vergeten, dan is alleen al de overbevissing indrukwekkend te noemen. In een artikel in *Science* in 2006 voorspellen veertien wetenschappers dat de zeeën aan de voor-avond staan van een 'wereldwijde ineenstorting' van de visvoorraad. Een ineenstorting is gedefinieerd als een daling van 90 procent van de soort binnen drie generaties. Alle beviste soorten zullen volgens hun berekeningen halverwege de eenentwintigste eeuw uitgeroeid zijn. Grote roofvissen als haaien, zalm, kabeljauw en tonijn zijn als eerste aan de beurt.

Globale problemen vragen om globale oplossingen, zo leert de eco-nomische crisis van 2008. De blauwvintonijn kan alleen overleven als goed internationaal toezicht voorkomt dat de zaken volledig ontspo-ren. Maar de druk van een speculatieve visserij maakt van de contro-le tot dusver een wassen neus. De Europese Unie, erfgenaam van Mare Nostrum, zwicht voor de miljoenenbelangen die omgaan in de tonijnvisserij. Misschien dat de tonijnpolitie van het Controle Agentschap succes heeft. Voor het eerst lijken de zaken serieus te worden aangepakt.

Legt *Thunnus Thynnus* het af bij een culinaire modegril? Blauwvintonijn is lekker, dat weten we al sinds de Oudheid. Maar steeds minder mensen maken onderscheid tussen de soort tonijn die ze op hun sushi aantreffen. Ze moeten het lezen op de verpakking, als het er tenminste op vermeld staat, zoals in Japan. Misschien dat de mondiale sushi-eters zich bewust worden van het verdwijnen van de vis en de blauwvintonijn gaandeweg boycotten. Misschien dat de wetten van de markt de vis uiteindelijk zo duur maakt dat niemand hem zich meer kan veroorloven.

De vraag is of het op tijd komt.

Een vis die al millennia onze vaste reisgenoot is geweest dreigt verloren te gaan. De almadraba, onze oudste vistraditie zal daarmee verdwijnen. Duizenden jaren aan tonijncultuur staan op het punt definitief geschiedenis te worden. En als de laatste tonijn uit de vriescellen wordt ontdooid, bestaat de perfecte zwemmachine alleen nog maar op films en foto's. Dan zijn wij de laatste generatie die de reuzentonijn nog kent als een levend wezen in de zee en een smaakvolle vis in onze keukens.

We zijn de laatste mensen die kunnen voorkomen dat binnenkort de laatste blauwvintonijn bij Gibraltar de Middellandse Zee uit zwemt. Dit keer voorgoed.

Geraadpleegde en aanbevolen literatuur

Abid N. en Idrissi, M., *Analysis of the Moroccan trap fishery targeting bluefin tuna* (Thunnus Thynnus) *during the period 1986-2006*, 2008

Advanced Tuna Ranching Technologies, *The plunder of bluefin tuna in the Mediterranean and East Atlantic in 2004 and 2005*, WWF, 2006

Advanced Tuna Ranching Technologies, *Race for the Last Bluefin*, WWF 2008

Advanced Tuna Ranching Technologies, *The 2008 Bluefin Tuna dossier: Italy*, WWF, 2008

Alvarez de Toledo, Luisa Isabel, *Las Almadrabas de los Guzmanes*, Fundación Casa Medina Sidonia, 2007

Bestor, Theodor C., *Tsukiji, the fish market at the centre of the world*, University of California Press, 2004

Blázquez, José María (red.), *España Romana*, Ediciones Cátedra, Madrid, 1996

Block, Barbara A., Stevens E. Donald (red.), *Tuna, Physiology, Ecology and Evolution*, Academic Press San Diego, 2001

Braudel, Fernand, *La Méditerranée et le monde méditerranéen à l'epoque de Philippe II*, Armand Colin Éditeur Paris, 1966/1990

Braudel, Fernand, *Les Mémoires de la Méditerranée, Préhistoire et Antiquité*, Édition de Fallois, 1998

Braudel, Fernand, *La Méditerranée, l'espace et l'histoire*, Flammarion, 1985

Brown, John Pairman, *Cosmological Myth and the Tuna of Gibraltar*, Transactions and Proceedings of the American Philological Association, Vol. 99 (1968), The Johns Hopkins University Press

Capel, José Carlos, *Manuel del Pescado*, R&B Ediciones
Cervantes Saavedra, Miguel de, *Novelas Ejemplares, La Ilustre Fregona*, Editorial Joventud, Barcelona, 2006
Cervantes Saavedra, Miguel de, *De vernuftige edelman Don Quichot van La Mancha*, vertaling Barber van de Pol, Athenaeum-Polak & Van Gennep, 1997
Cort, José L. en Nøttestad, Leif, 'Fisheries of the Bluefin Tuna Spawners in the Northeast Atlantic', *Col. Vol. Sci. Papers ICCAT*, 60 (4): 1328-1344 (2007)
Cort, José, *The Bluefin Tuna (Thunnus Thynnus) fishery in the bay of Biscay*, Symposium paper, 2008
Cort, José, Abaunza, Pablo en De Metrio, Gregorio, *Analysis of the juvenile bluefin tuna (*Thunnus Thynnus*) population of the north-eastern Atlantic between 1949-1960*, 2008
Cousteau, Jacques-Yves en Frederic Dumas, *Le Monde du Silence*, Editions de Paris, 1953
Curtis, Robert I., *Garum en Salsamenta*, E.J. Brill, Leiden, 1991

Davidson, Alan, *Mediterranean Seafood*, Penguin
Davidson, Alan, *North Atlantic Seafood*, Penguin

Ellis, Richard, *Tuna, a Love Story*, Alfred A. Knopf, NY, 2008
Étienne, Robert en Mayet, Françoise, *Salaisons et Sauces de Poisson Hispanique*, E. De Boccard, Parijs, 2002

Faas, P.C.P., *Rond de tafel der Romeinen*, Domus Amsterdam, 1994
FAO, *The state of World Aquaculture 2006*, FAO Fisheries Technical Paper 500
Fisheries of Japan – 2006/2007, *Fisheries Policy for FY 2007*, Executive Summary, 2007
Fonteneau, Alain, *Atlantic Bluefin Tuna 100 centuries of changing fisheries*, 2008

Fromentin, Jean-Marc en Powers, Joseph E., *Atlantic bluefin tuna: population dynamics, ecology, fisheries and management*, Fish and Fisheries, 2005

Fromentin, Jean-Marc, *Lessons from the past: investigating historical data from bluefin tuna fisheries*, Fish and Fisheries, 2008

Fundación Municipal de cultura José Luis Cano, *Garum y Salazones en el Círculo del Estrecho*, Cádiz, 2004

García Vargas, E., Ángel Muñoz, V., *Reconocer la cultura pesquera de la Antigüedad en Andalucía*, PH44, 2003

Greenpeace, *The mismanagement of the bluefin tuna fishery in the Mediterranean*, 2007

Greenpeace, *Where Have all the Tuna Gone? How Tuna ranching and pirate fishing are wiping out bluefin tuna in the Mediterranean Sea*, 2006

ICCAT, *Report for biennial period, 2006-07*, 2007

ICCAT, *Report of the standing committee on research and statistics*, 2008

ICCAT, *Report of the independent review on the 16th special meeting in Marrakech*, 2008

Issenberg, S., *The Sushi Economy*, Gotham Books, 2007

Kurlansky, Mark, *Cod*, Vintage, 1999

Levine, Daniel B., *Tuna in Ancient Greece*, American Institute of Wine and Food, New York, 2006

Loha-unchit, Kasma, 'How Fish Sauce is made', artikel, 1998

López Martín, Ignacio, 'Entre la guerra económica y la persuasión diplomática: el comercio mediterráneo como moneda de cambio en el conflicto hispano-neerlandés (1574-1609)', *Cahiers de la Méditerrannée vol. 71, Crises, conflits et guerres en Méditerranée (Tome 2)*, 2005

MacKenzie, Brian R., *The Development of the Northern European Fishery for the North Atlantic Bluefin Tuna, Thunnus Thynnus, during 1900-1950*, 2008

MacKenzie, Brian R., Mosegaard, H. Rosenberg, A., *Impending collapse of bluefin tuna in the Northeast Atlantic and Mediterranean*, Conservation Letters, 2008

McKee, Alexander, *From merciless invaders*, 1963

Miyake, P.M., *Socio economic factors affecting exploitation and management of top predators*, 2007

Muto, F., Ochi, S., Tabuchi, M., *Pacific Bluefin Tuna Fisheries in Japan and Adjacent Areas before the Mid-20th Century*, 2008

Parker, Geoffrey, *The Dutch Revolt*, Penguin, 1988

PH: *Boletín del Instituto Andaluz del Patrimonio Histórico*. Año 11, n. 44 (juli 2003). – Sevilla: Instituto Andaluz del Patrimonio Histórico, 2003. – ISSN 1136-1867

Plinius, *Natural History, A Selection*, Penguin Classics, 2004

Ponsich, Michel, *Aceite de Oliva y Salazones de Pescado*, Ed. Universidad Complutense, 1988

Ramírez de Haro, Íñigo, *El Caso Medina Sidonia*, La Esfera, 2008

Ravier, Christelle en Fromentin, Jean-Marc, 'Long-term fluctuations in eastern Atlantic and Mediterranean blue fin tuna population', ICES *Journal of Marine Science*, 58: 1299-1317, 2001

Ríos Jiménez, Segundo, *Evolución de la gran empresa almadraberoconservera Andaluza entre 1919 y 1936: génesis y primeros pasos del Consorcio Nacional Almadrabero*

Ríos Jiménez, Segundo, 'Origen y desarrollo de la industria de conservas de pescado en Andalucía (1879-1936)', Revista de Historia Industrial, nr. 29, 2005

Sara, R., *Bluefin Tuna Trap Fishing in the Mediterranean*, ESPI, Palermo, 1980

Sarmiento, F.M., *1757. De los atunes y sus transmigraciones y conjeturas sobre la decadencia de las almadrabas y sobre los medios para restituirlas.* Caixa de Pontevedra, Madrid

Stringer, C.B., Finlayson, J.C. e.a., *Neanderthal exploitation of marine mammals in Gibraltar*, 2008

Taleb, Nassim Nicholas, *The Black Swan*, Penguin, 2007
Tangen, Magnus, *The Norwegian fishery on Atlantic bluefin tuna 1920-1985*, paper, 2008

Vassallo, Raphael, 'Fishy is as fishy does', *Malta Today*, 24-8-2008
Vassallo, Raphael, 'Malta –25 million claim under investigation', *Malta Today*, 26-11-2008

Weiss, Kenneth R., 'A Primeval Tide of Toxins', *The Los Angeles Times*, 30-7-2006

Illustratieverantwoording

Register

271